DA PENA E SUA FIXAÇÃO

LEONARDO MASSUD

DA PENA E SUA FIXAÇÃO

Finalidades, circunstâncias judiciais e apontamentos para o fim do mínimo legal

São Paulo

dpj editora

Edição: Renata Pascual Müller/ Joana Monteleone
Editora assistente: Marília Chaves
Produção editorial: Fernanda Pascual Müller
Revisão: Roseli B. Folli Simões
Projeto gráfico e diagramação: Idéia Dois Design/ Alameda Casa Editorial
Criação e finalização de capa:
Marília Chaves/ Pedro Henrique de Oliveira

Dados Internacionais de Catalogação na Publicação (CIP)
(Câmara Brasileira do Livro, SP, Brasil)

Massud, Leonardo
Da pena e sua fixação : finalidades, circunstâncias judiciais e apontamentos para o fim do mínimo legal / Leonardo Massud. - São Paulo : DPJ Editora, 2009.

Bibliografia.
ISBN 978-85-99223-39-0

1. Direito penal 2. Individualização penal 3. Penas (Direito penal) 4. Processo penal 5. Punição I. Título.

09-1805 CDU-343.211

Índices para catálogo sistemático:

1. Fixação da pena : Direito penal 343.211
2. Punição : Direito penal 343.211

2009

Telefone: (11) 3012-2400
Rua Conselheiro Ramalho, 692, Bela Vista
CEP 01325-000, São Paulo, SP
www.dpjeditora.com.br

Dedico este trabalho a Sandra, minha mulher, meu amor, minha amiga e companheira, que sempre me incentivou e pacientemente aguardou a conclusão dessa parte da minha trajetória acadêmica.

A meus pais, João e Olga, pelo constante estímulo que despertou minha curiosidade pelo conhecimento.

A meu irmão Leandro, amigo de todas as horas.

A meu sócio e amigo Leandro Sarcedo, pela revisão do trabalho, mas sobretudo pelos debates desafiadores e profícuos que muito me auxiliaram no desenvolvimento de alguns dos pensamentos aqui esboçados.

A Eloisa de Sousa Arruda, grande amiga e professora, que tanto contribuiu para o meu ingresso no programa de Mestrado.

E, finalmente, ao Professor Doutor Dirceu de Mello, pela orientação e a confiança em mim depositada.

SUMÁRIO

APRESENTAÇÃO

Tive o privilégio de conhecer o autor Leonardo Massud no curso de Direitos Humanos que ministro para o 4º ano da Faculdade de Direito da PUC/SP. Desde então, guardo na memória as marcas de sua especial vocação acadêmica e de sua inquietude intelectual. Estas qualidades ressurgiram engrandecidas e amadurecidas quando tive o imenso prazer de tê-lo novamente como aluno, agora como destacado advogado criminalista, na disciplina de Direitos Humanos, que ofereço na pós-graduação da mesma Universidade.

O livro, que tenho a alegria de apresentar, é o melhor reflexo da brilhante trajetória acadêmica e profissional do autor, que tenho podido acompanhar, na qualidade de professora, amiga e interlocutora.

O foco central da obra é a pena e sua fixação, sob um enfoque crítico, problematizador e propositivo. Adota, como ponto de partida, a abordagem histórica das espécies punitivas, compreendendo desde a pena de morte, as corporais, as privativas de liberdade até as pecuniárias, restritivas de direitos e penas alternativas à prisão. À luz desta digressão, são examinados os princípios relacionados à pena, com destaque aos princípios da legalidade, da individualização da pena, da humanidade, da proporcionalidade das penas, dentre outros. São também analisadas as finalidades da pena, quais sejam, a retribuição e a prevenção.

É a partir destas reflexões, radicadas em consistente perspectiva teleológica e principiológica, que o trabalho avança para o cuidadoso estudo da fixação da pena, com a análise do desenvolvimento histórico do tema no Direito Brasileiro, conferindo-se especial ênfase à legislação atual, acrescida do impacto do Pacto de San José da Costa Rica.

Propõe o trabalho a reavaliação crítica do processo penal contemplando suas duas fases: a da apuração da responsabilidade e a da fixação da pena. Aponta para a incapacidade do sistema de enfrentar situações excepcionais, questionando, sobretudo, a fixação rígida de um mínimo legal de pena, quando inviabiliza a justa adequação da pena ao fato e ao agente. Com ousadia, a obra apresenta propostas e alternativas para alterar o modelo de fixação da pena, envolvendo a possibilidade de flexibilização ou supressão do mínimo legal. Defende que a ampliação do arbítrio judicial seja acompanhada de mecanismos de controle e revisão de diversas instâncias judiciais, valorizando o papel da jurisprudência no desafio de individualizar a pena.

Em face da crescente complexidade das relações sociais, são questionados os critérios para a punição, avaliando a pena e sua fixação, tendo como referência ética o direito fundamental à individualização da pena, bem como as finalidades mesmas da punição, como a ressocialização, readaptação e reintegração do condenado. Sustenta o autor que a finalidade da pena é critério fundamental a orientar a adequada interpretação jurídica visando à individualização da pena.

O vértice do trabalho é um só: revisitar o tema da pena e da sua fixação, no contexto do Estado Democrático de Direito, de sua racionalidade e principiologia. Trata-se de um estudo primoroso a prestar extraordinária contribuição ao desafio de repensar a pena e sua fixação à luz das exigências éticas do Estado Democrático de Direito.

Flávia Piovesan[1*]

---

1 Professora doutora na PUC/SP das disciplinas de direitos humanos e direito constitucional; professora de direitos humanos dos programas de pós-graduação na PUC/SP, da PUC/PR e na Universidade Pablo de Olavide (Espanha); procuradora do Estado de São Paulo; visiting fellow do Harvard Human Rights Program (1995 e 2000); visiting fellow do Centre of Brazilian Studies da University of Oxford (2005); visiting fellow do Max Planck Institute (Heidelberg, 2007-2008); membro do Conselho Nacional de Defesa dos Direitos da Pessoa Humana.

PREFÁCIO

"Da pena e sua fixação". Esse o tema da dissertação de mestrado do advogado e professor de direito Leonardo Massud, que agora, com publicação pela DPJ Editora, se transforma em livro colocado à disposição dos estudiosos do direito criminal.

Fui orientador e examinador do autor, integrando banca de que também fizeram parte os ilustres professores Antonio Carlos da Ponte e Maria Elizabeth Queijo. E essas, particularmente, as razões que me deixam à vontade para dizer estarmos diante de trabalho sério e efetivamente útil. Não é de hoje, de fato, que as questões ligadas à punição do condenado pela prática de crime desafiam doutrinadores e aplicadores da lei penal.

Os itens que compõem o sumário da obra dão a medida do cuidado com que Leonardo Massud se debruçou sobre o assunto. Começando por atento exame da história da pena criminal, a te chegar à realidade em si do quadro definido pela legislação nacional — desde a colonização até os dias atuais —, não se descurou da análise, assaz relevante, dos princípios norteadores da matéria.

Pesquisa expressiva e bibliografia rica também contribuem para assegurar o mérito do livro. Sem se falar, finalmente, na contribuição de lege ferenda oferecida pelo autor, calcada em conclusões hauridas no exercício franco da advocacia criminal.

Por todo o exposto é que, fechando o presente prefácio, agradeço a Leonardo Massud pela deferência com que me distinguiu e proclamo minha certeza de que, na literatura jurídico-penal brasileira, ocupará sua obra lugar compatível com a seriedade e zelo que inspiraram sua elaboração.

Dirceu de Mello*

* Reitor da PUC/SP. Professor titular de direito penal na PUC/SP.

I

INTRODUÇÃO

Em meio a tantos outros temas não menos desafiadores e com-plexos de direito penal, tais como a discussão acerca da legitimidade das punições e os seus limites, as teorias do delito, os debates a respeito do que confere relevância penal a um bem jurídico, ou ainda sobre a culpabilidade, a questão da pena e a sua fixação aparece como a preocupação central do presente trabalho em função de duas circunstâncias notáveis no mundo jurídico contemporâneo, a saber: a menor frequência com que a doutrina visita esse tema e a escassa discussão da jurisprudência a respeito.[1]

É possível que tal realidade seja, em parte, explicável pela enorme dificuldade teórica de desenhar critérios mais objetivos para a aplicação de conceitos tão abstratos, como o são aqueles utilizados para o encontro da medida da pena.

Por outro lado, não é de estranhar a preferência por outros temas, pois, se o direito penal ainda está longe de resolver problemas anteriores como aqueles em que se discute "o que é crime?", "o que deveria ser?", e "por que punir?", a questão relativa à medida da punição pode, às ve-

1 Sobre pouca importância dada pelos juízes à fixação da pena, Guilherme de Souza Nucci sentencia: "Chegamos à conclusão, portanto, já imaginada como retrato da realidade, que os juízes em geral não se preocupam em individualizar a pena, empreendendo análise minuciosa dos elementos fornecidos pelo legislador, nem tampouco o fazem fugindo ao mínimo, padrão estabelecido quase por inércia" (*Individualização da pena*, p. 13).

zes, mostrar-se, na ordem de ideias dos pensadores e juristas, como uma precoce discussão sobre o final de uma história que não possui ainda um bom começo.

Entretanto, tais discussões a respeito do que o direito penal deve ou não cuidar, se é direito de ultima ratio ou não, se a complexidade hodierna das relações sociais está a demandar sua maior ou menor intervenção, ficam absolutamente esvaziadas quando se percebe que, independentemente da definição daquilo que se quer tratar, não se sabe como fazê-lo ou, se sabendo, faz-se mal, porquanto as escolhas feitas não se prestam a atingir os objetivos inicialmente traçados.

Com isso não se quer dizer que não houve ou que não há preocupação com a medida da pena, mas tão-somente que outros temas são examinados e debatidos mais amiúde pela dogmática e também pelos operadores do direito.

Não obstante, muito já se disse sobre o assunto, o que torna extremamente árdua a tarefa de contribuir com algo genuinamente novo nesse campo. Contudo fosse desejável, não tem o presente estudo tão ambiciosa pretensão. O objetivo deste trabalho é ler e reler alguns conceitos relativos ao tema, a fim de que sejam destacadas algumas discussões em particular e, acidentalmente, e, na medida do possível, trazer uma ou outra nova reflexão.

A tarefa de buscar a medida da pena é, sem qualquer dúvida, um dos maiores momentos do direito penal, como revela a indagação do penalista lusitano Souza e Brito: "Pois não é essa a altura em que empunha a espada que desfere golpes nos mesmos bens da vida que se pretendem defendidos pelo direito e, em última instância, pelo próprio direito penal?".[2]

Com efeito, de grande intensidade, a fixação da pena representa a transição entre todo o espectro abstrato do direito e a concretude da sua execução. É o instante no qual se materializa a sua teleologia. É quando o direito mostra o seu porquê.

2 *A medida da pena no novo Código Penal*, p. 555.

Como, então, o Judiciário aplicará a pena sem transformar-se num órgão autômato ou num mero apêndice do Legislativo, sem que o arbitrium regulatum confunda-se com as convicções e juízos pessoais dos magistrados, preservando, assim, a separação dos Poderes, ínsita ao chamado Estado Democrático de Direito? De outro lado, até onde poderá caminhar o Legislativo na sua tarefa de fornecer diretrizes ao Judiciário sem engessá-lo ou sem avançar na tarefa deste que é a de dar a cada um o que é seu?

Como que janelas que se descortinam seguidamente, muitos outros questionamentos surgem no caminho das respostas a essas perguntas: Qual ou quais as finalidades da pena? Deve-se punir o fato ou o autor e como cada uma dessas variáveis deve se relacionar no momento da aplicação da pena? Existe uma única pena correta ou o máximo que se pode obter são possibilidades juridicamente sustentáveis? Como fazer o controle da aplicação da pena perante o segundo grau de jurisdição? É matéria de fato ou de direito? Deve ou não a aplicação da pena ser submetida a reexame pelos tribunais superiores?

Para tentar examinar e quiçá responder algumas dessas questões, é necessário, antes de ingressar no tema propriamente dito, fazer uma breve digressão sobre outros assuntos que lhe são correlatos, cujo exame, seguramente, prestará algum auxílio para a compreensão das dificuldades teóricas e práticas da questão.

Para tanto, inicialmente, discorrer-se-á, de forma sintética, a respeito das espécies de pena. Embora a alusão de cada uma delas aparentemente não se relacione com a determinação da medida da pena, ou da sua fixação, a sua menção sobre onde, como e por que apareceram e desapareceram de alguns sistemas, termina por dizer muito a respeito do que a pena representou ou representa para determinada sociedade. Mostra o que o legislador que a previu quis e quer do sistema penal. Aponta, também, alguns indicativos do futuro que está reservado à pena.

Feita essa retrospectiva histórica da pena, o estudo abordará aqueles princípios mais diretamente ligados à sua fixação. Quatro deles de natureza indiscutivelmente material, e três destes estão explícitos no art. 5º da Constituição Federal: o da legalidade (incisos XXXIX e XL), o da individualização (XLVI)[3] e o da humanidade das penas (incisos XLVII e suas alíneas; XLIX e L). O último, também de natureza material, está implícito em nosso ordenamento, que é o princípio da proporcionalidade das penas. Finalmente, os princípios de natureza adjetiva, que são o da motivação ou da fundamentação das decisões judiciais, previsto no art. 93, IX, da Carta Política de 1988 e o do duplo grau de jurisdição (art. 8º, 2-h, do Pacto de San José da Costa Rica). Servindo tais princípios como vetores diretivos no processo de fixação da pena, o seu estudo mostra-se absolutamente fundamental para o desenvolvimento de critérios tanto da atividade legislativa quanto da judicial e da executória da pena, fornecendo valores e, com isso, conferindo maior racionalidade aos momentos de maior subjetividade em tais tarefas.

Posteriormente, o objetivo será trazer à tona as várias finalidades conferidas à pena. Inicia-se com aquela que talvez seja a mais antiga finalidade identificada da pena, que é a retribuição. Logo a seguir tratar-se-á da prevenção, tanto a geral quanto a especial, para, ao final, discorrer sobre a correção, reeducação, reintegração e ressocialização. A importância da discussão desse tema é insofismável: tendo o direito uma função social a cumprir, toda e qualquer atividade jurídica deve estar orientada à sua consecução. Daí o porquê de não se poder falar em fixação ou critério de fixação da pena sem relacioná-los às finalidades a serem atingidas por esta última. Ainda na apresentação desse tópico, sem a audácia de firmar rígidos critérios, o trabalho tentará expressar algumas posições objetivas para dirimir os conflitos emergidos das várias finalidades presentes na punição criminal.

---

3 Malgrado o foco principal do trabalho seja a fixação da pena exercida pelo juiz criminal, parece igualmente inarredável a obrigação de tratar das referidas formas de individualização da pena, sobretudo para possibilitar a constatação de eventuais sobreposições de funções de uma em relação a outras dessas formas. Vale dizer, qual é o papel do Legislativo e em que medida este está sendo cumprido? Está ou não invadindo a seara pertencente ao Judiciário. E este assume o papel que lhe cabe ou burocraticamente finge fazê-lo? E a individualização executória da pena? A quem cabe torná-la uma realidade? O objetivo será tentar oferecer algumas possibilidades de resposta para esses questionamentos.

Terminadas todas essas fases preparatórias para a discussão do tema eleito, tratar-se-á propriamente da fixação da pena. Após mais uma digressão histórica, desta vez a respeito da evolução da fixação da pena no direito brasileiro, o trabalho cuidará de discorrer sobre os critérios dessa fixação, discutindo sucintamente sobre a polêmica envolvendo o chamado direito penal do fato e o direito penal do autor.

Em seguida, será feita uma análise de todos os elementos contidos no art. 59 do Código Penal: a culpabilidade, os antecedentes, a conduta social, a personalidade do agente, os motivos, circunstâncias e consequências do crime, bem como a respeito do comportamento da vítima. Logo após, não obstante a nova parte geral do Código Penal brasileiro, editada em 1984, tenha feito claramente uma opção, retomar-se-á a discussão a respeito da adoção do critério bifásico ou trifásico, expondo as vantagens e desvantagens de um e outro, propondo, ao final, uma alteração legislativa.

No último capítulo o trabalho procurará trazer algumas reflexões para possíveis alterações do modelo de fixação da pena. Primeiramente, tendo em vista algumas dificuldades encontradas para a investigação da pessoa do sentenciado, sobretudo a carência de dados concretos a seu respeito, sugerir-se-á o desmembramento do processo penal em duas fases: a primeira consistente na verificação da responsabilidade criminal pelo fato; e a segunda cuja finalidade exclusiva será fixar a pena. Logo após, também de lege ferenda, o estudo sustentará a possibilidade de supressão do mínimo legal, assim como dos limites quantitativos que impedem a fixação de regime de cumprimento de pena mais brando, a substituição e a suspensão condicional da pena. Para tanto, serão apresentadas algumas razões que parecem apontar para a insuficiência do sistema de moldura, contendo um mínimo rígido para atingir as finalidades da pena. Outrossim, serão tecidas algumas considerações sobre as distorções práticas havidas nos sistemas que contemplam o mínimo legal, especialmente o engessamento do juiz diante de situações que deveriam excepcionar a privação da liberdade.

Como o objetivo do trabalho é examinar a problemática da fixação da pena em geral, ficam de fora, portanto, todas as questões relativas à denominada parte especial[4] da determinação da medida da pena, tais como as causas gerais (tentativa, arrependimento posterior, concurso formal, crime continuado) e especiais de aumento e diminuição da pena, o perdão judicial, a substituição da pena privativa de liberdade por pena restritiva de direito ou pecuniária, a suspensão condicional da pena, a pena de multa, assim como o exame particularizado das agravantes e atenuantes da pena, não obstante algumas reflexões de cunho político-criminal que inspiraram a criação e a aplicação de tais causas de modificação da pena interessem ao que aqui se pretende estudar.

4 Sobre a classificação parte geral e parte especial da determinação da pena, vale conferir a observação de Anabela Miranda Rodrigues: "A 'parte geral da determinação da pena' abrangeria – agora segundo Dolcini, *Commisurazione*, p. 9 e 10 – o estudo de 'todos os critérios de determinação da medida da pena' (entendendo nós que a referência é aqui também ao que devemos chamar mais precisamente de 'factores de medida da pena') 'teoricamente relevantes para qualquer espécie de crime (ainda que não influentes em todas as concretas determinações de pena) e também as operações dirigidas a determinar, na base de tais critérios, o quantitativo de pena adequado ao caso concreto'; enquadrando-se, por sua vez, na 'parte especial', os problemas relativos aos 'critérios de determinação da pena' (vale aqui igualmente a precisão anteriormente feita) característicos de crimes ou grupos de crimes especiais" (*A determinação da medida da pena privativa de liberdade*, nota de rodapé nas páginas 21 e 22).

II

DA PENA E SUAS ESPÉCIES

Primitivamente, a pena se manifestava como reação contra atos que atentassem contra os interesses essenciais do grupo. Essa reação, lembra Henny Goulart, era, fundamentalmente, de caráter coletivo e religioso, pois tais atentados eram considerados atos que ofendiam as divindades, pelo que a sanção, tendente a eliminar ou expulsar o transgressor, era uma forma de sacrifício ou resposta que se dava aos deuses.[5] Essa tendência sofreu, posteriormente, uma paulatina amenização, de maneira que as penas corporais, pecuniárias e o desterro temporário passaram a substituir as primeiras formas de punição. Posteriormente, a perda da intensidade da reação contra o infrator deu lugar à chamada paz legal, pela qual ao perturbador da paz pública era conferida a possibilidade de reparar o mal causado mediante uma prestação, surgindo, assim, o sistema de composição.[6] Numa fase seguinte, com o fortalecimento e o estabelecimento dos grupos em territórios fixos, sujeitos a uma autoridade central, a pena passa a incorporar cada vez mais um caráter público, até o ponto em que desta marca não pudesse mais dissociar-se.

Tantos, entre filósofos, sociólogos, antropólogos, teóricos do direito e, mais especificamente, penalistas, se ocuparam em definir o que vem a ser pena, que a discussão acerca do seu significado, sem qualquer dúvida,

---

5 Cf. Henny Goulart. *Penologia I*: origem e função, p. 25.

6 *Idem, ibidem*, p. 26.

tem merecido estudos autônomos e profundos, o que não é propriamente o escopo do presente trabalho. Ainda assim, não seria correto pretender desenvolver o tema relativo à fixação de pena sem que se trouxessem à colação algumas, ainda que poucas e breves, ideias a respeito do conceito e suas espécies.

Embora seja praticamente impossível dissociar do conceito de pena a sua finalidade, procurar-se-á, neste momento do trabalho, colacionar e extrair definições que não estejam tão impregnadas de sentidos teleológicos, de forma que possam caber indistintamente em diferentes escolas ou teorias da pena.

Segundo Afrânio Peixoto, a palavra pena, que em latim grava-se poena, deriva do grego poiné (ποινη),[7]vocábulo esse que tem origem, na lição de Pictet e Pott, no sânscrito puniá, cuja raiz pü significa purificar.[8] Mário Curtis Giordani assevera que a palavra passou a ser usada, em época que não se pode determinar com precisão, para designar todo conceito de punição ou pagamento em geral, sem distinguir a pena pública da privada ou ainda a indenização decorrente de dano ex delicto.[9] Lembra, o referido professor de direito romano, que várias eram as expressões latinas empregadas para designar a aplicação de pena, tais como coercere (refrear, conter), vindicare (afirmação da pena como justa retribuição pela transgressão cometida), animadvertere (chamar à atenção, repreender, castigar), plectere (golpear, punir) e luere (expiar, pagar pelo mal cometido).[10]

Para Carrara, a palavra pena possui três significados distintos: Um sentido geral para exprimir qualquer dor ou mal que a acarrete. Um outro chamado de especial, designando "um mal que sofremos por causa de um fato nosso, perverso ou incauto". E um último, em sentido

---

7 Cf. Mário Curtis Giordani. *Direito penal romano*, p. 19.

8 Cf. Afrânio Peixoto. *Criminologia*, p. 24-25.

9 Cf. Mário Curtis Giordani. *Direito penal romano*, p. 19.

10 *Idem, ibidem*, p. 20.

especialíssimo, indicando "aquêle mal que a autoridade pública inflige a um culpado em razão de delito por êle praticado".[11]

Contudo boa parte da contemporânea teoria geral do direito objete a assertiva de que o sistema jurídico esteja fundado, exclusivamente, na ideia de um instrumento público de regulação e controle da atividade pública e privada,[12] rejeitando, ainda, a crença de que não se pode cogitar da sua existência sem junto trazer o seu caráter sancionador, nem por isso a sanção deixou de ser reconhecida como uma de suas características mais marcantes.

Com efeito, tal como menciona Kelsen, o direito não deixa de ser uma ordem coativa, no sentido de reagir — ou sancionar —, contra a vontade do destinatário e com o emprego da força física se necessário, àquelas situações previstas por si como socialmente indesejáveis.[13] Como anota o teórico austríaco, "as sanções no sentido específico desta palavra aparecem — no domínio das ordens jurídicas estaduais — sob duas formas diferentes: como pena (no sentido estrito da palavra) e como execução forçada". No caso da pena, fundamentalmente, a sanção priva o infrator de algum bem — tal como a vida, a integridade física no caso das penas corporais, a liberdade, o patrimônio — ou direito — como no caso da perda do cargo público ou dos direitos políticos. A execução forçada, por seu turno, é levada a efeito para compensar ou indenizar aquele que sofreu com ação ilícita.[14]

---

11 Cf. Francesco Carrara. *Programa de direito criminal: parte geral*, p. 39.

12 A respeito desse tema, Celso Fernandes Campilongo fala da crise dos instrumentos públicos de controle da atividade privada (gerando inúmeros sistemas de autocontrole — auto-regulamentação publicitária, convenções de consumidores, códigos de ética nas relações econômicas, empresas de segurança privada); no crescimento das estratégias de regulação econômica e descriminalização de pequenos delitos; no fortalecimento das arbitragens e dos "tribunais" informais: "Percebe-se, de um lado, o exaurimento da suposta racionalidade monolítica do direito estatal e dos compromissos fundados na sua lógica, e de outro, o esforço para preparar novos esquemas de agregação de interesses e institucionalização dos conflitos" (*Direito e democracia*, p. 85).

13 Cf. Hans Kelsen. *Teoria pura do direito*, p. 35.

14 *Idem, ibidem*, p. 121-122.

Antes, no seu Leviatã, Thomas Hobbes afirmou que uma pena é um dano infligido pela autoridade pública, a quem fez ou omitiu o que pela mesma autoridade é considerado transgressão da lei, a fim de que desse modo a vontade dos homens fique mais disposta à obediência.[15] Interessante notar que, ao atribuir o caráter de dano à pena, Hobbes já identificava, na mesma linha da distinção feita por Kelsen em relação à execução forçada, que punir não era compensar ou ressarcir, mas impor ao infrator algo que não fosse substancialmente idêntico ao mal produzido, muito embora tenha asseverado que o dano imposto pela pena não devesse parecer mais vantajoso se comparado ao benefício auferido com a prática criminosa.[16]

Depois de reconhecer ser a pena espécie do gênero sanção — comum a outros ramos do direito —, José Frederico Marques também distingue a natureza penal ou extrapenal do ilícito conforme o caráter da sanção cominada,[17] definindo-a assim: "é a sanção aflitiva imposta pelo Estado, através de processo, ao autor de um delito, como retribuição de seu ato ilícito [...]".[18] O cunho aflitivo da punição não é ali colocado pelo jurista como algo que importe necessariamente em padecimento físico, mas no sentido de castigo, que consiste na privação ou diminuição de bens jurídicos. Como se vê, assim como os outros autores acima mencionados, para Frederico Marques, lembrando Grispigni, a pena não traz a reparação do mal causado com a execução forçada do preceito primário da norma, mas nela se descobre tão-somente uma reafirmação ideal, moral e simbólica da regra violada.[19]

---

15 Thomas Hobbes. *Leviatã ou matéria, forma e poder de um estado eclesiástico e civil.* Tradução de João Paulo Monteiro e Maria Beatriz Nizza da Silva. São Paulo: *Nova Cultural*, 1997. p. 235.

16 *Idem, ibidem*, p. 236.

17 Cf. Frederico Marques. *Curso de direito penal*, p. 101.

18 *Idem, ibidem*, p. 103. Retirado o trecho "[...] e para evitar novos delitos" de forma propositada, a fim de atender a ideia inicial de não trazer para este capítulo a discussão acerca da finalidade da pena.

19 Cf. Frederico Marques. *Curso de direito penal*, p. 104.

Esse é o mesmo sentido que lhe confere Jakobs. Depois de referir-se à pena sempre como uma reação ante a infração de uma norma, o penalista alemão lembra que tal reação é uma espécie de chamado para a observância da norma violada. Ou seja, definindo-a "positivamente", como prefere realçar, a pena é "uma mostra da vigência da norma às custas de um responsável".[20]

Em meio a estas e tantas outras definições, é possível concordar que a pena, jurídica e contemporaneamente, deve ser considerada, então, uma forma de reação estatal, aplicada coativamente, que implique, após o devido processo legal, a diminuição da fruição ou perda de bens e/ou direitos por parte do responsável pela violação de uma norma.

Assim posto, em linhas grosseiras, o conceito de pena, cumpre trazer algumas considerações sobre as suas variadas espécies.

À primeira vista, poderia parecer que uma rememoração das formas de punição seria desnecessária para um estudo que se pretende concentrar na fixação da pena. No entanto, considerando que as modalidades de apenamento dizem muito sobre o sistema jurídico em que estão inseridas, notadamente a respeito dos objetivos da pena e da maior ou menor liberdade do juiz na sua fixação, entende-se que o seu exame, ainda que feito de maneira perfunctória, pode e deve contribuir para as análises que serão feitas nos capítulos seguintes.

Passa-se, pois, ao exame de cada uma delas:

2.1 Pena de morte ou capital

Se de uma maneira ou de outra o direito é contemporâneo das primeiras organizações sociais, a pena de morte, privando da vida o infrator,[21]

---

20 Às custas do responsável, quer dizer o autor que há perda da fruição de algum bem. Cf. Günther Jakobs. *Derecho penal: parte general: fundamentos y teoría de la imputación*, p. 8-9.

21 Carrara lembra que, segundo as leis romanas, a pena capital também designava a morte civil (deminutio capitis maxima vel media). *Programa do curso de direito criminal: parte geral*, p. 106.

como instrumento de reação social ao que se convencionou denominar crime, também acompanha o ser humano desde remotos tempos.

Interessante observar que a pena de morte, por encarnar a desesperança no homem ou o absoluto desprezo por este, foi muitas vezes, especialmente em tempos mais longínquos, cominada como única pena a ser aplicada, o que não deixava espaço para qualquer alternativa de punição. Ainda nessas hipóteses, mesmo que diferentemente de outras penas, cuja aplicação permite que o magistrado transite pelas grandezas de tempo (para prisão, desterro, suspensão ou restrição de direitos), de unidade monetária (pena pecuniária), e outras (para penas corporais, tais como quantidade de açoites, mutilações, etc.), a criatividade humana não deixou que nem mesmo a pena de morte, que implica a supressão de algo único e insubstituível, escapasse de uma macabra individualização.[22]

Utilizada ao longo da história para apenar desde os crimes mais banais até os de maior gravidade,[23] a pena de morte já foi aplicada de diversas formas: decapitação (espada, machado, guilhotina), enforcamento, pelo fogo, afogamento, soterramento, destroncamento pela roda, aferventação, esquartejamento, apedrejamento e, mais "civilizadamente", o fuzilamento, cadeira elétrica, injeção letal. Na Alemanha, durante a Idade Média, por exemplo, o enforcamento, considerada uma forma desonrosa e vergonhosa de punição, era a pena de morte mais frequentemente aplicada a ladrões, enquanto o destroncamento na roda, também ignominioso, aplicado desde muito tempo até o século XVIII, era reservado aos homicidas. Nesse mesmo país, desde o fim do século XIII até um certo tempo depois, a aferventação do criminoso em água, vinho ou óleo era uma modalidade de pena de morte aplicada praticamente por todas as leis nacionais ou municipais para punir o crime de falsificação e o

22 Nesse sentido, vale recordar a observação de Garraud: "[...] no nosso antigo direito a lei e o juiz mediam o sofrimento como hoje medem a privação da liberdade, ao passo que a própria morte era uma pena de diversos graus, ela não consiste agora senão privação da vida". *Compendio de direito criminal*, p. 302.

23 Na Índia, segundo as Leis de Manu, a pena de morte era prevista para desde aqueles que divulgassem notícias falsas, até para aqueles que matassem mulheres, crianças ou brâmanes (Livro IX, § 232). Cf. Antonio Rulli Neto. *Leis de Manu*, p. 164.

de heresia (na água). Mesmo dentro de cada um das formas apresentadas de pena de morte, existiam inúmeras variações. Exemplificativamente, o enforcamento era realizado tanto pela força da gravidade no corpo, que caía com a abertura do alçapão, quanto com o condenado sendo puxado pelos executores ou por animais, o que tornava a morte mais agônica. Na morte causada pelo fogo, o condenado podia ser atado diretamente na pira, colocado numa estaca com fogo ao redor ou colocado com uma escada empurrada para dentro do fogo. Como ato de piedade, por vezes o condenado era estrangulado antes de queimar ou, para acabar rapidamente com o seu sofrimento, era amarrado um saco de pólvora ao redor do seu pescoço.[24]

Essa forma de punição traduz, a princípio, a vocação de um direito penal de cunho eminentemente vingativo, na medida em que alimenta e exalta, sob a ótica da vítima ou do Estado que aplica a pena, a possibilidade de satisfação, alívio ou consolo em retirar a vida do infrator pelo crime cometido.

A pena de morte aparece também "justificada" como instrumento de retribuição ou expiação a ser percebido pelo infrator e pela comunidade que observa na pena o preço a ser pago pela falta cometida. É nesse sentido que Kant, paradoxalmente, conhecido mais comumente como defensor da dignidade humana,[25] fundamenta a aplicação de tal forma de punição.[26]

Por outro lado, ao adotar esse modo de punir, nutre-se a expectativa de que a pena capital cumpra, de forma mais eficaz que outras, a função

---

24 *Criminal justice through the ages: from divine judgement to modern German legislation*, p. 134-141.

25 Kant rejeitava a ideia do utilitarismo do direito penal, sustentando que o homem e sua dignidade são um fim em si mesmo, não podendo servir de meio ou instrumento para a consecução de quaisquer objetivos.

26 Ver em Anabela Miranda Rodrigues: "O que provoca perplexidade é a aplicação concreta que Kant faz de tal princípio de talião, por vezes substancialmente lesiva da dignidade humana, que não tem em conta limites essenciais do direito de punir na sociedade humana. Tal é o caso, por exemplo, da afirmação da pena de morte como a única pena justa para o homicídio [...]". Nota de rodapé n. 28 de *A determinação da medida da pena privativa de liberdade*, p. 165.

de intimidar e inibir a prática de novas e semelhantes infrações. Nessa linha de pensamento, Carnelutti chegou a dizer que a pena de morte era uma espécie de expropriação feita pelo Estado por utilidade pública,[27] enquanto que São Tomás de Aquino via como o lícito extermínio do "elemento nocivo ao organismo social".[28] Não foi por outro motivo que não apenas a forma de provocar a morte, mas também o local onde a pena seria aplicada, tinha grande importância na suposta função a ser desempenhada pela punição. Transformar a pena num espetáculo de terror era a tônica das execuções, as quais tinham nas praças e nos mercados das cidades os seus sítios mais comuns. Em verdade, nos países onde ainda se aplica a pena de morte, a execução desta não deixou de ser um evento espetaculoso, para o qual se convidam, dentre outros, os familiares da vítima e, em especial, a imprensa.

Também defenderam a pena capital Rousseau,[29] Montesquieu, Lombroso, Garofalo e Carmignani.[30]

Inúmeros foram e são os seus opositores, assim como os argumentos sobre os quais se sustentam.

Além dos consistentes argumentos no sentido de que a sua aplicação pode encerrar, pela falibilidade intrínseca a qualquer atividade humana, um erro irreparável, dada a sua irreversibilidade, bem como não atingir o propósito de fazer diminuir a incidência dos crimes para os quais se encontra prevista,[31] a pena capital suscita, nos dizeres de

---

27 Cf. Frederico Marques. *Curso de direito penal*, p. 122.

28 Cf. Basileu Garcia. *Instituições de direito*, p. 54.

29 Basileu Garcia lembra o seguinte raciocínio de Rousseau: "a violação da lei penal, praticada pelo delinquente, infringe o contrato social. Violando-a, o delinquente torna-se inimigo da sociedade. Tem esta o direito de guerrear os seus inimigos. Ataca, pois, o delinquente, aniquilando-o" (*Ibidem*).

30 Cf. Henny Goulart. *Penologia*, p. 40.

31 Sobre essa questão, ou seja, o fracasso da intimidação pelo terror, interessante notar o aumento colossal observado na evolução da população prisional aguardando execução de pena de morte nos Estados Unidos da América do Norte que, conforme dados do Bureau of Justice Statistics do U.S. Department of Justice, colacionados por Laurindo Dias

Garraud, "um dos mais graves problemas do direito penal, o problema da legitimidade".[32]

A repulsa a esse tipo de pena, se não é contemporânea à sua própria aplicação, é, ao menos, bastante antiga, como anota Frederico Marques ao lembrar que Lactâncio, preceptor dos filhos de Constantino, já se opunha à pena de morte dizendo que "tirar a vida a um homem é sempre um ato criminoso".[33]

Beccaria questionava, numa concepção contratualista do Estado, a legitimação dessa forma de punição ao indagar:

> Qual será o direito que os homens se reservam de trucidar seus semelhantes?
> Não é certamente o mesmo do qual resultam a soberania e as leis. Estas nada mais são do que a soma de porções mínimas da liberdade privada de cada um; elas representam a vontade geral, que é o agregado das vontades particulares. Mas quem será o homem que queira deixar a outros o arbítrio de matá-lo? Como pode haver, no menor sacrifício da liberdade de cada um, o bem maior de todos, a vida?[34]

Para a mesma direção apontava Carrara quando dizia que repugnava à lei natural que o homem tirasse de si mesmo a vida ou se obrigasse, expressa ou tacitamente, a perdê-la, pois com isso destruía sua personalidade, "não sendo possível reter-se em parte a vida e em parte aliená-la".[35]

Com efeito, se já é bastante árdua, senão inglória, a tarefa de sustentar a legitimidade de qualquer forma de punição, encontrar tal

---

Minhoto, passou de 134 (em 1973) para 3.054 pessoas (*Privatização de presídios e criminalidade: a gestão da violência no capitalismo global*, p. 137).

32 *Compendio de direito criminal*, p. 302.

33 *Curso de direito penal*, p. 121.

34 Cesare Bonesana (Marchesi de Beccaria). *Dos delitos e das penas, trad. Lucia Giudicini e Alessandro Berti Contessa*, p. 94.

35 *Programa do curso de direito criminal*, p. 111.

sustentação para a pena de morte é impossível se se considerar que para uma legitimação filosófica — e não sociológica — o argumento da força e do exercício do poder não lhe serve.

No Brasil colonial, período no qual vigeram as chamadas Ordenações do Reino,[36] as Afonsinas (1446), as Manuelinas (1512) e as Filipinas (1603), a pena de morte era prevista para um número extraordinário de crimes e teve larga aplicação. Assim como em outros sistemas da época, a pena de morte mereceu das Ordenações Filipinas, por exemplo, assombrosa individualização, sendo prevista com ou sem requintes de crueldade na sua execução. Para alguns crimes, a exemplo do falso testemunho, previa-se simplesmente "morra por isso morte natural" (Título LIV), em distinção feita relativamente à morte civil.[37] Em outros, tal como no de moeda falsa: "morra morte natural de fogo" (Título XII), o que significava queimar vivo o condenado. No caso do crime de Lesa Magestade (Título VI), a pena cominada era: "morra morte natural cruelmente", indicando que antes de morrer o condenado seria supliciado.

Não obstante a previsão formulada no art. 179, XIX, da Constituição de 1824, no sentido de proibir as penas cruéis, entre as quais se incluiria, numa interpretação sem esforço, a pena capital,[38] o Código Criminal

---

36 Como preconiza José Henrique Pierangeli, as legislações Afonsinas não tiveram influência ou aplicação significativa no território brasileiro. Registra-se, porém, que as Manuelinas chegaram a ter alguma aplicação no período das capitanias hereditárias, especialmente em determinadas faixas litorâneas que concentravam os primeiros agrupamentos como São Vicente e Pernambuco, muito embora o que prevalecia, na realidade, era mesmo o arbítrio dos donatários a quem incumbia toda a administração da justiça (*Códigos Penais do Brasil: evolução histórica*, p. 7).

37 Cf. Basileu Garcia. *Instituições de direito penal*, p. 116.

38 Ver em José Reinaldo de Lima Lopes: "Um grande debate deu-se em torno da manutenção da pena de morte e de galés. Para alguns, a pena de morte era incompatível com a Constituição. Rebouças disse que o Estado tinha uma religião, a Católica, a qual repugnava o derramamento de sangue. Além disso, o art. 179 havia proibido as penas cruéis, e nada mais cruel do que a morte" (*O direito na história: lições introdutórias*, p. 287).

de 1830, em meio a divergências no Parlamento,[39] acabou cominando a pena de morte, na forca (art. 38), para alguns crimes,[40] muito embora a sua aplicação, na prática, tivesse ficado reservada, segundo Nélson Hungria, quase que exclusivamente aos escravos.[41] Anota-se que, após um erro judiciário que se celebrizou por ter injustamente vitimado a pessoa de Manuel da Mota Coqueiro, o então Imperador do Brasil, Dom Pedro II, passou, a partir de 1855, a comutar sistematicamente a pena de morte em galés.

Legalmente, porém, a pena de morte só foi abolida no Brasil em 1890, quando da edição do Decreto 774,[42] em significativo descompasso com outros países, Estados-membros, Estados-federados, confederados ou províncias que, muito antes, já haviam proibido essa maneira de punir, a exemplo da pioneira Toscana que a havia vetado já em 1786. Embora o Cantão de Fribourg também a tivesse abolido em 1858, a Suíça somente o fez em sua Constituição em 1874. Em outros lugares, a abolição também chegou antes como na Romênia (1864), Portugal (1866), Países Baixos (1870) e nos Estados norte-americanos como Michigan (1848), Rhode Island e Wisconsin (1852).[43]

A confirmação da abolição da pena de morte veio com a Constituição de 1891, embora, como recorda Goulart, a aludida Carta tivesse excepcionado a possibilidade da pena capital para a legislação militar em tempo de guerra (art. 72, §§ 21 e 22), tal como também fizera posteriormente a Constituição de 1934.[44]

Revelando sua já indisfarçável faceta autoritária, o governo de Getúlio Vargas, ao instituir o chamado Estado Novo, outorgou a Constituição de 1937 e esta, após ser emendada pela Lei Constitucional n. 1, de

39 Vide Basileu Garcia. *Instituições de direito penal*, p. 121.

40 A pena de morte era prevista para os crimes de insurreição (art. 113. Julgar-se-há commettido este crime, reunindo-se vinte ou mais escravos para haverem a liberdade por meio da força.), homicídio (art. 192) e latrocínio (art. 271).

41 Cf. Henny Goulart. *Penologia* I, p. 45.

42 *Idem, ibidem*, p. 45.

43 Cf. Garraud. *Compendio de direito criminal*, nota de rodapé da p. 303.

44 *Penologia I*, p. 45.

16.05.1938, trouxe, entre outros retrocessos, a possibilidade da pena de morte como forma de punição para crimes de natureza essencialmente política, tais como: a) tentar submeter o território da Nação ou parte dele à soberania de Estado estrangeiro; b) atentar, com auxílio ou subsídio de Estado estrangeiro ou organização de caráter internacional, contra a unidade da Nação, procurando desmembrar o território sujeito à sua soberania; c) tentar por meio de movimento armado o desmembramento do território nacional, desde que para reprimi-lo se torne necessário proceder a operações de guerra; d) tentar, com auxílio ou subsídio de Estado estrangeiro ou organização de caráter internacional, a mudança da ordem política ou social estabelecida na Constituição; e) tentar subverter por meios violentos a ordem política e social, com o fim de apoderar-se do Estado para o estabelecimento da ditadura de uma classe social; f) a insurreição armada contra os Poderes do Estado, assim considerada ainda que as armas se encontrem em depósito; g) praticar atos destinados a provocar a guerra civil, se esta sobrevém em virtude deles; h) atentar contra a segurança do Estado praticando devastação, saque, incêndio, depredação ou quaisquer atos destinados a suscitar terror; i) atentar contra a vida, a incolumidade ou a liberdade do Presidente da República; e, ainda, j) o crime comum como o homicídio cometido por motivo fútil ou com extremos de perversidade.[45]

Em meio a esse contexto despótico, Goulart registra que o Projeto Alcântara Machado, apresentado em 1938 para servir de base para o novo Código Penal brasileiro, apesar de não prever para quaisquer dos crimes elencados na parte especial, trouxe, na parte geral, no capítulo das penas, a previsão da pena de morte, "dizendo o seu autor na exposição de motivos que formulara os dispositivos correspondentes à sua inserção e execução para o caso do Governo entender necessário utilizar-se da faculdade que lhe era conferida pela citada Lei Constitucional ainda em vigor".[46] Contudo, nem a nova redação do projeto,

---

45 Fonte: *Bases históricas do Congresso Nacional.* Disponível em: <www.senado.gov.br>.

46 *Penologia I*, p. 46.

de 1940, nem o próprio Código Penal de 1940 prescreveram a pena de morte como espécie de pena a ser aplicada.

No âmbito constitucional, tanto a Carta Política de 1946 quanto a de 1967 mantiveram a proibição desse modo de punir, excepcionando, também como a de 1934, as hipóteses previstas na legislação militar em tempo de guerra. Mais uma vez, porém, a avidez pelo poder, ínsita aos governos ditatoriais, não demorou a revelar-se quando o regime militar, instalado pelo golpe de 1964, sentindo necessidade cada vez maior de reprimir aqueles que ousavam discordar, resolveu outorgar, em 17.10.1969, a Emenda Constitucional 1 e com ela permitir a pena de morte para os casos de "guerra externa, psicológica adversa, ou revolucionária ou subversiva nos termos que a lei determinar".[47] Pouco antes, especificamente em 29 de setembro do mesmo ano, foi editado o Decreto-lei 898 que, ao definir os crimes contra a segurança nacional, a ordem política e social, cominou a pena de morte para grande parte das infrações ali elencadas, a exemplo do que previsto para as formas qualificadas[48] dos casos de insurreição ou tentativa violenta de mudar, no todo ou em parte, a Constituição ou a forma de governo (art. 24), provocar atos destinados a causar guerra revolucionária ou subversiva (art. 25), assalto a banco (art. 27), terrorismo (art. 28).[49] Muito embora prevista para uma vasta gama de crimes, a pena de morte não foi aplicada oficial e judicialmente no Brasil desde os tempos das comutações do Segundo Imperador.

Hoje, a proibição da pena de morte encontra-se prevista no art. 5º, XLVII, da Constituição Federal de 1988 que, da mesma maneira de textos anteriores, ressalvou as hipóteses dessa punição em caso de guerra declarada.[50] Alguns políticos brasileiros e setores mais conservadores da sociedade já tentaram ressuscitar o debate a respeito da pena capital,

---

47 Fonte: *Bases históricas do Congresso Nacional.* Disponível em: <www.senado.gov.br>.

48 Pelo resultado.

49 Fonte: Legislação. Disponível em: <www.senado.gov.br>.

50 Para maior informação a respeito da legislação militar, vale conferir Henny Goulart, *Penologia I*, p. 47-48.

sugerindo que esta fosse novamente prevista por intermédio de emenda constitucional. Não representasse já grave retrocesso para as liberdades públicas, essa tentativa mostra-se constitucionalmente inviável, pois, estando a proibição da pena de morte entre as garantias e direitos fundamentais, tal previsão é considerada pelo próprio texto constitucional cláusula pétrea, ou seja, insuscetível de modificação.

2.2 Penas corporais

A expressão "pena corporal" foi e tem sido empregada para designar, muitas vezes, coisas distintas. De fato, é da tradição do Poder Judiciário brasileiro utilizar os termos "pena corporal" ou "sanção corporal" querendo referir-se à pena privativa de liberdade.[51] Tal costume é explicável, pois o próprio Código Penal de 1890 fazia uso de uma expressão para dizer outra, como revela o texto do parágrafo único de seu art. 55: "Sempre que o Código applicar, além da pena corporal, a de privação de exercício de alguma arte ou profissão, esta pena só produzirá os effeitos depois de cumprida a pena corporal".[52] A impropriedade conceitual não passou despercebida por Oscar de Macedo Soares que, ao comentar o referido dispositivo, acentuou: "Não temos penas corporaes. Sem duvida, o legislador quis dizer — pena de prizão cellular, que é o typo da prizão restrictiva da liberdade estabelecida no Codigo".[53]

Muito embora a pena privativa de liberdade imponha ao corpo uma limitação de natureza física, que é a restrição da liberdade de locomoção, parece inadequado classificar esta modalidade de pena

51 No Supremo Tribunal Federal, ver, exemplificativamente, os seguintes julgados: RHC 85.923, Rel. Min. Ellen Gracie, DJ 02.09.2005; HC 84.636, Relator para acórdão Min. Eros Grau, DJ 15.04.2005; HC 70.362, Rel. Min. Sepúlveda Pertence, DJ 12.04.1996, e HC 71.482, Rel. Min. Francisco Rezek, DJ 08.09.1995. No Superior Tribunal de Justiça, também exemplificativamente, observar as expressões dos julgados: EDcl no REsp 628.730, Rel. Min. Gilson Dipp, DJ 29.08.2005, p. 404; REsp 716.727, Rel. Min. Laurita Vaz, DJ 06.06.2005, p. 368; e REsp 601.834, Rel. Min. Paulo Gallotti, DJ 16.05.2005, p. 432.

52 Destaque do autor.

53 *Código Penal da República dos Estados Unidos do Brasil*, p. 153.

tal como aquela que efetivamente impinge diretamente ao corpo dor, lesão, marca ou mutilação.

Não apenas como retribuição senão também como tentativa de dissuadir pelo terror, marcando e tornando o condenado uma propaganda ambulante do rigor da justiça,[54] as penas corporais foram largamente utilizadas ao longo de toda a história da humanidade.

A prática de impor castigos corporais para condutas ilegais é bastante antiga. O Código de Hammurabi, assimilando o princípio de talião, já previa a pena corporal para vários crimes, por exemplo: o da ama de leite que tem um seio seu cortado porque deixou de advertir os pais de uma criança que, em outra oportunidade, outra criança submetida a seus cuidados morrera (§ 194); o do filho que tem a mão cortada por bater em seu pai (§ 195); a perda do olho daquele que destruiu o olho de outrem (§ 196); e a perda do dente para quem arrancou o dente de alguém (§ 200).[55]

As Leis de Manu previam a pena de chibatada de chicote ou de vara fina de bambu para as mulheres, crianças, velhos, loucos, pobres e doentes (Livro IX, § 230). Por outro lado, punia com o corte de dois dedos para aqueles que cortassem algibeiras, uma mão para os reincidentes no mesmo crime e, finalmente, a morte para os que insistissem pela terceira vez em cometê-lo.[56]

Os estatutos religiosos, que, muitas vezes além do conteúdo espiritual e das liturgias, traziam regramentos sociais e legais, também colaboraram para difundir essa prática punitiva. Nas leis do Alcorão, por exemplo, essa modalidade de pena está prevista para vários tipos de criminosos: o corte das mãos para o ladrão e para a ladra (5:38 e 39), açoites para o adúltero e para a adúltera (24:2) e para os que acusaram de adultério

---

54 Carrara registra que o ferrete era utilizado para, mediante a impressão indelével de uma letra do alfabeto no corpo do réu, lembrar, pela inicial, o crime cometido (*Programa do curso de direito criminal*, p. 121).

55 Cf. Emanuel Bouzon. *O Código de Hammurabi: introdução, tradução do texto cuneiforme e comentários*, p. 180-182.

56 Cf. Antonio Rulli Neto. *Leis de Manu*, p. 172-173.

sem provas (24:4 e 5).[57] Entre os hebreus, verifica-se no Talmud — o Estudo, formado pela Repetição das leis (Mischna), juntamente de comentários, adições e anexos — a previsão de penas corporais.[58]

No direito germânico de tempos remotos, as mutilações eram reservadas aos escravos e, quando usadas nos homens livres, eram atos de misericórdia em função da comutação de uma merecida sentença de morte. Já no período dos Carolíngios (751-987), celebrizado pela expansão alcançada por Carlos Magno, a punição por mutilação aumentou consideravelmente, apenando não só crimes considerados graves como roubo, furto e incêndio, como também perjúrio. Enquanto, durante o século XII, o corte da mão (perjúrio, trapaça no jogo, lesão corporal permanente, danos às fortificações e outros) era a única mutilação prevista na Alemanha, já no século seguinte outras formas foram introduzidas, tais como suprimir os olhos (como comutação da pena de morte e como descumprimento da pena de banimento), as orelhas (punição frequente para servos, blasfemos e aqueles que portavam armas ilegalmente), os dedos (forma atenuada de punir as mesmas infrações que o corte da mão também punia) e a língua (punição para os crimes cometidos pela fala (perjúrio, falso testemunho, blasfêmia, denunciação caluniosa, difamação de autoridades).[59]

Conforme anotado por Goulart, também na França, até os séculos XV e XVI, foram aplicadas penas semelhantes.[60] Na Inglaterra, registra o estudioso, as penas corporais foram empregadas até o século XIX, muito embora em 1913 a Câmara dos Comuns houvera adotado a fustigação para os proxenetas.[61]

---

57 Cf. Mansour Chalita. *O Alcorão ao alcance de todos.*

58 Cf. Eugenio Raúl Zaffaroni e José Henrique Pierangeli. *Manual de direito penal brasileiro*, p. 184.

59 Cf. *Criminal justice through the ages: from divine judgement to modern German legislation*, p. 145-148.

60 *Penologia I*, p. 43.

61 *Idem, ibidem*, p. 44.

Malgrado seja impossível quantificar a dor, todas essas formas de punir diretamente o corpo obedeciam também a uma medonha individualização, como lembra Foucault:

> O suplício repousa na arte quantitativa do sofrimento. Mas não é só: esta produção é regulada. O suplício faz correlacionar o tipo de ferimento físico, a qualidade, a intensidade, o tempo dos sofrimentos com a gravidade do crime, a pessoa do criminoso, o nível social de suas vítimas. Há um código jurídico da dor; a pena, quando é supliciante, não se abate sobre o corpo ao acaso ou em bloco; ela é calculada de acordo com regras detalhadas: número de golpes de açoite, localização do ferrete em brasa, tempo da agonia na fogueira ou na roda (o tribunal decide se é o caso de estrangular o paciente imediatamente, em vez de deixá-lo morrer, e ao fim de quanto tempo esse gesto de piedade deve intervir), tipo de mutilação a impor (mão decepada, lábios ou língua furados).[62]

Com isso, o legislador e a Justiça pareciam ver na meticulosa dosimetria ou, mais propriamente, nessa escala de horror, a capacidade de amedrontar o povo e afastá-lo do cometimento de novos crimes. Muitas vezes, contudo, o efeito acabou sendo o inverso. Não só os crimes não diminuíam, mas também a execução das penas cruéis transformavam os sentenciados em objeto de piedade e admiração, fazendo com que os carrascos e juízes se parecessem com criminosos, numa verdadeira inversão de papéis.[63]

Aos poucos, lembra Foucault, a punição deixa de ser uma cena e o corpo deixa de ser o seu alvo principal. Começam, então, os tempos em que passa a imperar a "discrição na arte de fazer sofrer", principalmente e na medida em que "a justiça não mais assume publicamente a parte

---

62 *Vigiar e punir: nascimento da prisão*, p. 34.

63 Cf. Foucault. *Vigiar e punir: nascimento da prisão*, p. 14.

de violência a que está ligada o seu exercício".[64] A pena corporal vai cedendo espaço para outras mais "civilizadas" e assépticas.

Durante o século XX, especialmente após as atrocidades da Segunda Guerra Mundial, reconheceu-se a necessidade de se consolidar, em instrumentos internacionais, um mínimo ético comum aos países que integravam a Organização das Nações Unidas. Assim, em 10.12.1948 foi aprovada, pela unanimidade de 48 Estados e 8 abstenções,[65] a Declaração Universal dos Direitos Humanos, pela qual, de acordo com o seu art. V, "ninguém será submetido a tortura, nem a tratamento ou castigo cruel, desumano ou degradante".

Desnecessário inferir do texto que qualquer pena corporal deveria ser abolida a partir de então. Mais tarde, outros instrumentos internacionais trouxeram a mesma vedação: art. 7º do Pacto de Direitos Civis e Políticos (1966), art. 16 da Convenção contra a Tortura e outros Tratamentos ou Penas Cruéis, Desumanos ou Degradantes (1984) e art. 5º, § 2, da Convenção Americana de Direitos Humanos (Pacto de San José da Costa Rica de 1969).[66]

No Brasil, as penas corporais tiveram lugar no ordenamento jurídico desde os tempos das Ordenações do Reino até a outorga da Constituição de 1824, ocasião em que, pelo seu art. 179, ficavam abolidos, desde logo, "os açoutes, a tortura, a marca de ferro quente, e todas as demais penas cruéis".[67]

---

64 *Idem, ibidem*, p. 14-15. Ainda sobre esse acabrunhamento da Justiça, Foucault diz: "O fato de ela matar ou ferir já não é mais a glorificação da sua força, mas um elemento intrínseco a ela que ela é obrigada a tolerar e muito lhe custa ter que impor".

65 Abstiveram-se na ocasião: a Bielorussia, a Tchecoslováquia, a Polônia, a Arábia Saudita, a Ucrânia, a URSS, a África do Sul e a Iugoslávia. Mais tarde, porém, como observa Flávia Piovesan, em Helsinki, no ano de 1975, quando do "Ato Final da Conferência sobre Segurança e Cooperação na Europa", os Estados Comunistas da Europa aderiram expressamente à Declaração Universal" (*Direitos humanos e o direito constitucional internacional*, p. 145).

66 Ratificada pelo Brasil em 1992.

67 Fonte: Bases Históricas do Congresso Nacional. Disponível em: <www.senado.gov.br>.

Não obstante a vedação constitucional, o Código Criminal do Império, malgrado o avanço representado por várias de suas disposições, trouxe, ainda, o açoite como forma de punir os escravos. No que se refere à dosimetria, embora o art. 60 do Código Criminal de 1830, que previa o açoite como pena,[68] trouxesse em seu parágrafo uma regra limitadora do número de açoites diários, deixava absolutamente indeterminado e livre o número total máximo de açoites a ser aplicado pelo juiz.[69] Se já era inconstitucional a previsão da pena de açoite, encarregar o juiz de determinar uma pena sem parâmetro era também violar o princípio nulla poena sine praevia lege a que o próprio Código havia contemplado.[70]

Nos dias atuais, a proibição de penas cruéis decorre não apenas do corpo da Constituição de 1988 (art. 5º, XLVII, e), mas também dos tratados e pactos internacionais dos quais o Brasil é signatário.

2.3 Penas infamantes

Sendo o crime uma construção legal em torno de determinadas práticas sociais que se convencionou rejeitar e punir, a infâmia sempre esteve de algum modo ligada ao criminoso. Por esse motivo, distingue-se a infâmia de fato da de direito. Aquela decorre da opinião pública e esta nasce da lei ou de um julgamento.[71] Não obstante a infâmia se

---

68 Art. 60. "Se o réo fôr escravo, e incorrer em pena que não seja a capital ou de galés, será condemnado na de açoutes, e, depois de os soffrer, será entregue a seu senhor, que se obrigará a trazê-lo com um ferro pelo tempo e maneira que o juiz designar."

69 "O numero de açoutes será fixado na sentença, e o escravo não poderá levar por dia mais de cincoenta."

70 Pelo teor do art. 33, pode-se dizer que o legislador proibiu permitindo ou permitiu proibindo: "Nenhum crime será punido com penas que não estejão estabelecidas nas leis, nem com mais ou menos daquellas que estiverem decretadas para punir o crime no gráo maximo, médio ou minimo, salvo o caso em que aos juizes se permittir o arbitrio".

71 Cf. Garraud. *Compendio de direito criminal*, p. 299; e Carrara. *Programa do curso de direito criminal*, p. 133.

constituir em algo essencialmente imaterial, duas eram as formas de irrogá-la: a primeira consistia meramente em declarar o culpado infame, e a segunda importava a execução material de algo que humilhasse ou diminuísse o sentenciado ou que, ao menos, pretendesse provocar semelhantes sentimentos.[72]

A prática desse modo de punir é, também, bastante antiga e a criatividade humana, nesse particular, também não encontrou limites.

Para os casos de uma acusação não comprovada contra uma sacerdotisa, o Código de Hammurabi previa, além da pena corporal, outra de caráter infamante, qual seja a de ter o acusador malsucedido a metade da cabeça raspada (§ 127).[73]

Também na Índia os criminosos eram marcados fisicamente e as marcas faziam referências às infrações cometidas. No Livro IX, § 237, previa-se marca na testa representando as partes genitais femininas (para os que manchassem o leito de seu mestre espiritual), a bandeira de um destilador (para aquele que tivesse ingerido bebidas alcoólicas), o pé de um porco (para quem roubasse dinheiro de um sacerdote) e a figura de um homem decapitado (para aquele que matasse um brâmane).[74]

Ruy da Costa Antunes, citando Du Boys, lembra que na Antiguidade a pena infamante era comum. No Egito, o soldado que desertasse ou não cumprisse os seus deveres poderia ser declarado infame, enquanto na Índia degradava-se aquele de casta superior que se entregasse a atividades impróprias da sua condição (o brâmane que negociasse leite era degradado à condição de sudra).[75] Na cidade-Estado de Esparta, o condenado poderia ser obrigado a percorrer a praça pública, nu, recitando versos satíricos alusivos à sua própria conduta, ou fazendo apologia

---

72 Cf. Garraud. *Compendio de direito criminal*, p. 299; e Carrara. *Programa do curso de direito criminal*, p. 133.

73 § 127: "Se um awilum apontou o dedo contra uma (sacerdotisa) ugbabtum ou contra a esposa de um awilum e não comprovou, baterão nesse homem diante dos juízes e rasparão a metade (de sua cabeça)". Cf. Emanuel Bouzon. *O Código de Hammurabi*, p. 138.

74 Cf. Antonio Rulli Neto. *Leis de Manu*, p. 165.

75 *Problemática da pena*, p. 109-110.

do julgamento que o condenara, enquanto em Atenas, algumas vezes, era exposto em lugares públicos, levando cartazes onde se inscreviam as iniciais do crime praticado.[76]

Recorda, ainda, o professor da Universidade do Recife, que a aplicação das penas infamantes, largamente utilizadas na Idade Média, ultrapassou os limites da Idade Moderna, tanto na Europa quanto nas colônias ultramarinas. Dentre elas, as mais comuns eram o pelourinho, pilory, pilori ou picota (exposição do condenado em postes) e o carcan (França) ou stock (Inglaterra), que consistia em expor os condenados em pranchões onde os atavam por buracos para a cabeça e mãos. Outras formas também foram conhecidas como a cadeira do mergulho — na qual o condenado era veloz e periodicamente mergulhado — e o freio (brank), gaiola que se colocava na cabeça do condenado, munida com uma barra que prendia a língua daqueles condenados por serem mexeriqueiros.[77]

Desde a Idade Média até o século XIX, várias outras formas de punição foram registradas, tais como a utilização de vestimentas especiais para identificar os criminosos, a raspagem do cabelo para os criminosos sexuais, o corte do vestido das mulheres adúlteras e das filhas bastardas, a destruição dos telhados das casas (aplicadas não só a pessoas, mas a comunidades inteiras, significando que estas ou aquelas não eram mais dignas de proteção), procissões simbólicas (obrigando o condenado a desfilar carregando pedra, velas, cachorro para os desleais ao seu senhor, máscaras simbolizando os crimes), a decretação de enterro silencioso, montar o asno etc.[78]

Entre as penas infamantes que não implicam uma execução material, mas que trazem um cunho tão-somente declaratório, estão aquelas como a de admoestação, advertência, proscrição, perda de títulos e honrarias.

---

76 *Ibidem*, p. 66.

77 Ruy da Costa Antunes. *Problemática da pena*, p. 67-68.

78 Para uma descrição mais pormenorizada dessas práticas ver *Criminal justice through the ages: from divine judgement to modern German legislation*, p. 149-165.

Inúmeras são as razões para refutar a aplicação de semelhantes penas. Para Carrara, além de aberrantes e desigualmente sentidas, as penas infamantes são destrutivas da dignidade humana e, por isso, obstativas da correção. O penalista italiano lembra também a perpetuidade de que são revestidas essas penas, dado o seu caráter eminentemente estigmatizante.

Quanto à possibilidade de dosimetria da pena, preocupação central deste trabalho, Carrara, criticando o sonho de Bentham de graduar esse gênero de punição quanto à intensidade e à sua duração em comparação a manchas em um pano, observa que, embora se possa imaginar haver matizes para uma maior e menor forma de desonra, a sua previsão em termos legais parece improvável.[79]

No Brasil, as penas infamantes eram comumente aplicadas quando da vigência das Ordenações Filipinas, a exemplo do que ocorria com o marido que consentia na traição de sua esposa e era obrigado a usar chapéu de cornos (Livro V, Título XXV, 9)[80] e daqueles que casavam ou batizavam clandestinamente, os quais, além de açoitados, desfilavam pela cidade (Livro V, Título XC, segundo parágrafo). As infâmias contudo eram reservadas aos que não ostentavam títulos de nobreza ou assemelhados. Estes, porém, sofriam-nas, mesmo assim, nos casos em que se tratasse de "crime de Lesa Magestade, sodomia, testemunho falso, ou por induzir testemunhas falsas, moeda falsa, ou outro crime de falsidade, furto, feitiçaria, alcouvitaria" (Livro V, Título CXXXVIII). Exemplo mais ilustrativo dessa espécie de punição na história brasileira foi a de Joaquim José da Silva Xavier, mais conhecido como Tiradentes, cuja participação na Inconfidência Mineira — movimento que pregava independência e a fundação de um Estado republicano e sem escravos — custou-lhe não apenas a vida, por meio do esquartejamento, mas

79 *Programa do curso de direito criminal*, p. 134.

80 "E sendo provado, que algum homem consentio a sua mulher, que lhe fizesse adulterio, serão elle e ella açoutados com senhas capellas de cornos, e degradados para o Brazil, e o adultero será degradado para sempre para Africa, sem embargo de o marido lhes querer perdoar."

também a pena de infâmia até a terceira geração, acusado que fora do crime de lesa-majestade.[81]

A Constituição de 1824 proibiu tão-somente a infâmia hereditária (art. 179, XX), sendo certo que as penas infamantes só vieram a ser formalmente proibidas pelo Código Penal de 1890 (art. 44).

Hoje, apesar da proibição de ditas penas (como corolário da vedação das penas cruéis prevista no art. 5º, XLVII, e, XLIX, da Constituição de 1988, que assegura o respeito à integridade física e moral do preso), a infâmia — não se refere aqui à infâmia de fato, mas à de direito — parece ter sido reconhecida juridicamente como consequência de condenações por determinados, ou melhor, indeterminados crimes, na medida em que o legislador brasileiro proibiu a inscrição do bacharel em Direito nos quadros da Ordem dos Advogados quando condenado por crime infamante, à luz do que preconiza o art. 8º, § 4º, da Lei 8.906/1994.[82] Convém, desde logo, observar que, malgrado a lei diga sobre crime e não pena infamante, é insofismável que a norma agrega à condenação uma diminuição do patrimônio moral do condenado para além daquela decorrente naturalmente de qualquer condenação.[83]

2.4 Banimento, desterro, degredo, exílio, relegação e outras penas semelhantes

Embora de etimologias diferentes, as palavras banimento, desterro e degredo são utilizadas para designar, praticamente, a mesma coisa: expatriar, exilar. Em sentido jurídico, porém, assumiram significados distintos.

---

81 Cf. Shecaira e Corrêa Junior. *Teoria da pena: finalidades, direito positivo, jurisprudência e outros estudos de ciência criminal*, p. 39.

82 "Art. 8º Para a inscrição como advogado é necessário: [...] VI — idoneidade moral [...] § 4º Não atende ao requisito de idoneidade moral aquele que tiver sido condenado por crime infamante, salvo reabilitação judicial."

83 É inevitável, outrossim, a crítica ao referido dispositivo no que se refere à extrema porosidade do conceito de "crime infamante", não tendo o legislador oferecido qualquer definição ou critério para sua verificação.

Para Carrara, exílio "é o afastamento do delinquente de um determinado lugar, único que lhe é interdito, com plena liberdade de estar noutra parte, onde quer que lhe agrade",[84] enquanto relegação "consiste em impor-se ao réu a residência em um determinado território, com a interdição de se dirigir a qualquer outra parte do globo".[85] Já o desterro, assevera o penalista italiano, ocorre quando o exílio implica a expulsão de todo o território de um determinado Estado.

Na esperança de que a paz social também pudesse ser conquistada com o isolamento da suposta fonte dos males, as penas de banimento, desterro, degredo e outras apareciam nos ordenamentos com a preocupação precípua de afastar o indivíduo delinquente do convívio da comunidade. Atribuía-se a essas penas a capacidade de evitar a "má influência" do criminoso ou apagar da lembrança do povo a sua figura que, muitas vezes, se identificava ou remetia ao ato praticado. Por essas razões, essas modalidades de pena apareciam muito para os crimes políticos (traição, conspiração, lesa-pátria, lesa-majestade, etc.).

Sua aplicação também remonta a tempos bem antigos, aparecendo com nomes e intensidades diferentes ao longo da história.

Na Índia, como anota Rulli Neto, as Leis de Manu previam o banimento, por exemplo, como repúdio aos vícios que degradavam a natureza humana. Assim, os jogadores, os dançarinos e cantores de profissão, os homens que não acreditavam nos Livros Sagrados, os sectários de religiões heréticas, os homens que não cumprissem os deveres de sua casta e os mercadores de bebidas alcoólicas, deveriam ser banidos imediatamente (Livro IX, § 225).[86]

Na Grécia, além da perda da cidadania — atimia —, o ostracismo[87] era uma modalidade de expulsão que consistia em afastar o indivíduo

84 *Programa do curso de direito criminal*, p. 128.

85 *Ibidem*, p. 129.

86 Cf. Antonio Rulli Neto. *Leis de Manu*, p. 163.

87 Do grego óstrakon, que significa concha. Segundo Antônio Geraldo da Cunha, os atenienses escreviam em conchas ou em pequenos pedaços de louça os nomes dos que deveriam ser exilados. *Dicionário etimológico nova fronteira da língua portuguesa*, p. 567.

da cidade, por um período de dez anos.[88] Em Roma, Ruy da Costa Antunes recorda que, durante as sucessivas formas de governo, esse tipo de pena assumiu diferentes caracteres. Inicialmente, o banimento era pena administrativa. Durante a República, o exílio era, em verdade, uma consequência da decisão do condenado de refugiar-se para eximir-se da condenação havida em outra jurisdição. Já no Império, a chamada relegatio, "limitação pela autoridade da faculdade de escolher o local de residência", poderia ser tanto a "ordem de abandonar a cidade e não mais regressar (banimento), como a de permanecer numa localidade determinada (internamento)".[89] Ainda em tempos remotos, a pena de banimento teve lugar entre os hebreus para as infrações cometidas por aqueles que não seguiam determinadas liturgias.[90]

Na Idade Média, entre os alemães, o banimento ou proscrição, além da expulsão do indivíduo da comunidade, importava a perda dos direitos de propriedade e de qualquer proteção legal, o que significava, em alguns casos, que o condenado poderia ser morto por qualquer pessoa, sem que isso fosse punido.[91] Nesse mesmo período, os nórdicos também as aplicavam. Os suecos declaravam fora da lei (biltogher) quem violasse a paz do rei, enquanto os noruegueses proscreviam aqueles que praticassem crimes nas assembleias religiosas ou políticas.[92] Na Islândia, como anota Ruy da Costa Antunes, havia distinção entre a proscrição (skovgang), que incluía a dissolução familiar e o confisco de

---

88 Cf. Ruy da Costa Antunes. *Problemática da pena*, p. 70.

89 *Idem, ibidem*, p. 71.

90 Ruy da Costa Antunes registra que o banimento, a excomunhão ou jerem vêm preconizados "no Gênesis (17:4) para os que não tivessem realizado a circuncisão, no Êxodo, para os que não comessem o pão ázimo nos sete dias da Páscoa (12:15) e para os que fabricassem ou utilizassem em proveito de um estranho o 'azeite da santa unção' [...]" (*Problemática da pena*, p. 71).

91 *Criminal justice through the ages: from divine judgement to modern German legislation*, p. 62.

92 Cf. Ruy da Costa Antunes. *Problemática da pena*, p. 72.

bens, do banimento simples (fiorbaugsgard), que determinava o exílio do condenado por três anos, sob pena de proscrição.[93]

Mais tarde, nos tempos das navegações, essas espécies de pena, mais precisamente as de degredo ou deportação, passaram a ser utilizadas em larga escala, desta feita para atender ou prestar auxílio às políticas colonialistas, sobretudo entre portugueses (degredavam para o Brasil e para África), espanhóis (para as colônias na América e, posteriormente, para as Filipinas, Marianas e Fernando Poo), ingleses (a transportation era a alternativa para os condenados à morte, que eram enviados para onde hoje ficam os Estados Unidos da América e para a Austrália) e franceses (Canadá).

Ruy da Costa Antunes relembra que a deportação era medida bastante utilizada pela Rússia czarista para livrar-se dos criminosos políticos e mesmo dos comuns.[94] Da mesma maneira, após a Revolução Bolchevique tal prática continuou a ser utilizada com frequência. Nos Fundamentos da Legislação Penal da União das Repúblicas Socialistas Soviéticas e das Repúblicas Federadas, diretrizes gerais destinadas a orientar a confecção das codificações de cada república, aprovados pelo Soviet Supremo em 11.02.1957, eram previstos como pena (art. 24) o confinamento (desterrar o condenado de seu lugar de residência e relegá-lo a um ponto determinado) e o desterro (expulsar o condenado do lugar onde reside com a proibição de viver em determinadas localidades).[95]

Também no Brasil ditas penas tiveram aplicação. Desde os tempos das Ordenações do Reino, pelas quais o Brasil era, inclusive, um dos lugares para onde se mandavam degredados (Livro V, Título CXL), as penas que importavam o deslocamento geográfico forçado do condenado foram largamente utilizadas.

No Código Criminal de 1830, estavam previstas nos arts. 50, 51 e 52, respectivamente, as penas de banimento (privava para sempre o

---

93 *Idem, ibidem.*

94 *Idem*, p. 75.

95 *Fundamentos de la legislación de la URSS y de las Republicas Federadas*, p. 290.

condenado dos direitos de cidadão brasileiro e o proibia eternamente de habitar o território dos Impérios, sujeitando, aos que não cumprissem tais determinações, pena de prisão perpétua), degredo (obrigava o condenado a residir no lugar e pelo tempo determinado pela sentença, sem dali poder ausentar-se) e desterro (obrigava o condenado a sair do lugar do crime, da sua principal residência e da principal residência do ofendido, também pelo tempo determinado pela sentença).

Destas acima mencionadas, apenas a pena de banimento remanesceu no Código Penal de 1890, mas com algumas alterações em relação à sua previsão anterior.[96] A sua admissão, contudo, como anotado no Relatório do Ministério da Justiça de 1891, era reservada "para o caso único de tentativa violenta contra a Constituição política da República ou da forma de governo estabelecida".[97]

Logo depois, porém, a pena de banimento foi abolida pela Constituição da República de 1891 (art. 72, § 20). Naquela oportunidade, durante a tramitação do projeto, apenas a pena de galés deveria ficar proibida, ao que a Comissão do Congresso Constituinte propôs:

> Prestando completa adhesão ao disposto no art. 72 (o § 21 do projecto abolia somente a pena de galés) que declara abolida a pena infamante de galés, a comissão propõe que se complete o pensamento humanitario que essa disposição encerra, abolindo-se tambem a pena de banimento, que não mais figura nos Codigos modernos, bem como a de morte, que entre nós se acha de facto abolida, ressalvadas as disposições da legislação militar em tempo de guerra.[98]

---

96 "Art. 46. O banimento privará o condemnado dos direitos de cidadão brazileiro e o inhibirá de habitar o territorio nacional, enquanto durarem os effeitos da pena. O banido que voltar ao paiz será condemnado á reclusão até 30 annos, si antes não readquirir os direitos de cidadão."

97 Cf. Oscar de Macedo Soares. *Código Penal da República dos Estados Unidos do Brasil*, p. 140.

98 Cf. Oscar de Macedo Soares. *Código Penal da República dos Estados Unidos do Brasil*, p. 140.

E assim foi feito e a pena de banimento não mais foi prevista na legislação brasileira.

O paulatino desaparecimento desse tipo de punição foi também motivado por inúmeras críticas. Talvez a principal delas centrava-se no fato de que a perspectiva de intimidação, por meio da pena de isolamento ou afastamento, ficava severamente comprometida, na medida em que, nos dizeres de Garraud, "a ideia de castigo desaparece para dar logar á ideia da viagem".[99] Com efeito, a pena não representava para o condenado, ao menos em tese, um mal tão grave como outras penas cominadas. A mensagem da pena era também pouco sentida pela sociedade e pelos demais cidadãos, uma vez que não somente a pena não representava uma desvantagem muito significativa, senão também porque o cumprimento da mesma dava-se em lugar tão distante daquele onde se praticou o crime, que não se tinha a oportunidade de "observar" a aplicação da lei.

2.5 Pena privativa de liberdade

Embora as penas acima referidas (desterro, banimento, exílio, etc.) não deixem de ser uma modalidade de pena restritiva de liberdade, porquanto retira, ao menos em parte, a liberdade de locomoção do indivíduo, tratar-se-á, neste tópico, da privação da liberdade em sua forma mais extrema, que é aquela que reduz drasticamente o espaço de circulação do condenado, confinando-o em um estabelecimento institucional destinado a esse fim.

Também aqui inúmeros são os termos utilizados para designar essa modalidade de punição, a privação da liberdade: prisão,[100] cárcere, reclusão, detenção, dentre outros.

---

99 *Compendio de direito criminal*, p. 320.

100 Palavra que vem do latim: prehensio — onis. Cf. Antônio Geraldo da Cunha. *Dicionário etimológico nova fronteira da língua portuguesa*, p. 635. Prehendo: prender; reter; segurar; surpreender; agarrar. Cf. Pereira de Queiroz. *Dicionário latim-português*, p. 302.

Tão impregnado da sua presença, dá-se a impressão que o direito penal jamais esteve dissociado da ideia de prisão. Mas nem sempre foi assim.

A prisão, antes, destinava-se apenas a evitar a fuga dos réus enquanto aguardavam julgamento ou execução de outras penas que lhes eram impostas (pena de morte, corporais, desterro, banimento, etc.). Tal finalidade era expressamente referida tanto nos ordenamentos quanto nos doutrinadores medievais, embora a utilização de medida preventiva e garantidora da pena seja anterior a esse período. Nas Partidas (conjunto de sete textos legais elaborados no reinado de Alfonso X, rei de Castilha e Leão), mais precisamente na sétima (Título XXXI, lei IV), explicava-se que o cárcere não era dado a castigar os erros, mas tão-somente para guardar nela os presos até que fossem julgados.[101] Pinatel asseverava que no direito francês antigo a prisão era somente preventiva, mesmo caráter destacado por Bracton que, entre 1250 e 1258, descrevia as prisões como lugares onde os homens esperavam para ser libertados ou sentenciados por uma decisão judicial.[102]

Muito embora não fossem cumpridas em estabelecimentos prisionais, mas representando, sem nenhuma dúvida, pena privativa de liberdade, a pena de galés chegou a ser prevista e aplicada antes da pena de prisão.[103] Em sentido próprio, como observa Carrara, a pena de galés[104] designava o serviço de remar nas naus,[105] embora em sentido

---

101 Cf. Ruy da Costa Antunes. *Problemática da pena*, p. 148.

102 *Idem, ibidem.*

103 Em Ruy da Costa Antunes: "Difundiu-se no século XV, largamente, a pena de galés — perpétuas ou temporárias. Portugal, Espanha, França, Países Baixos, Inglaterra, Itália, remeteram, então, para a exaustiva tarefa de movimentar a remo os seus barcos, os culpados por ações outrora punidas com a morte" (*Problemática da pena*, p. 153). Ver em Henny Goulart: "Na Espanha, segundo Calon, disposições de Carlos I, em 1530, e de Felipe II, em 1566, já previam o envio de condenados a dois anos ou mais para o serviço das galeras" (*Penologia I*, p. 53).

104 Galé: "antiga embarcação de vela e remos". Cf. Antônio Geraldo da Cunha. *Dicionário etimológico nova fronteira da língua portuguesa*, p. 376.

105 Henny Goulart lembra que a aplicação desse tipo de pena foi bastante estimulada na França, a fim de que se fornecesse tripulação às embarcações. Recorda, ainda, o penalista que em outros países da Europa central chegou-se a vender prisioneiros

lato pudesse designar a destinação do condenado a trabalhos forçados também em terra firme.[106] No Brasil, esse tipo de pena foi aplicada nos tempos das Ordenações Filipinas (Título CXL, 1, 4 e 5) e, não obstante a vedação feita pela Constituição de 1824 à aplicação de penas cruéis (art. 179, 19), foi prevista também pelo Código Criminal de 1830 (art. 44).[107] O Código Penal de 1890 não a previu, mas a sua abolição expressa só veio ocorrer quando da outorga da Constituição de 1891 (art. 72, § 20).

A prisão celular como pena tem sua origem no direito canônico, que já a utilizava desde o século V, embora sua aplicação tenha ocorrido mais amiúde no combate aos hereges durante a Inquisição.[108] A expiação da falta com o propósito de emenda fazia com que, perante a Igreja, os faltosos fossem privados de sua liberdade mediante o seu recolhimento em cela monástica. A solidão deveria aproximar o condenado de Deus e permitir a reflexão e o arrependimento. Essa forma de penitência teve extraordinária influência no direito dos Estados que, movidos também por fatores econômicos — a monetarização e a crescente mercantilização da economia fizeram com que os dirigentes estatais voltassem os olhos para uma considerável fonte de receita que era o trabalho nas prisões —, passaram paulatinamente a adotar a pena de prisão e a fazer dela o centro dos seus respectivos sistemas punitivos.

No direito laico, a primazia da prisão como punição é atribuída aos ingleses que, em 1550, fundaram as Bridewells (esboços de casas de

---

a países de tradições marítimas para que nestes cumprissem a referida pena, o que representava significativo valor econômico. A aplicação da pena de galés, em sua concepção original, perdeu espaço conforme a evolução das navegações.

106 *Programa do curso de direito criminal*, p. 127.

107 "Art. 44. A pena de galés sujeitará os réos a andarem com calceta no pé e corrente de ferro, juntos ou separados, e a empregar se nos trabalhos publicos da provincia onde tiver sido commettido o delicto, á disposição do governo."

108 Ver em Mariano Ruiz Funes: "O cárcere para castigar os homens é uma invenção do direito canônico" (*La crisis de la prisión, Havana,* 1949, p. 76). Tradução livre a partir da seguinte transcrição feita por Ruy da Costa Antunes: "La cárcel para castigar a los hombres es una invención del derecho canónico" (*Problemática da pena*, p. 151).

correção), as quais, como anota Roberto Lyra, eram "estabelecimentos para cumprimento de penas e não depósitos de acusados à espera de julgamento (WEBB, English Prisons under Local Government, Londres e New York, 1922, páginas 1 e 3)".[109] Pouco tempo depois, outros estabelecimentos apareceram, tais como os reclusórios de Amsterdã (1595 para os homens e 1597 para as mulheres) e outros similares em Bremen (1609), Lubeque (1616) e Hamburgo (1622).[110]

Contemporaneamente a estes citados, no direito lusitano, mais precisamente na vigência das Ordenações Filipinas, aplicada durante o período do Brasil colonial, a pena de prisão era prevista para alguns poucos crimes. Com efeito, era prevista uma pena de 30 dias de cadeia para aquele que "travasse de alguma mulher", ou seja, para aquele que a agarrasse (Título XVIII, 2), ou para "aquele que desse música de noite", cantando ou assistindo (Título LXXXI). Era também prevista a pena de três meses de cadeia para "quem usasse, em festas, jogos, máscaras ou representações, hábitos das Ordens de Christo, Santiago ou Aviz" (Título XCIII).

Ruy da Costa Antunes observa que, muito antes, porém, a legislação indiana — Leis de Manu — já previa a pena de detenção, fato que, segundo o professor da Universidade do Recife, teria escapado da atenção dos especialistas.[111] De fato, as Leis de Manu traziam clara e expressa previsão da pena de prisão como verdadeira forma de punição e não apenas como custódia. O § 310 do Livro VIII é cristalino nesse sentido: "O rei empregará três meios para reprimir o homem perverso: a prisão, os ferros, e os diversos castigos corporais".[112] No Livro IX, tal modalidade de pena também aparece com nitidez: "Assim como Varuna nunca deixa de segurar os criminosos com seus laços, também o rei, como o Deus das águas, condenará os maus à prisão".[113]

---

109 Roberto Lyra. *Comentários ao Código Penal*, p. 88.

110 Cf. *Idem, ibidem*, p. 88.

111 *Problemática da pena*, nota de rodapé n. 370, p. 147.

112 Cf. Antonio Rulli Neto. *Leis de Manu*, p. 94.

113 *Idem, ibidem*, p. 180.

O aparecimento e a consolidação da prisão como pena deveu-se, contudo, não apenas ao direito canônico e aos fatores econômicos. Ao lado ou em meio destes, houve também um movimento em direção à tentativa de humanização das penas. Arrimado na promessa de racionalidade, o Iluminismo, como bem diz Salo de Carvalho, "funda a estrutura do direito penal moderno",[114] tendo como seu principal expoente Beccaria. Deixando como legado uma obra sem par, Dos delitos e das penas, o teórico milanês viria revolucionar o pensamento penal da época. Sua obra, cujo impacto se faz sentir até os dias de hoje — tempo em que muitas de suas lições, infelizmente, ainda não conseguiram sair do papel —, abordou vários temas, mas talvez o que lhe conferiu maior longevidade foi o de servir à moderação das penas. Verdadeira ode à abolição da pena de morte e das penas cruéis, o livro de Beccaria contribuiu, sem qualquer dúvida, para a consolidação da pena de prisão como principal forma de punição.

Algumas vantagens da pena de prisão em relação a outras fizeram dela o que alguns preferiram chamar de "pena por excelência". Uma delas, explica Foucault, lembrando Duport, é o seu caráter igualitário, pois, numa sociedade em que a liberdade é um bem de todos, a sua perda tem o mesmo preço também para todos.[115] Outro avanço da pena de prisão, em vista das demais, é a maior possibilidade que disponibiliza para a individualização da punição. A amplitude da variável do tempo permite que o delito venha relacionar-se com a pena numa função de "equivalência" e "proporcionalidade". Na expectativa de boa parte dos iluministas e outros humanistas mais antigos, uma outra função ainda seria desempenhada pela prisão, qual seja a de instrumento de correção e transformação do indivíduo delinquente, tudo a serviço do que se

---

114 *Penas e garantias.*

115 *Vigiar e punir: nascimento da prisão*, p. 208. Sobre esse conteúdo de igualdade da pena de prisão é preciso, porém, fazer algumas ressalvas. Como se discutirá mais à frente, a perda da liberdade, ainda que por igual quantidade de tempo, é sentida de maneira distinta conforme a personalidade, a cultura, a idade, dentre outras características do condenado.

convencionou chamar de ortopedia moral.[116] A prisão era, enfim, nos dizeres de Rossi, a "pena das sociedades civilizadas".[117]

Entretanto, não demorou para os seus problemas se fazerem notar. Não apenas pelo fato de que os Estados, em sua maioria, descuraram de questões básicas como estrutura física (espaço) adequada à demanda sempre crescente, higiene, alimentação, capacidade de oferecer atividade laboral ou ocupacional, mas também pelo inequívoco caráter estigmatizante e degenerativo da personalidade, constituindo-se também, e não menos intensamente, em fator altamente criminógeno — para dentro e para fora dos muros —, a prisão revelou-se num meio absolutamente ineficaz para cumprir qualquer utilidade que se quisesse imprimir à pena.

Ainda que críticas lhe tenham sido dirigidas há muito tempo e seu insucesso denunciado há não menos, pouco se fez para substituí-la. Nesse sentido, é de rememorar a advertência de Foucault: "Conhecem-se todos os inconvenientes da prisão, e sabe-se que é perigosa quando não inútil. E entretanto não 'vemos' o que pôr em seu lugar. Ela é a detestável solução, de que não se pode abrir mão".[118]

Mas como tentar ensinar o homem a ser livre prendendo-o? Essa contradição é muito mais do que aparente. A não ser, evidentemente, que se assuma, de uma vez por todas, que a prisão não tem nenhuma função senão a de segregar temporariamente os delinquentes, caso em que não passaria — como no mais das vezes não passa — de um depósito

---

116 Sobre essa esperança, interessante rever a transcrição feita por Michel Foucault do *Relatório de Treilhard* (p. 8-9): "A ordem que deve reinar nas cadeias pode contribuir fortemente para regenerar os condenados; os vícios da educação, o contágio dos maus exemplos, a ociosidade... originaram crimes. Pois bem, tentemos fechar todas essas fontes de corrupção; que sejam praticadas regras de sã moral nas casas de detenção; que, obrigados a um trabalho de que terminarão gostando, quando dele recolherem o fruto, os condenados contraiam o hábito, o gosto e a necessidade da ocupação; que se dêem respectivamente o exemplo de uma vida laboriosa; ela logo se tornará uma vida pura; logo começarão a lamentar o passado, primeiro sinal avançado de amor pelo dever" (*Vigiar e punir: nascimento da prisão*, p. 209).

117 Cf. Apud Foucault. *Ibidem*, p. 207.

118 *Idem, ibidem*, p. 208.

de pessoas. Neste caso, a eficiência do método consistiria apenas em não deixar os presos escaparem. Do contrário, se é possível, desejável ou mesmo fundamental que a pena tenha outras finalidades, então será necessário buscar e arriscar outros caminhos, evitando-se perpetuar a prisão como o fracasso mais bem-sucedido da história.

2.6 Pena pecuniária

Distinguindo-a bem da prestação econômica de cunho indenizatório, Carrara define a pena pecuniária como "tôda diminuição das nossas riquezas, sancionada pela lei como punição de um delito", acrescentando ser "da índole desta pena que a parte do patrimônio tirada do culpado toque ao Estado".[119] Essa espécie pode ser, basicamente, cominada e aplicada de duas formas: o confisco, que pode atingir, porque desprovido de medida própria, todo o patrimônio do condenado, e a multa.

Algumas retrospectivas históricas da pena pecuniária, como adverte Ruy da Costa Antunes, têm sido feitas de forma imprópria, atribuindo sua aplicação entre babilônios e hebreus, quando em verdade tratava-se de indenizações, compensações ou prestações destinadas sobretudo à composição. Com efeito, no Código de Hammurabi, várias eram as cominações de cunho compensatório, como observa Bouzon:

> Na legislação hammurabiana a pena aplicada em casos de lesões corporais dependia da posição social do agredido. Se o agressor era um awilum e o agredido um Dumu awilim: "filho de awilum", isto é: alguém que pertencia à classe dos awilum, aplicava-se o ius talionis. Mas se o agredido fosse um muskênum ou um escravo, a lei determinava uma compensação financeira pela parte do corpo lesada. Assim, se um awilum destruísse o olho ou quebrasse um osso de um muskênum, devia pagar-lhe 1 mina — 500gr — de prata pela perda sofrida.[120]

---

119 *Programa do curso de direito criminal*, p. 136.

120 *O Código de Hamurabi*, p. 182. Os exemplos mencionados encontram-se nos §§ 197 e 198 do Código de Hammurabi, verbis: "§ 197. Se quebrou o osso de um awilum,

Nas Leis de Manu, porém, lembra Ruy da Costa Antunes, contudo não pudesse o rei locupletar-se dela — porquanto deveriam ser jogadas ao rio em consagração a Varuna, ou presenteadas a brâmanes virtuosos (Livro IX, §§ 244 e 323) —, a prestação assumia claramente o caráter de pena, podendo ser aplicada na modalidade de confisco (geral ou parcial) e multa (fixa ou proporcional).[121] Exemplo da multa proporcional era aquela prevista para o crime de fraude no comércio, estabelecida no § 400 do Livro VIII: "Aquele que frauda os direitos, que compra e vende em tempo impróprio, ou declara com falsidade o valor das suas mercadorias, pagará uma multa de oito vezes o valor dos objetos".[122]

Na Grécia, mais precisamente em Atenas, houve certa confusão entre pena e indenização, pois em certos delitos privados dividia-se o montante imposto na condenação entre o Estado e a vítima.[123]

A pena pecuniária, conhecida também na Roma antiga, era muito aplicada, principalmente aos crimes patrimoniais.[124]

Na Idade Média e nos Estados absolutistas, a pena de confisco e multa tornaram-se importante fonte de receita para os Estados.[125]

Mais adiante na História, Beccaria, contudo pregasse a pena pecuniária para os delitos patrimoniais sem violência, asseverava que essa forma de punir, além de atingir o criminoso — que, muitas vezes, era levado ao cometimento de crimes patrimoniais exatamente em razão de certas privações materiais —, atingia outras pessoas alheias à prática da infração, motivo pelo qual já naquela época recomendava a prestação de serviços à comunidade.[126]

---

quebrarão seu osso" e "§ 198. Se destruiu o olho de um muskênum ou quebrou o osso de um muskênum, pesará uma mina de prata".

121 *Problemática da pena*, p. 111-112.

122 Cf. Antonio Rulli Neto. *Leis de Manu*, p. 114.

123 Cf. Carrara. *Programa do curso de direito criminal*, p. 145-146.

124 Cf. Mario Curtis Giordani. *Direito penal romano*, p. 70.

125 Cf. Ruy da Costa Antunes. *Problemática da pena*, p. 166.

126 Ver *Dos delitos e das penas*, trad. Lucia Giudicini e Alessandro Berti Contessa, p. 84.

No Brasil, ao tempo das Ordenações Filipinas, a pena de confisco era aplicada a muitos dos crimes e a de multa a outros poucos, destacando-se, no caso desta, uma certa proporcionalidade em razão da condição pessoal do condenado (vide Título LXXXII — Dos que jogão dados, ou cartas, ou os fazem, vendem, ou dão tabolagem, e de outros jogos defesos).[127] Outra modalidade de pena pecuniária bastante peculiar era a de obrigar o condenado a pagar o casamento da mulher virgem — ou "viúva de qualidade" — por ter com ela dormido (Título XVI).

No Código Criminal de 1830, a multa era aplicada na proporção do prejuízo (no caso do furto,[128] a multa correspondia a vinte e cinco por cento do valor do bem subtraído), da potencialidade deste (vinte e cinco por cento do dano causado ou que se poderia causar, no caso do crime de falsidade),[129] ou ainda, à vista da condição patrimonial, empresarial ou salarial do condenado.[130]

No Código Penal de 1890, a pena de multa veio prevista no art. 58 que assim a preconizava: "A pena de multa consiste no pagamento ao Tesouro Publico Federal ou dos Estados, segundo a competencia respectiva, de uma somma pecuniaria, que será regulada pelo que o condenado puder ganhar em cada dia, por seus bens, emprego, industria ou trabalho".

Apesar dessa previsão, Macedo Soares, em apoio à censura feita por João Vieira, lembra que "a definição não comprehende outras formas de multa que o Codigo contemplou na parte especial", tais como no furto, na falsidade — em que a pena era proporcional ao dano causado

127 Neste Título: "[...] 1. Quem fizer cartas, ou as trouxer de fóra do Reino, ou as vender em alguma parte de nossos Reinos e Senhorio, seja preso, e da Cadêa pague vinte cruzados, se fôr peão, e seja açoutado publicamente. E se fôr de maior condição, pague quarenta cruzados, e seja degradado hum anno para Africa".

128 Art. 257.

129 Art. 167.

130 "Art. 55. A pena de multa obrigará os réos ao pagamento de uma quantia pecuniaria, que será sempre regulada pelo que os condemnados puderem haver em cada um dia pelos seus bens, empregos ou industria, quando a lei especificadamente a não designar de outro modo."

ou a potencialidade deste — e na violação de propriedade intelectual cuja fixação era predeterminada.[131]

O Código de 1940 adotou o sistema de penas pecuniárias relativamente determinadas, cominando-as, na Parte Especial, em mínimos e máximos prefixados em moeda corrente. Na Parte Geral regulou o prazo para pagamento, as hipóteses de parcelamento e, ainda, a possibilidade de desconto percentual do salário do condenado em caso de insolvência (vide arts. 36 e 37).

No Código de 1969, que sequer vigorou, tentava-se introduzir a sistemática dos dias-multa, inovação proveniente, segundo a Exposição de Motivos, das leis escandinavas, pela qual conciliavam-se a reprovação da conduta e a condição econômica do condenado, na medida em que a quantidade de dias-multa era regulada de acordo com o crime (de um a trezentos dias-multa) e o valor unitário com a condição econômica do condenado (de um a dez vezes o maior salário mínimo diário do País).[132]

Na reforma da Parte Geral, promulgada em 1984, o sistema foi finalmente adotado, ampliando, contudo, o seu diapasão, dado que o dia-multa variaria, agora, de um trigésimo até cinco vezes do salário mínimo — não diário, mas mensal — vigente no País.

A partir de 1996, com a edição da Lei 9.268, a multa, após o trânsito em julgado, passou a ser considerada dívida de valor, não mais podendo ser convertida em prisão.

2.7 Penas restritivas de direitos e outras alternativas à prisão

Sem prejuízo de outras definições mais acuradas, entende-se aqui por penas restritivas de direitos todas as sanções que não importem a violação da integridade física, a privação ou restrição direta da liberdade ou do patrimônio do condenado. A restrição de direitos poderá ser permanente ou temporária, implicando, exemplificativamente, a perda ou suspensão de emprego, cargo ou profissão, a interdição de direitos

---

131 *Código Penal da República dos Estados Unidos do Brasil*, p. 156.

132 Nessa época, diferentemente dos dias atuais, o valor do salário mínimo era regionalizado.

políticos (por exemplo, o de votar e ser votado), civis (direito de conduzir veículos), a prestação de serviços à comunidade, restrição de frequentar determinados lugares, limitação de fim de semana, etc.

Malgrado não sejam propriamente uma novidade dos ordenamentos contemporâneos, a sua cominação e aplicação só ocorreram mais amiúde a partir das reformas efetuadas na segunda metade do século XX.

Timidamente, porém, a existência dessas penalidades já podia ser encontrada nos mais antigos ordenamentos.

O Código de Hammurabi, por exemplo, previa no seu § 5 não só a pena de multa, mas também a perda da função de juiz para o magistrado que desrespeitasse a coisa julgada, alterando um julgamento por si já proferido e registrado: "Se um juiz fez um julgamento, tomou uma decisão, fez exarar um documento selado e depois alterou o seu julgamento: comprovarão contra esse juiz a alteração do julgamento que fez; ele pagará, então, doze vezes a quantia reclamada nesse processo e, na assembleia, fá-lo-ão levantar-se de seu trono de juiz. Ele não voltará a sentar-se com os juízes em um processo".[133]

Em Roma, a restrição de direitos também era conhecida, havendo sanções que implicavam privações de atividade, como anota Mário Curtis Giordani: "Assim, por exemplo, o praefectus urbi podia proibir a determinação da pessoa, o exercício de negócios ou profissão, da advocacia, quer temporariamente, quer permanentemente (d. 1.12.1.13: et negotiationibus et professione et advocationibus et foro, et ad tempus et in perpetuum...)".[134]

Tempos depois, Beccaria, pai do Iluminismo penal, já recomendava esse tipo de pena, em especial a prestação de serviços à comunidade, manifestando, ainda, as razões de sua preferência por esta em relação à pena pecuniária:

> Os furtos não acompanhados de violência deveriam ser punidos com penas pecuniárias. Quem procura apoderar-se do alheio

---

133 Cf. Emamuel Bouzon. *O Código de Hamurabi*, p. 49.

134 *Direito penal romano*, p. 82.

> deveria ser privado do próprio. Mas como habitualmente esse é o delito da miséria e do desespero, o delito daquela porção infeliz de homens a quem o direito de propriedade (direito terrível e talvez desnecessário) não deixou senão uma existência de privações: mas como, ainda, as penas pecuniárias castigam um número de pessoas maior que o dos delitos, pois que, ao tirar o pão aos celerados, acabam tirando-o aos inocentes, a pena mais oportuna será então o único tipo de escravidão que se possa chamar justa, ou seja, a escravidão temporária dos trabalhos e da pessoa ao serviço da sociedade comum, para ressarci-la, com a própria e total dependência, do injusto despotismo exercido ao violar o pacto social.[135]

Como se vê, da incipiente e aleatória previsão das penas restritivas do direito antigo, que tratavam sobretudo da perda ou suspensão de determinadas funções ou profissões, o penalista italiano, ainda em tempos de barbárie punitiva, propunha a aplicação sistemática da pena de prestação de serviço à comunidade, punição essa que, representando o que talvez haja de mais avançado em matéria de sanção penal, o direito brasileiro só conheceu, como pena substitutiva, em 1984.

Não a prestação de serviço à comunidade, mas outras penas restritivas de direito já eram aplicadas ao tempo das Ordenações Filipinas. No Título IX, 2, o regedor, governador ou desembargador que revelasse qualquer segredo da Justiça, seria privado do ofício e tornar-se-ia eternamente inapto para julgar. Também no Título XLIX, que trata "Dos que resistem, ou desobedecem aos Officiaes da justiça, ou lhes dizem palavras injuriosas", o oficial de justiça que deixasse de acusar, no prazo legal, aqueles que acolheram ou encobriram delinquentes, além da pena de multa, estava também sujeito à suspensão do ofício pelo prazo de seis meses (vide item 9, no quinto parágrafo).

135 *Dos delitos e das penas*, trad. Lucia Giudicini e Alessandro Berti Contessa, p. 83-84.

No Código Criminal de 1830, no Título II, "Das penas", Capítulo I (Da qualidade das penas, e da maneira como se hão de impôr e cumprir), previa-se a pena de suspensão (art. 58) e perda (art. 59) do emprego. Curioso notar que a sua cominação era feita como pena principal e não acessória ou substitutiva, a exemplo do que preconizava o art. 166 — "Irregularidade de conducta" do empregado público — que cominava a perda do emprego isoladamente e dos arts. 159 ("negar ou demorar a administração da justiça que couber em suas atribuições") e 161 ("impor pena em processo criminal para além dos limites legais) que previam, respectivamente, a suspensão do emprego cumulativamente com multa e a perda do mesmo aliada com a pena de prisão.

O Código Penal de 1890 também trazia a suspensão (art. 57) e a perda (art. 56) do emprego como penas principais. Exemplos dessa previsão eram encontrados nos arts. 210 (Falta de exacção no cumprimento do dever) e 207 (Prevaricação), que cumulavam ditas penas com a de multa e de prisão e multa, respectivamente. Além dessas cominações, o primeiro Código da República também cominou outras restrições de direito — como a suspensão de direitos políticos, perda de ofício eletivo, emprego e todos os múnus públicos (arts. 55 e alíneas) —, porém não como penas propriamente ditas, senão como efeitos da condenação à pena de prisão por prazo superior a seis anos.

O legislador do Código Penal de 1940, porém, preferiu trazê-las como penas acessórias (art. 67), em três modalidades: I — a perda de função pública, eletiva ou de nomeação; II — as interdições de direito; e III — a publicação da sentença. A perda da função pública, em verdade, decorria da condenação à pena privativa de liberdade cometida com abuso de poder ou violação de dever inerente à função pública (art. 68, I), ou de condenação por outro crime à pena de reclusão por mais de dois anos ou detenção por mais de quatro anos (art. 68, II). No que se referia à interdição de direitos, o Código trazia algumas inovações em relação ao compêndio anterior. Afora a já conhecida incapacidade temporária para investidura em função pública (art. 69, I), encontrava-se ainda a incapacidade permanente ou temporária para: a autoridade marital ou do pátrio poder (inciso II), o exercício de tutela ou curatela (inciso III) e a suspensão dos direitos políticos. Tais interdições eram previstas quando preenchidas determinadas condições relativas ao tempo da pena privativa de liberdade imposta e/ou determinadas características da infração penal (art. 68, parágrafo único e seus incisos).

No Código de 1969, que não chegou a viger, mantiveram-se as mesmas penas do anterior (art. 83), também como acessórias da pena principal, tendo como única diferença a exclusão da expressão ultrapassada e machista "incapacidade para a autoridade marital".

A Reforma da Parte Geral concretizada em 1984 mudou consideravelmente a disposição das penas restritivas de direitos. A primeira inovação consistiu em denominá-las como tal, dispondo-as numa Seção própria, em três modalidades distintas: I — prestação de serviços à comunidade; II — interdição temporária de direitos; e III — limitação de fim de semana. Secundariamente, deixaram de ser penas acessórias para se tornarem autônomas e substitutivas à pena privativa de liberdade, sempre que esta fosse inferior a um ano ou se o crime fosse culposo, exigindo-se, ainda, que o réu não fosse reincidente e que a culpabilidade, a conduta social e a personalidade do condenado, bem como os motivos e as circunstâncias do crime, indicassem que a substituição fosse suficiente. A interdição temporária de direitos (art. 47), além das já conhecidas proibições de cargo, função ou atividade pública e mandato eletivo (inciso I), também consistia na proibição do exercício de profissão, atividade ou ofício que dependam de habilitação especial, de licença ou autorização do poder público (inciso II) e da suspensão de autorização ou de habilitação para dirigir veículo (inciso III). Quanto à prestação de serviços à comunidade, uma das grandes novidades da reforma consistia em atribuir ao condenado tarefas gratuitas junto a entidades assistenciais, hospitais, escolas, orfanatos e outros estabelecimentos congêneres, em programas comunitários ou estatais (art. 46). Sua aplicação sofria, contudo, séria limitação em razão do estreito espectro de sua abrangência. No que concerne a outras restrições aos direitos do condenado, tais como perda de cargo, função pública ou mandato eletivo, assim como a incapacidade para o exercício do pátrio poder, tutela ou curatela, antes previstas como penas acessórias, com a Reforma passaram a ser meros efeitos da condenação (art. 92).

Outra significativa alteração legislativa viria a ocorrer em 1998, com a edição da Lei 9.714.[136] A partir desta lei, lembra Luiz Regis Prado, que conferiu nova redação aos arts. 43 a 47 e 55 do Código Penal, houve a criação de novas modalidades de penas restritivas de direitos — prestação pecuniária e perda de bens e valores (art. 43, I e II)[137] — assim como o aumento significativo do seu campo de atuação, estendendo-se

---

136 Faz-se aqui referência à Lei 9.714/1998 como grande alteração no sistema de penas restritivas de direito, uma vez que o referido diploma modificou as regras gerais de sua aplicação. Nada obstante, antes e também na mesma época, outras leis cuidaram de criar novas espécies de penas restritivas. Em 1990, o Código de Defesa do Consumidor, além de prever no seu art. 78, para as infrações nele elencadas, as penas de interdição temporária de direitos e de prestação de serviços à comunidade, trazia outra que é a "publicação em órgãos de comunicação de grande circulação ou audiência, às expensas do condenado, de notícias sobre os fatos e a condenação". Essa modalidade de pena mereceu a censura da doutrina, como esta feita por Antonio Cezar Lima da Fonseca: "trata-se de norma manifestamente inconstitucional, como também concordam o Min. Cernicchiaro, Magela Alves e Milhomens, porque simplesmente coloca o condenado à execração pública. Nada existe de educativo nesta medida, a qual fere até o direito da personalidade, inerente a todo cidadão". Cf. Eliana Passarelli. *Dos crimes contra as relações de consumo: Lei Federal n. 8.078/90 (CDC)*, p. 137. Em 1997, o Código de Trânsito Brasileiro introduziu no ordenamento a multa reparatória, prestação pecuniária à vítima, quando da ocorrência de prejuízo material decorrente do crime. Já em 1998, pouco antes da alteração feita pela Lei 9.714 no Código Penal, a Lei 9.605, que dispõe sobre as sanções penais e administrativas dos ilícitos praticados contra o meio ambiente, também inovou ao prescrever, dentre outras penas restritivas, a suspensão parcial ou total de atividades e o recolhimento domiciliar para a pessoa física (art. 8º, III e V) e a suspensão parcial ou total de atividades, interdição temporária de estabelecimento, obra ou atividade e, por fim, a proibição de contratar com o Poder Público, bem como dele obter subsídios, subvenções ou doações (art. 22, I, II e III).

137 Como advertem Sérgio Salomão Schecaira e Alceu Corrêa Junior, embora previstas como penas restritivas de direitos, a prestação pecuniária, "como revela sua própria designação legal" e a perda de bens e valores, "tendo em vista a imposição de perda de direitos patrimoniais", é pena de natureza pecuniária (*Teoria da pena: finalidades, direito positivo, jurisprudência e outros estudos de ciência criminal*, 2002).

agora não só aos delitos culposos, qualquer que seja a pena aplicada, mas também às penas privativas de liberdade não superiores a quatro anos, aplicadas aos dolosos se o crime não for cometido com violência ou grave ameaça à pessoa (art. 44, I).[138]

Ante o iniludível fracasso das penas privativas de liberdade, a modificação, com o alargamento da aplicação das penas restritivas de direito, embora tardia e ainda tímida, foi muito bem-vinda.

---

138 *Curso de direito penal*, p. 377.

III

PRINCÍPIOS DE DIREITO LIGADOS À FIXAÇÃO DA PENA

A primeira dificuldade que se apresenta, relativamente ao tema acima proposto, está em adotar, dentre as várias definições doutrinárias, uma concepção do que vem a ser "princípio de direito", para, só então, passar-se à análise daqueles relacionados à fixação da pena.

Sem pretender, contudo, oferecer, de forma definitiva, qualquer solução — se é que há alguma — para a dificuldade acima mencionada, o que demandaria, por certo, um particular estudo a respeito, o presente trabalho, apenas para não se omitir quanto a essa questão, limitar-se-á a trazer brevíssimas noções sobre o que se entende por princípio de direito, a fim de permitir que se possa compreender o tema propriamente dito à luz desses delineamentos.

Embora não se possa negar a necessidade de presumir a completude do ordenamento jurídico — sob pena de o sistema jurídico negar a sua função, na medida em que, ao assumir a possibilidade de uma lacuna real, deixa de decidir sobre determinada questão —, isso não quer dizer que se possam prever todas as hipóteses de conflito e apresentar todas as soluções, pois a realidade dos fenômenos sociais é infinitamente mais complexa do que qualquer sistema jurídico. Além disso, nem que fosse possível, sequer seria desejável que o direito interferisse em todos os fenômenos sociais, sobre os quais, exemplificativamente, podem atuar o sistema familiar, a afetividade, o sistema psicológico, a moralidade. Dessa forma, mesmo dentro do sistema jurídico, em que existem relações de vinculação e determinação de uma norma em relação à outra, é necessária uma relativa indeterminação das mesmas, sob pena de se transformarem em disposições inaplicáveis.[139]

Por outro lado, nenhuma norma, dentro do sistema jurídico, é ontologicamente independente de todas as outras de maneira que sua exegese esteja absolutamente desvinculada das demais que compõem o sistema.

Dentro dessa óptica, os princípios gerais de direito surgem, na dicção de Tércio Sampaio Ferraz Júnior, como "regras de coesão que constituem as relações entre as normas como um todo".[140] Daí por que dizer que a interpretação das normas jurídicas deve ser sempre sistemática, cuja lógica é conferida exatamente pelo sentido que lhe dão os princípios.

Na lição de Celso Antônio Bandeira de Mello, princípio "é, por definição, mandamento nuclear de um sistema, verdadeiro alicerce dele, disposição fundamental que se irradia sobre diferentes normas compondo-lhes o espírito e servindo de critério para sua exata compreensão e inteligência exatamente por definir a lógica e a racionalidade do sistema normativo, no que lhe confere a tônica e lhe dá sentido harmônico".[141] Esse exercício de hermenêutica, porém, não se limita à aplicação do direito, mas também e sobretudo deve ser feito no momento anterior, ou seja, no instante da própria criação legislativa, como lembra Miguel Reale ao dizer que os princípios gerais de direito "são enunciações normativas de valor genérico, que condicionam e orientam a compreensão do ordenamento jurídico, quer para sua aplicação e integração, quer para a elaboração de novas normas".[142]

Não se exige, porém, que o princípio seja explícito. Como lembra Roque Antonio Carraza, "princípio jurídico é um enunciado lógico, implícito ou explícito, que, por sua grande generalidade, ocupa posição

---

139 Sobre o tema, ver Hans Kelsen, *Teoria pura do direito.*

140 *Introdução ao estudo do direito: técnica, decisão, dominação*, p. 223.

141 *Curso de direito administrativo*, p. 545-546.

142 Cf. Marco Aurélio de Mello Castrianni. *Direito e moral: o princípio da moralidade como condição de validade das normas penais*, p. 39.

de preeminência nos vastos quadrantes do Direito e, por isso mesmo, vincula, de modo inexorável, o entendimento e a aplicação das normas jurídicas que com ele se conectam. Não importa se o princípio é implícito ou explícito, mas, sim, se existe ou não existe".[143] Também nessa direção, Souto Maior Borges acrescenta que tampouco se afere sua importância pelo fato de estar melhor ou pior desvendado no texto jurídico, significando mais ou menos conforme seu âmbito de abrangência.[144]

É dentro desse contexto, portanto, que se analisará a presença e a importância dos princípios ligados à fixação da pena, sejam eles explícitos ou implícitos.

3.1 Princípios de direito material explícitos

3.1.1 Princípio da legalidade

Diz-se do princípio da legalidade não apenas ser o mais caro princípio de direito penal, senão também ser ele uma árdua conquista das civilizações modernas. Isso porque tanto na Antiguidade quanto na Idade Média, quando na maioria das vezes confundia-se o poder político com o poder religioso, conferindo ao regente um caráter divino ou a condição de único e legítimo porta-voz da(s) divindade(s), a aplicação do direito, malgrado houvesse progressiva positivação das normas a serem seguidas, ficava muito à mercê da discricionariedade do julgador, que, não raro, era o mesmo quem legislava.

A abertura do sistema jurídico a normas que não estivessem prévia e expressamente previstas era uma característica das Leis de Manu. No Livro VIII, a permissão para a incorporação e aplicação de regras que estivessem fora daquele caderno normativo era dada pelo § 41, verbis: "Um rei virtuoso, tendo estudado as leis peculiares às castas e localidades, os regulamentos das companhias mercantis e costumes das

143 Roque Antonio Carraza. *Curso de direito constitucional tributário*, p. 27.

144 Cf. *Idem, ibidem*, p. 27.

famílias, deve dar-lhes força de lei quando não forem contraditórias aos livros revelados".[145]

Também na Roma antiga, a ausência do princípio da reserva legal não feria, como anota Matos Peixoto,[146] a sensibilidade jurídica dos romanos. Além de prever em várias leis republicanas, embora excepcionalmente, cláusulas de retroatividade da lei para os crimes de repressão ordinária (fundamentados em previsões legais), as repressões extraordinárias eram a expressão máxima do desprezo pela anterioridade da lei, como se depreende de sua intelecção trazida por Giordani:

> Repressão Extraordinária, uma série de fatores levam o magistrado a atuar singularmente exercendo seu imperium extra legem. Assim, por exemplo, em face de categorias de seres humanos que não eram passíveis de repressão ordinária (os escravos, os não cidadãos), ou pessoas que estavam sujeitas a um regime especial (militares que cometiam crimes no exercício de suas funções); o mesmo ocorria quando o magistrado se encontrava diante de fatos que se revelavam puníveis, mas para os quais não existiam leis, o que impedia a ação judicante do povo ou de um colegiado de juízes. Surgia, assim, um amplo campo em que os magistrados exerciam seu imperium coercitivo ultra legem.[147]

Fruto do amadurecimento político e da prevalência da racionalidade jurídico-penal, seu conteúdo estabelece que não há crime sem lei anterior que o defina, não há pena sem crime, tampouco pena sem prévia cominação legal.

Não a criação do princípio, mas a sua formulação latina, nullum crimen, nulla poena sine lege, deve-se ao penalista alemão Feuerbach,[148] que assim desenvolveu seu raciocínio para chegar à máxima citada:

---

145 Cf. Antonio Rulli Neto. *Leis de Manu*, p. 34.

146 Apud Mário Curtis Giordani. *Direito penal romano*, p. 61.

147 Mário Curtis Giordani. *Direito penal romano*, p. 68.

148 Nélson Hungria relembra a polêmica levantada por Jiménez de Asúa, consistente na crítica ao Ministro Francisco Campos pelo fato de que, na Exposição de Motivos

> I — Tôda aplicação de uma pena pressupõe uma lei penal (nulla poena sine lege), pois sòmente a ameaça do mal pela lei cria o conteúdo e a possibilidade jurídica de uma pena. II — A aplicação de uma pena é condicionada pela existência do fato ameaçado (nulla poena sine crimine), pois, na lei, a pena cominada é ligada ao fato como a pressuposto jurídicamente necessário. III — O fato legalmente ameaçado (pressuposto legal) é condicionado pela pena legal (nullum crimen sine poena legali), pois o mal, como consequência juridicamente necessária, é ligado pela lei a uma "determinada violação do direito" [...].[149]

Evidentemente, a inspiração para tal formulação vinha mesmo das ideias iluministas. A racionalidade, que então deveria passar a prevalecer, exigia que se conhecesse o conteúdo normativo do comportamento que se pretendia evitar. Nesse sentido, Nélson Hungria lembra que seria um rematado despropósito "exigir-se que os indivíduos se ajustem a uma norma penal... inexistente".[150]

Outra grande influência para a formulação e consolidação do princípio encontrava-se em outra concepção iluminista, não de caráter puramente filosófico, mas de cunho essencialmente político, que é a separação dos poderes de Montesquieu. As ideias deste e a filosofia contratualista levaram Beccaria a dizer que "só as leis podem decretar as penas dos delitos, e esta autoridade só pode residir no legislador, que representa toda a sociedade unida por um contrato social".[151] Realmente, divididos os papéis para o bom funcionamento do Estado, a função do Judiciário deveria, pois, limitar-se a aplicar a lei ao caso concreto,

---

do Código Penal de 1940, teria, incorretamente, atribuído a Feuerbach a criação do princípio. Hungria ressalta que o Ministro não teria cometido qualquer impropriedade, porquanto ao penalista alemão não se atribuiu a criação do princípio, senão e tão-somente a sua formulação latina (*Comentários ao Código Penal*, p. 35).

149 Cf. Nélson Hungria. *Ibidem*, p. 36-37.

150 *Idem, ibidem*, p. 23.

151 *Dos delitos e das penas*, trad. Lucia Giudicini e Alessandro Berti Contessa, p. 44.

sem dar novas incriminações ou irrogar punições não contidas no texto legal, sob pena de usurpar as atribuições do único poder autorizado a fazê-lo, o Legislativo.[152]

Foi então, dentro desse contexto histórico,[153] notadamente em razão da Revolução Francesa (1789), que a Declaração dos Direitos do Homem e do Cidadão,[154] após dizer que os homens nascem e são livres e iguais em direitos (art. 1), estabeleceu os preceitos que contemplavam o princípio da reserva legal, afirmando que ninguém poderia ser acusado, preso ou detido senão nos casos determinados pela lei e de acordo com as formas por esta prescritas (art. 7) e que a lei apenas deveria estabelecer penas estrita e evidentemente necessárias e que ninguém poderia ser punido senão por força de uma lei estabelecida e promulgada antes do delito e legalmente aplicada (art. 8). Realmente, o princípio da legalidade não deixa de ser um corolário do princípio da igualdade, tão fortemente identificado com o levante da Tomada da Bastilha, pois, como indagado por Nélson Hungria, se não existisse norma legal incriminadora e punitiva, onde a certeza de que o fato idêntico, se repetido, será tratado da mesma forma pelo juiz?[155]

Paulatinamente, os ideais iluministas foram difundindo-se pelos países ocidentais que não tardaram em adotar o princípio em seus respectivos ordenamentos.

---

152 Cf. Nélson Hungria. *Comentários ao Código Penal*, p. 32.

153 Ver também em Nélson Hungria: "Já então a doutrina de Locke, aperfeiçoada pela teoria política de Montesquieu e acentuada pela filosofia jurídica de Blackstone e James Otis, repercutira fundamente nas colônias inglêsas da América do Norte. O art. 39 da Magna Charta (chamado 'the keystone of English liberty') passara aos Bills of Rights e Constituições dessas colônias, e o Congresso da Filadélfia (1774) incluiu o princípio da legalidade entre os direitos fundamentais do homem. Na Constituição Federal americana (1787) veio a ser expressamente estatuída a proibição da lei ex post facto em matéria penal" (*Comentários ao Código Penal*, p. 33).

154 Como registra Nélson Hungria, dois anos antes da mencionada Declaração, a doutrina de Beccaria já havia influenciado na primeira formulação nítida do princípio da legalidade no direito penal positivo, consagrada pela Josefina (Ordenança penal austríaca de José II). *Ibidem*, p. 33.

155 Nélson Hungria. *Ibidem*, p. 23.

No Brasil, enquanto vigoraram as Ordenações Filipinas, o excesso de arbítrio e a indeterminação das penas eram recorrentes. Utilizou-se, muitas vezes, o legislador da época, de expressões como "até a nossa mercê" — para dizer o quanto duraria o degredo para certa espécie de rufião (Título XXXIII, § 3º) — e "e haja a mais pena que merecer, segundo o caso fôr" — como acréscimo de pena, para além de ter a mão decepada, aos presos que cometessem lesão corporal (Título XXXV, 6). O princípio da legalidade só viria com a Constituição do Império, em 1824, que trouxe, no art. 179, n. 11, a seguinte disposição: "Ninguém será sentenciado senão pela autoridade competente, por virtude de lei anterior, e na forma por ela prescrita". Curioso notar que o Código Criminal do Império, de 1830, não só trazia o princípio no que se referia à anterioridade da lei para a qualificação do crime (art. 1º) e para a aplicação da pena (art. 33), mas também criminalizava a conduta de punir o réu com pena acima daquela estabelecida pela lei (art. 161). Posteriormente, tanto as Constituições quanto as legislações seguintes contemplaram, com pequenas diferenças, a reserva legal.

Como visto acima, o princípio da legalidade, em matéria penal, projeta-se em duas direções: a primeira no que diz respeito à prévia definição da conduta que se pretende punir, enquanto a segunda exige que se estabeleça anteriormente a forma e a quantidade da punição. Em qualquer dos casos, o sentido precípuo do princípio vincula-se à garantia individual do cidadão perante não apenas o poder legiferante, mas em sentido mais lato, a expansiva autoridade do Estado.[156] Conferindo-lhe mais um caráter de garantia constitucional do que propriamente um direito individual,[157] Celso Bastos lembra que o princípio da legalidade

156 Esta última expressão foi utilizada por Nélson Hungria em *Comentários ao Código Penal*, p. 12.

157 Para afirmar a aproximação do princípio mais de uma garantia constitucional do que de um direito individual, Celso Bastos afirma que o princípio "não tutela, especificamente, um bem da vida, mas assegura ao particular a prerrogativa de repelir as injunções que lhe sejam impostas por outra via que não seja a da lei" (*Curso de direito constitucional*, p. 172). Nesse particular, há que divergir do constitucionalista, pois, ao impedir a sujeição do indivíduo a outro comando que não o legal, o

é um dos principais marcos distintivos entre o Estado constitucional e o absolutista, pois "com o primado da lei cessa o privilégio da vontade caprichosa do poder em benefício da lei, que se presume ser a expressão da vontade coletiva".[158] Ou, em outras palavras usadas pelo constitucionalista, "o princípio da legalidade garante o particular contra os possíveis desmandos do Executivo e do próprio Judiciário".[159]

Dentro dessa perspectiva, se o princípio da legalidade é o grande instrumental do cidadão para identificar os desideratos do Estado, o que se quer evitar é que o indivíduo seja assombrado pela expectativa do desconhecido.

Com efeito, a possibilidade de mudança das regras do jogo, durante o desenrolar deste, impede o desenvolvimento e o aprimoramento da racionalidade que deve pautar a relação dos indivíduos com as instituições. O Estado que se torna uma incógnita para o cidadão é um Estado terrorista. Isso porque, ao fazer do medo a tônica da sua comunicação com os indivíduos, o Estado termina por incutir no pensamento de cada um destes uma certa ideia de que, nessa relação, vale-tudo e, assim sendo, acaba legitimando — do ponto de vista lógico — a desobediência ou o desrespeito total pelas normas.

O princípio da legalidade aparece, assim, e ao mesmo tempo, para descortinar a vontade do Estado e, sobretudo, limitar o alcance desta.

Para Juarez Tavares, as regras e princípios que devem ser observados no processo legislativo, no que diz respeito às normas incriminadoras, são tomados como princípios de limitação, ou seja, de garantia individual diante da intervenção punitiva estatal. O conhecimento anterior do conteúdo da lei revela a última fronteira atingível pelo poder, impedindo que as garras deste avancem para além daquela.

A compreensão do princípio da legalidade como um princípio limitador do poder punitivo do Estado ganha especial importância no

---

princípio também tutela, de forma nítida, a liberdade de agir, pensar e expressar-se em todos os sentidos que não foram vetados pela lei.

158 Celso Bastos. *Curso de direito constitucional*, p. 172.

159 *Idem, ibidem*.

presente trabalho, na medida em que o seu escopo, além de discorrer sobre a pena e sua fixação, é também apresentar um caminho em direção à supressão da existência do mínimo legal da sanção. De fato, entendido o princípio como garantia individual que assegura a necessidade inarredável de desvendar-se o teto da punição, dando conhecimento ao cidadão daquilo que de pior pode acontecer-lhe no caso de violação da norma de conduta, a presença ou não de um piso para a sanção passa a ser matéria a ser discutida em outro âmbito (conveniência para a prevenção geral, especial, política criminal) que não o da legalidade. Nesse sentido, toma-se a seguinte lição de Carrara:

> A justiça seria ferida, sob o pretexto do bem público, se aumentasse a pena além dos seus preceitos, porque nela se encontra o limite do direito de punir. Mas não há ofensa a ela no caso inverso, justamente por não ser senão um limite, isto é, por intervir no magistério penal para impedir que se puna onde ela o veda, e não para impor que se puna sempre onde o ordena, se a sua determinação não corresponde à necessidade de tutela jurídica, ou a obediência a ela expõe a maiores perigos o direito que se quer proteger.[160]

Feitas essas perfunctórias observações acerca do princípio da legalidade e demonstrada, de passagem — porque se retomará o tema no tópico apropriado para a sua discussão específica —, a possibilidade, à vista do referido princípio, de eliminação do mínimo legal da pena, passa-se à análise de outros vinculados à fixação da pena.

160 *Programa do curso de direito criminal*, p. 172.

3.1.2 Princípio da individualização da pena

3.1.2.1 Conceito

Genericamente, como bem define Souza Nucci, individualizar significa tornar individual uma situação, algo ou alguém, dentro de um contexto, particularizando o que antes era genérico.[161]

Individualização da pena é, nos dizeres de Saleilles, a adaptação da pena ao indivíduo,[162] considerando, como preconizado por Pessina, a individualidade objetiva do delito com a condição subjetiva de cada delinquente.[163]

3.1.2.2 Histórico

O princípio da individualização da pena nasceu de uma espécie de refluxo do movimento que instituiu e consagrou o princípio da legalidade. Isso porque, se o Iluminismo e o combate ao absolutismo visavam eliminar a arbitrariedade que imperava nos julgamentos criminais, exigindo uma determinação prévia da pena da qual o juiz não podia afastar-se, aos poucos se percebeu que um sistema baseado em penas rigorosa e legalmente fixas (penas totalmente determinadas) conduzia a várias iniquidades, reduzindo situações absolutamente distintas à mesma solução jurídica.[164] É o que observa Anabela Rodrigues em sua crítica ao sistema de penas fixas:

---

161 *Individualização da pena*, p. 31.

162 Cf. Apud Frederico Marques. *Curso de direito penal*, p. 234.

163 Apud Oscar de Macedo Soares. *Código Penal da República dos Estados Unidos do Brasil*, p. 141.

164 Sobre a pena fixa ser um substrato cultural do Iluminismo, ver em Roberto Lyra: "Quando a Justiça refletia o absolutismo e os juízes eram apenas carrascos a serviço da mais ignóbil tirania, não se podia, sequer, falar em julgamento, porque os magistrados estavam, por sua vez, submetidos à fôrça. Então, ótima era a lei que menos arbítrio deixava ao juiz e ótimo o juiz que menos arbítrio se permitia" (*Comentários ao Código Penal*, p. 175). Também a esse respeito, Anabela Miranda Rodrigues diz: "Na verdade, o sistema da pena variável é um fenômeno histórico que não surge absolutamente isolado no direito penal. Quando, em finais do século XVIII e princípios do século XIX, o princípio da legalidade passou a inspirar as legislações 'de todos os países cultos', entendia-se que qualquer outro sistema que

> Uma adesão incondicional por parte de um hipotético legislador a esta orientação, revestindo-se de um puro significado de garantia, eliminaria na raiz a possibilidade de qualquer arbítrio do juiz na aplicação da pena. A contrapartida teria, no entanto, os seus custos, representada pelo tratamento uniforme de casos que, embora reconduzindo-se à mesma previsão legal abstracta, comportariam inevitavelmente múltiplos e relevantes elementos de diferenciação.[165]

Muito dessa percepção, que entendeu por conciliar o princípio da legalidade — que exige a prévia cominação da pena — e a necessidade de individualizar-se a pena — conferindo uma discricionariedade vinculada do juiz —, decorreu da sedimentação do embate entre as duas Escolas mais marcantes[166] do direito penal: a chamada Escola Clássica e a Escola Positiva.[167] De fato, como registrado por Jorge de Figueiredo Dias, o dogma das penas fixas[168] tem sua origem na Escola Clássica, cujo espírito retributivista contido na sua visão de finalidade da pena fazia com que a atividade judicial ficasse limitada a um ato de subsunção formal do fato à norma, sendo esta, por razões de segurança jurídica, a única e legítima fonte de determinação da pena. De outro lado, lembra o professor português, os postulados da Escola Positiva, baseados na ideia de uma prevenção especial sem barreiras, associada a silogismos do crime como doença e a sanção como tratamento, levavam necessariamente a conceber um sistema de penas variadas e

---

não fosse o da pena fixa estaria em contradição com a realização daquele princípio". *A determinação da medida da pena privativa de liberdade*, p. 61.

165 *A determinação da medida da pena privativa de liberdade*, p. 54.

166 Diz-se aqui "mais marcantes" no sentido de quão inovadoras foram essas Escolas. Sem desprezar outras – mais acertadas e mais maduras – que as sucederam, pela radicalidade e pelo momento histórico em que apareceram, parece razoável destacá-las dessa forma.

167 Sobre as características de cada uma das Escolas discorrer-se-á quando da discussão a respeito da finalidade da pena, tema em que suas diferenças aparecem de maneira mais acentuada.

168 Como lembra o autor português, o Código Napoleônico (1810) é um exemplo paradigmático desse sistema de penas.

variáveis, cuja aplicação sujeitar-se-ia a uma individualização judicial.[169] Entretanto, observa o mestre lusitano, ao mesmo tempo em que uma responsabilidade total do juiz, em matéria de determinação da pena, levaria à violação do princípio da legalidade, conferir tal responsabilidade ao legislador implicaria, sem qualquer dúvida, a violação do princípio da culpabilidade e da igualdade.[170]

Não obstante seja hoje um consenso a conciliação entre a prévia determinação legal da pena com uma certa mobilidade do juiz na sua fixação e também na administração do seu cumprimento, tal tarefa não se mostra tão simples quanto tão óbvia é a sua necessidade. Muitas são as dúvidas que aparecem no caminho desse mister: Quais são as tarefas do legislador na determinação da pena? Quais os limites de tal atribuição? E quanto ao Judiciário, qual o seu papel? Como aplicar os critérios oferecidos pelo legislador? Como evitar que juízos pessoais e escolhas individuais interfiram na fixação da pena? Para tentar sinalizar algumas respostas para estas questões, passa-se a examinar a individualização legislativa, judicial e executória da pena.

3.1.2.3 Individualização legislativa

A individualização legislativa consiste, grosso modo, na tarefa do legislador em graduar, de forma abstrata, a qualidade, a quantidade e a forma de cumprimento da pena para determinada espécie de crime.

Assim, ao estabelecer a qualidade, a quantidade e a forma de cumprimento da pena para uma conduta criminosa, o legislador deverá orientar-se segundo a importância do bem juridicamente ofendido (ou colocado em perigo), a gravidade, reprovabilidade e lesividade social abstrata da conduta que se pretende punir. Nos dizeres de Welzel, é na cominação legal que se encontra expressa a valoração ético-social média da infração à norma.[171]

---

169 Jorge de Figueiredo Dias. *Algunas consideraciones sobre la evolución del derecho penal portugués en materia de determinación de la pena*, p. 282-283.

170 *Idem, ibidem*, p. 290-291.

171 Hans Welzel. *Derecho penal alemán: parte general*, p. 305.

Malgrado não se possa evitar a aleatoriedade na escolha da medida abstrata da pena, para efeito dessa incumbência é desejável que o legislador esteja permanentemente consciente de que a previsão de condutas criminais e das suas respectivas penas integra um todo, um sistema no qual a escala de valores por si adotada guarde um mínimo de coerência interna, evitando desproporcionalidades ou outras distorções que possam comprometer a própria teleologia das punições.

Diz-se "graduação de forma abstrata" em razão da notória incompletude do sistema legal no que se refere à sua incapacidade de contemplar, no arcabouço das normas, todas as hipóteses possíveis e relevantes para a graduação da pena. Os matizes valorativos que a prática de uma mesma conduta típica pode encerrar são infinitos e, por isso mesmo, são indetermináveis aprioristicamente. É, pois, do reconhecimento dessa inaptidão das leis — de tudo prever — que se exige seja conferido ao juiz uma certa discricionariedade no momento de determinar a pena, pois somente na verificação do caso concreto é que certas valorações poderão ser feitas.

Nesse sentido, porém, o papel do legislador não se restringe apenas a oferecer molduras ou os limites das penas, senão também oferecer critérios para que o magistrado possa caminhar dentro desse espectro punitivo. Dentro dessa perspectiva, considerando que num regime democrático a lei deve emanar do povo e a este servir, é fundamental que a individualização legislativa estabeleça, também previamente, quais as finalidades que a pena pretende atingir.[172] Tal balizamento, direcionado

---

172 A esse respeito, Jescheck: "[...] só depois de definidas com nitidez as finalidades da pena se podem alcançar aqueles dados de facto que relevam, no caso concreto, para a determinação da pena e o critério de acordo com o qual devem ser valorados". Apud Anabela Miranda Rodrigues. *A determinação da medida da pena privativa de liberdade*, p. 79. Também sobre a importância da finalidade da pena na sua individualização, vale reproduzir a assertiva de Carmen Salinero Alonso, para quem: "Os três estágios na concreção e individualização penal, ainda que diversos, estão presididos e mediatizados pela finalidade que se persiga com a imposição da pena. Desse modo, dependendo de quais sejam os fins que se atribuam à pena nos três momentos — cominação, imposição e execução da pena — a determinação da mesma variará de forma substancial. Isso evidencia que o pressuposto prévio para

à atividade judicial, que terá a missão de estabelecer concretamente a punição, mostra-se de importância fundamental para evitar que cada magistrado imprima, na dosimetria da pena, a sua visão particular do que entende ser(em) o(s) objetivo(s) da sanção.

Também é da função legislativa eleger certas características, gerais e específicas, do fato criminoso e do seu autor, a fim de determinar ou apenas possibilitar o aumento ou diminuição da pena.[173] Exemplos disso são causas gerais e especiais de aumento e diminuição de pena, as agravantes e as atenuantes.

Como se vê, a individualização da pena, como princípio, só pode ser realizada sob a complementaridade de cada uma das fases: legislativa, judicial e executória. Isso significa que, embora a individualização legislativa tenha por finalidade estabelecer limites e critérios para o julgador, o legislador não está autorizado a tolher, na prática, a individualização judicial e executória, mediante expedientes que impeçam tal exercício, tais como o estabelecimento de intervalos insignificantes entre o mínimo e o máximo da pena — tornando a pena determinada de forma quase absoluta[174] — e a previsão de regras que tenham por finalidade de restringir de forma geral e abstrata a incidência de mecanismos de individualização, seja esta na fase judiciária, como já o fizera no art. 1º § 7º, da Lei 9.455/1997 (crimes de tortura) e agora também o § 1º, do art. 2º da Lei 8.072/1990 (com a nova redação dada pela Lei 11.464/2007), impondo o regime fechado como o único possível para início de cumprimento de pena, seja executória, como a proibição

---

o sistema e para o conteúdo da determinação da pena é a postura que se mantenha a respeito dos fins da pena, porque somente a partir desse prévio posicionamento poder-se-á desenhar o modelo de determinação penal". Apud Guilherme de Souza Nucci. *Individualização da pena*, p. 34.

173 Sobre o mecanismo de incidência e interação dessas características no tocante à majoração ou diminuição da pena, retomar-se-á a discussão quando do exame dos critérios bifásicos ou trifásicos da dosimetria da pena.

174 Exemplo de intervalo que praticamente impede a individualização judicial da pena é o previsto para o crime de extorsão mediante sequestro, qualificado pelo resultado morte (art. 159, § 3º, do Código Penal). Para esse crime, o juiz não tem alternativa senão fixar a pena do condenado entre 24 e 30 anos de reclusão.

de progressão de regime de cumprimento de pena, tal como fizera a chamada Lei dos Crimes Hediondos (Lei 8.072/1990), recentemente declarada, nessa parte, inconstitucional, tendo sido inclusive objeto de alteração legislativa.[175]

3.1.2.4 Individualização judiciária

Pode-se dizer, de maneira geral, que individualização judiciária da pena é a incumbência que detém o magistrado para, após o reconhecimento da existência do crime e sua autoria, fixar a pena segundo os critérios e limites oferecidos pelo legislador, levando em consideração as finalidades da pena, sopesando as características do fato e do seu autor.

Para tal exercício, reconhece-se que o juiz possui uma discricionariedade regrada, ou o denominado arbitrium regulatum. Mas o que vem a ser discricionariedade regrada e por que dela não se pode prescindir?

Como adverte Engisch, o conceito de discricionariedade é um dos mais plurissignificativos e mais difíceis da teoria do direito.[176] Do ponto de vista semântico, discricionário é o proceder sem restrições,

---

175 A Lei 8.072/1990 estabeleceu, em seu art. 2º, § 1º, que a pena dos crimes por ela arrolados deveria ser cumprida em regime integralmente fechado. Após alguns juízes e órgãos fracionários de alguns tribunais terem considerado inconstitucional tal disposição, o Supremo Tribunal Federal, por maioria, havia reconhecido a constitucionalidade do referido diploma. Passados alguns anos, renovado em sua composição, o Excelso Pretório retomou a discussão, a acerca da possibilidade de progressão de regime nos chamados crimes hediondos, tendo sido decidido definitivamente pelo Plenário, por seis votos a cinco, que a proibição de progressão é inconstitucional (conforme julgamento realizado no dia 23.02.2006, nos autos de Ordem de Habeas Corpus 82.959-SP). Tal decisão levou o legislador brasileiro a alterar, nessa parte, a chamada Lei dos Crimes Hediondos, estabelecendo, para os condenados por esses crimes, uma fração distinta daquela prevista no art. 112 da Lei de Execução Penal (Lei 7.210/1984). Assim, pelo que ficou disposto pela Lei 11.464/2007, o condenado por crimes hediondos e/ou assemelhados terá direito à progressão de regime após o cumprimento de 2/5 (dois quintos) da pena, se primário, e 3/5 (três quintos), se reincidente.

176 Cf. Apud Anabela Miranda Rodrigues. *A determinação da medida da pena privativa de liberdade*, p. 81.

sem condições, arbitrário, caprichoso. Em direito administrativo, ato discricionário é o que a Administração pratica dispondo de certa margem para decidir-se, uma vez que a lei deixa um campo de apreciação que comporta certo subjetivismo.[177] Tal discricionariedade é chamada de livre.[178] Diz-se livre quando a discricionariedade permite que a decisão tomada seja uma dentre outras possíveis, sem que a adoção de quaisquer dessas pudesse ser inquinada de falsa ou contrária à lei.[179]

Contudo, a discricionariedade relativa à determinação da pena deve ser a denominada "discricionariedade regrada" ou "vinculada", pois, além de a lei deixar uma margem para a decisão — tal como na discricionariedade livre —, o seu conteúdo também normatiza como essa margem deverá ser preenchida.[180]

---

177 Cf. Celso Antônio Bandeira de Mello. *Curso de direito administrativo*, p. 245.

178 Conforme anota Anabela Miranda Rodrigues, a teoria da discricionariedade "livre", embora adotada em algumas práticas judiciais, sempre esteve mais circunscrita à atividade administrativa. Ainda assim, pode-se dizer que até para o direito administrativo há resistência em dizer que neste ramo jurídico possa haver discricionariedade livre. Ver em Anabela Miranda Rodrigues: "[...] Atente-se, entretanto, em que nem mesmo no domínio da actividade administrativa se admite hoje uma ideia de discricionariedade 'livre', entendendo-se que 'o poder discricionário é precisamente um espaço de criação-concretização jurídica que a lei confere à Administração'; assim Vieira de Andrade, 'O ordenamento jurídico administrativo português', in *Contencioso Administrativo,* Braga, 1986, p. 41 s. (p. 47). [...]" (*A determinação da medida da pena privativa de liberdade, nota de rodapé,* p. 82).

179 Assim também assevera Anabela Miranda Rodrigues: "Definido assim o conceito de discricionariedade, torna-se claro que essencial era a autorização para escolher uma entre várias possibilidades, todas equivalentes juridicamente e igualmente correctas. O que significa ainda que não se podiam levantar objeções a qualquer que fosse a decisão tomada, desde que estivessem preenchidas duas condições: o resultado estivesse dentro dos limites da discricionariedade (Ermessensüberschreitung) e fosse alcançado através de considerações jurídicas isentas de contradições (Ermessensfehlgebrauch): assim, ZIPF, op. cit., p. 163" (*A determinação da medida da pena privativa de liberdade,* nota de rodapé, p. 82).

180 Embora seja desejável um aprimoramento legislativo no sentido de fornecer critérios para a determinação da pena, não faltam críticas ao cumprimento incipiente dessa tarefa. Ver, por exemplo, Jesús-María Silva Sánchez que, ao tratar do reforço do papel do juiz como instância político-criminal, adverte para "a escassez, que às

Mas, mesmo disciplinando como esse espaço decisório deve ser preenchido, é possível dizer que a adoção de uma "discricionariedade regrada" importa necessariamente na fixação de uma única pena correta para cada caso?

De acordo com a "teoria da moldura da culpa", ao juiz não é dada a faculdade de escolher uma pena dentro da moldura, de forma discricionária, mas, sim, de descobri-la segundo os critérios jurídicos oferecidos pela lei. Para os partidários dessa teoria, a fixação da pena é um ato de pura aplicação do direito. Essa é a posição de Zipf, quando afirma:

> Aqui, no último degrau (Endstufe) da actividade de medida da pena, não existe nunca uma possibilidade de escolha. Não se verifica de modo nenhum a possibilidade de existirem múltiplas medidas de "pena final" juridicamente com o mesmo valor. [...] A procura do juiz por esta única medida da pena não lhe deixa, em qualquer fase, uma possibilidade de escolha. Ela é antes a súmula da solução de uma série de questões jurídicas que se põem ao juiz e que este tem de resolver antes que alcance o resultado final numa medida de pena concreta.[181]

Realmente parece, como aludido por Anabela Rodrigues, que uma vinculação do juiz aos critérios de valoração contidos na lei seria incompatível com a possibilidade de uma multiplicidade de quantidades de penas poderem ser consideradas equivalentes no caso concreto.[182]

---

vezes resulta ser absoluta ausência, de critérios legais que atuem como princípios diretivos da atuação político-criminal do juiz dentro do referido 'maior espaço de liberdade' [...]". Tradução livre do seguinte trecho: "la escasez, que a veces resulta ser absoluta ausencia, de criterios legales que actúen a modo de principios rectores de la actuación político-criminal del juez dentro del referido 'mayor espacio de libertad' [...]". ¿Política criminal del legislador, del juez, de la administración penitenciaria? *Sobre el sistema de sanciones del Código Penal español*, p. 283-284.

181 Cf. Apud Anabela Miranda Rodrigues. *A determinação da medida da pena privativa de liberdade*, p. 94-95.

182 Anabela Miranda Rodrigues. *A determinação da medida da pena privativa de liberdade*, p. 95.

Entretanto, embora seja desejável que a vinculação do juiz à lei imponha-lhe o dever de encontrar, ou ao menos buscar, somente uma pena correta para o caso concreto, sabe-se que tal empresa não é possível do ponto de vista lógico-formal. Isso porque, primeiro, em matéria de fixação da pena, a lei necessita valer-se de alguns conceitos "porosos" — ou seja, cuja abertura de significado comporte uma valoração a ser feita a posteriori[183] —, e outros cujo sentido nem sempre é unívoco.[184] Dentro dessa óptica, tome-se, por exemplo, os conceitos impressos no art. 59 do Código Penal brasileiro: culpabilidade, antecedentes, conduta social, personalidade do agente, motivos, circunstâncias e consequências do crime e comportamento da vítima. Todos estes, sem qualquer exceção, estão condicionados a uma valoração que só pode ser concretizada à vista da realidade de cada caso, ou seja, em momento posterior à concepção legal. Ainda no mesmo artigo, diz-se que a pena será estabelecida "conforme seja necessário e suficiente para reprovação e prevenção do crime". Nesse aspecto, em particular, não há como sustentar uma clarividência no que se refere ao sentido trazido pela norma. Nem poderia ser diferente. Assumisse o legislador

---

183 A respeito do exercício para a convivência dos conceitos "porosos" com a vinculação judicial à lei, Anabela Miranda Rodrigues afirma: "Muitas vezes a lei, para a caracterização de uma situação de facto, lança mão, em vez de um conceito, de um 'tipo', que não está fixado, como um conceito, exclusivamente por notas distintivas irrenunciáveis. Ou então, contém uma pauta de valoração 'que carece de preenchimento' e que só na sua 'aplicação' ao caso particular pode ser plenamente 'concretizada'. Em ambos os casos não se trata simplesmente de uma 'aplicação' da norma ou o critério rector 'tido em conta'. Nem é outro o significado da existência de conceitos 'vagos' ou 'porosos' ou 'conceitos carecidos de uma suplementar valoração concretizadora. Pelo que recurso a 'factores hermenêuticos' capazes 'de trazer à luz regras de decisão o mais possível rigorosas' será condição da 'rectitude da decisão judicial' [...]" (*Ibidem*, p. 87).

184 Sobre esse ponto, Anabela Miranda Rodrigues diz: "A posição doutrinal 'mais precavida', ao reconhecer-se hoje que as disposições legais não podem determinar completamente a pronúncia judicial, é aquela que 'continua a afirmar o papel dominante da lei e a função subordinada da jurisdição, embora ao mesmo tempo reconheça que as palavras da lei nem sempre têm um sentido unívoco" (*A determinação da medida da pena privativa de liberdade*, p. 86).

a tarefa de antever todas as hipóteses, ainda que hercúleo, o esforço seria inócuo e indesejável, pois sempre coarctaria uma melhor individualização da pena.

Evidentemente, essas aberturas de significado trazem consigo algumas dificuldades no que se refere à redução da margem de interferência das valorações eminentemente pessoais ou emocionais do juiz no momento da fixação da pena.

Várias são as ponderações da doutrina nesse sentido. Para Anabela Rodrigues, "quaisquer que sejam os vínculos legalmente impostos à discricionariedade do juiz, a irracionalidade é, no entanto, um factor ineliminável do processo de determinação da medida da pena".[185]

Na mesma direção apontam as palavras de Mantovani: "mesmo a discricionariedade mais vinculada deixa uma margem bastante ampla na qual [...] o jus dicere em matéria de pena é, dentro de certos limites, mais um acto de soberania do que de aplicação da lei em sentido estrito".[186] Tais considerações fazem todo sentido, notadamente quando se observa a argumentação ou a fundamentação dada pelo juiz ao fazer a correspondência entre determinada quantidade de pena e determinada característica do ilícito ou de seu autor.

Esse exercício, feito para estabelecer a dosimetria da pena, enfrenta uma primeira barreira lógica que é a de tentar estabelecer correspondência entre "coisas" de naturezas diversas — quantidade de pena versus particularidades do crime ou do criminoso. Não há mesmo, na esteira da advertência de Hassemer, como um juiz penal possa deduzir de modo concludente o porquê de suas considerações sobre a determinação da pena levarem ao cômputo de três anos e não, por exemplo, de três anos e meio ou dois anos e meio.[187]

Essa é também a preocupação de José de Sousa e Brito, quando, ao discorrer a respeito da imprecisão da determinação da pena, fala de uma margem de manobra, um espaço de certeza possível:

---

185 Anabela Miranda Rodrigues. *Ibidem*, p. 88.

186 Apud *Idem, ibidem*, nota de rodapé (112), p. 88.

187 *Introdução aos fundamentos do direito penal*, p. 160-161.

> Como pode o juiz distinguir entre os critérios de facto do desvalor da culpa correspondente a 10 anos de prisão e os do desvalor correspondente a 10 anos e um dia? Por outro lado, se o argumento é a incerteza do conhecimento, há graus de incerteza, e se há um máximo e um mínimo de incerteza, para lá dos quais é certo que a pena já não corresponde à culpa, então há também um ponto de máxima certeza ao meio, no centro do espaço de manobra, uma pena pontual (Punktstafe) só essa correspondente à máxima certeza possível em função da culpa.[188]

Outro obstáculo à concepção da existência de uma única pena correta está não apenas na dificuldade do método — traçar correspondências entre "coisas" de naturezas diversas —, mas também na "imperfeição e deficiência do conhecimento subjetivo".[189] Vale dizer, ainda que se conseguisse estabelecer uma relação lógica entre certa quantidade de pena e as características do crime, o conhecimento humano estaria ainda infinitamente distante de ser capaz de deduzir a origem e as motivações do comportamento criminoso e, o que é pior, classificá-los numa escala quantitativa de tempo.[190] Isso não quer dizer, porém, como bem acentuado por Anabela Rodrigues, que se esteja advogando a resignação perante o domínio da irracionalidade, ou então que se esteja renunciando ao valor de uma disciplina legislativa ou que se a tenha apenas por mera formalidade.[191]

---

188 *A medida da pena no novo Código Penal*, p. 559.

189 Cf. Anabela Miranda Rodrigues. *A determinação da medida da pena privativa de liberdade*, p. 91.

190 Ainda sobre a impossibilidade de uma única pena correta: "A culpa – diz Kaufmann – é um fenômeno metafísico e, por isso, nenhuma teoria da culpa pode fornecer um critério para o cálculo de uma pena absolutamente correcta. Não se pode determinar inequívoca e completamente, com meios racionais, que pena, no caso particular, é a correcta a partir da culpa [...]". Cf. Anabela Miranda Rodrigues. *Ibidem*, p. 92.

191 Cf. Anabela Miranda Rodrigues. *A determinação da medida da pena privativa de liberdade*, p. 106.

A fim de evitar a prevalência de arbitrariedades ou de componentes irracionais, essencialmente particulares ou pessoais, sem prejuízo do papel legislativo em descortinar, de forma clara, tanto os critérios factuais para a valoração do ilícito quanto para a consecução dos objetivos da punição no momento da fixação da pena, faz-se necessário uma maior intensificação da vinculação das decisões judiciais à dogmática e à construção jurisprudencial. Esse caminho, longe de retirar a independência funcional do magistrado — de quem não se pode retirar a liberdade de convicção jurídica a respeito de determinado tema ou critério[192] —, procurará estimular, por meio de um controle recursal mais efetivo em termos de correção da medida da pena, um movimento de cariz paradoxal: uma maior sedimentação de critérios e a permanente rediscussão desses mesmos critérios.

3.1.2.5 Individualização executória

Uma das características mais marcantes do ser humano e, portanto, das relações sociais é a sua permanente modificação. Conforme as condições de tempo, lugar e de interatividade havida entre os membros de uma mesma comunidade e ela própria, as premissas que sustentavam a base de uma determinada conclusão podem vir a ser alteradas, de maneira a exigir novas avaliações sobre a mesma questão. Esse talvez seja, em um raciocínio rudimentar, um dos fundamentos para a individualização executória da pena.

Com efeito, mesmo após a fixação da pena pelo juiz, durante a fase de cumprimento desta, tendo em vista que a finalidade precípua da execução penal é a reintegração social do condenado,[193] vários

---

192 Sobre esse ponto, parece lapidar a assertiva de Larenz: "Não é de admitir, nem sequer desejar, que esta margem de livre apreciação, que a jurisprudência se esforça permanentemente em reduzir, haja de desaparecer totalmente". Cf. Apud Anabela Miranda Rodrigues. *Ibidem*, nota de rodapé n. 144, p. 97.

193 Sobre a finalidade de a execução penal ser a reintegração social do condenado, vide art. 1º da Lei de Execução Penal (Lei 7.210/1984): "A execução penal tem por objetivo efetivar as disposições da sentença ou decisão criminal e proporcionar condições para a harmônica integração social do condenado e do internado". Ainda

fatores podem indicar a reavaliação do rigor imposto pela quantidade de pena[194] e pela forma de cumprimento inicialmente determinadas.[195] Dentre outros, os fatores que podem alterar o cumprimento da

---

sobre esse tema, vide também Anabela Miranda Rodrigues, *A posição jurídica do recluso na execução da pena privativa de liberdade: seu fundamento e âmbito*, p. 78-87.

194 Cumpre apenas observar que essa reavaliação, particularmente no que se refere à quantidade de pena, somente pode ser feita para atenuar — jamais para agravar — a condição inicialmente estabelecida na sentença condenatória originária do processo de conhecimento. Exemplos de atenuação da quantidade de pena são o indulto, que a extingue por decreto presidencial, a comutação, que também a diminui por decreto presidencial, a remição, que a diminui em função dos dias trabalhados ou do tempo de estudo (nesse particular, ambas as Turmas do Superior Tribunal de Justiça, cuja competência constitucional é, dentre outras, a de uniformizar a interpretação da legislação federal, já decidiram pela possibilidade de remir a pena pelo estudo. Vide REsp 256.273/PR, 5ª Turma, Rel. Min. Laurita Vaz, j. 22.03.2005, DJ 06.06.2005, p. 359; e REsp 595.858/SP, 6ª Turma, Rel. Min. Hamilton Carvalhido, j. 21.10.2004, DJ 17.12.2004, p. 610). No que concerne à modificação das formas de cumprimento da pena, tais como a suspensão condicional (sursis), livramento condicional e progressão de regime, estas, sim, podem ser alteradas para agravar a condição do sentenciado, uma vez que o não-cumprimento das condições estabelecidas para o seu gozo podem acarretar na sua revogação ou regressão ao status quo ante.

195 Sobre essa questão, diz Beleza dos Santos: "durante o cumprimento da pena ou até posteriormente, podem verificar-se fatos essencialmente respeitantes à personalidade e à conduta do delinquente e que determinam a necessidade de nova decisão". Cf. José Frederico Marques. *Curso de direito penal*, p. 240. Também nesse sentido, Sidnei Agostinho Beneti: "O título executivo penal forma-se em função da coisa julgada resultante da sentença do processo de conhecimento, de modo que, em princípio, é imutável. Mas o título executivo penal sujeita-se à mutabilidade característica da própria sentença penal que o forma e esta, por sua vez, contém intrínseca a cláusula rebus sic stantibus em pleno dinamismo, como é característico na sanção penal prescrita pela lei material, o que significa que as providências práticas da execução do título podem ir-se alterando no correr da execução penal, em virtude de diversos incidentes, com destaque para a conversão, 'a alternatividade de uma pena por outra no curso da execução', o que 'poderá ser favorável ou prejudicial ao condenado', no dizer da Exposição de Motivos à Lei de Execução Penal". *Execução penal*, p. 61.

pena são o trabalho (interno e externo),[196] o estudo, o modo como o condenado se relaciona com os demais reclusos, com os funcionários do estabelecimento penal e com as pessoas de um modo geral, bem como as suas reações ao processo de paulatino retorno ao convívio social (exemplo: a progressão de regime de cumprimento de pena,[197] a saída temporária,[198] etc.).

Em razão, pois, desses elementos que alteram a condição psicossocial do condenado, aliados à característica eminentemente prospectiva da execução da pena, a tarefa de individualização demanda que sua realização se dê de forma perene, sempre com vistas a atender as novas necessidades surgidas na trilha destinada à reinserção social.

3.1.3 Princípio da humanidade

3.1.3.1 Conceituação e alcance

O princípio da humanidade das penas pode ser extraído de vários dispositivos da Constituição Federal de 1988.

Já no art. 1º o constituinte estabeleceu como um dos fundamentos da República Federativa do Brasil a dignidade da pessoa humana (inciso III). Ao assim determinar, considerando que a Carta Magna, na esteira da lição de Flávia Piovesan, deve ser "compreendida como uma unidade e como um sistema que privilegia determinados valores", a dignidade humana aparece não como mais um valor, mas como um valor essencial, "que lhe dá unidade de sentido", e que, portanto, deve informar a interpretação de todos os demais conceitos e princípios nela constantes.[199] É em razão justamente dessa condição de pilar da estrutura axiológica do texto constitucional que José Afonso da Silva sustentou que a dignidade da pessoa humana "é um valor supremo que atrai o conteúdo de todos os direitos fundamentais do homem".[200] Vale

---

196 Vide arts. 28 a 37 da Lei 7.210/1984.

197 Vide arts. 110 a 119 da Lei 7.210/1984.

198 Vide arts. 122 a 125 da Lei 7.210/1984.

199 Cf. Flávia Piovesan. *Direitos humanos e o direito constitucional internacional*, p. 56.

200 *Curso de direito constitucional positivo*, p. 109.

dizer, ao integrar o sentido de todas as outras normas, esse princípio impede que qualquer pena que se possa prever e aplicar venha a ferir a dignidade da pessoa humana.

Mas o que vem a ser "dignidade da pessoa humana"? Como tantos outros princípios, este também é plurívoco. Há que enfrentar constantemente o paradoxo consistente em, ao mesmo tempo, atender à necessidade de se universalizar os direitos e de preservar sua concepção multicultural.[201] Isso não quer dizer que o seu conteúdo seja qualquer, mas, sim, que uma hermenêutica do princípio deve ter em conta que o direito é um construído histórico e não um pressuposto. Nessa medida, o próprio sentido de dignidade humana está sempre a sofrer alterações, sobretudo — mas não só — num sentido expansionista, ou seja, agregando novas proteções.

Para efeito da projeção do conceito de dignidade humana no direito penal brasileiro, devem ser considerados como aplicáveis e irrenunciáveis[202] todos os avanços já conquistados pelo País no que concerne à difícil conciliação entre o direito de punir e o dever de respeitar o ser humano, nas mais variadas dimensões de sua personalidade. Em outras palavras, a humanidade das penas será observada sempre que se pretender cumprir suas finalidades, imprimindo o menor sofrimento moral possível ao condenado.

Não por outro motivo, a Constituição Federal do Brasil proíbe a tortura, o tratamento desumano ou degradante (art. 5º, III), bem como a adoção das penas (art. 5º, XLVII) de morte (alínea a — salvo em caso de guerra declarada, nos termos do art. 84, XIX), de caráter perpétuo (alínea b), de trabalhos forçados (alínea c), de banimento (alínea d) e outras cruéis (alínea e), assegurando, ainda, aos presos, a integridade física e moral (art. 5º, XLIX).

---

201 Neologismo visto na obra de Boaventura de Sousa Santos. *Uma concepção multicultural de direitos humanos.* Revista Lua Nova, v. 39, 1997.

202 Essa tendência de não permitir o retrocesso em matéria de direitos humanos já foi revelada pelo próprio constituinte de 1988, quando estabeleceu como cláusulas pétreas — insuscetíveis de emenda — as deliberações tendentes a abolir os direitos e garantias individuais (art. 60, § 4º, IV).

Tal como "dignidade humana", "tratamento desumano" ou "degradante" e "penas cruéis" são expressões que padecem da mesma abertura conceitual. Tanto assim que, não sem razão, é possível questionar a compatibilidade da pena de prisão com a inteligência das normas que contêm as expressões acima mencionadas. Com efeito, não parece ser possível sustentar que mesmo a mais asséptica e espaçosa das prisões deixe de degradar os indivíduos e suas potencialidades. Ainda assim, sabe-se que a pouca inventividade do homem, a sua falta de ousadia e a impossibilidade prática de mudança abrupta nesse campo não permitem o imediato abandono dessa forma de punição.

3.1.3.2 Um caso de violação legalmente instituída

Abstraindo-se da óbvia e ontológica crueldade da pena privativa de liberdade, esquecendo-se, ainda, as condições subumanas a que está submetida a grande parte dos que cumprem ou aguardam julgamento encarcerados no Brasil, o legislador autorizou, ao arrepio do texto constitucional, uma forma cruel de punição que tem sido aplicada, sem contrariedade, não obstante algumas poucas e quase inaudíveis vozes. Trata-se do chamado "regime disciplinar diferenciado" trazido pela Lei 10.792/2003. Essa aberração jurídica, digna dos tempos das Ordenações do Reino, permite que o preso, provisório ou condenado, que tenha praticado fato considerado crime doloso ou sob o qual "recaiam fundadas suspeitas de envolvimento ou participação, a qualquer título, em organizações criminosas, quadrilha ou bando", fique submetido, por um prazo de até dois anos ou um sexto da pena, ao referido regime, que consiste, entre outras coisas, em manter isolado o preso em solitária por vinte e duas horas do dia. Ao comentar o tema, em artigo de título bastante sugestivo — Regime disciplinar diferenciado ou pena cruel? —, Roberto Delmanto, sem rodeios, sentencia que manter alguém em tais condições por tanto tempo dificilmente deixará de transformá-lo em um animal, doente mental ou alguém muito pior do que era.[203]

---

203 *Regime disciplinar diferenciado ou pena cruel?*, v. 11, p. 5.

Analisando mais profundamente a questão em uma monografia, Christiane Russomano Freire, após ampla abordagem sobre as instituições prisionais e da realidade brasileira, ressalta a irracionalidade que pautou a criação do aludido regime, dizendo: "Escudado pelo alarmante caos que vige o sistema penitenciário, o regime disciplinar diferenciado oculta sua natureza de pena cruel que rememora, tragicamente, os suplícios medievais. [...]".[204] E acrescenta:

> A aposta na desestruturação física e psíquica é o ingrediente essencial desta nova forma de gestão, que visa a compensar a incapacidade de controle, por meio da maximização da vulnerabilidade dos sujeitos encarcerados diante de um poder que se agiganta. O isolamento celular prolongado, com os efeitos destrutivos sobre a saúde física e mental dos sujeitos, adquire feição de castigo, reeditando a velha noção de pena como puro e simples exercício de vingança social.[205]

É evidente, como a própria autora anota em outra passagem de sua monografia, que tal medida representa inequívoca afronta aos dispositivos constitucionais já mencionados (art. 5º, XLVII, e, e XLIX), pelos quais, de um lado, é vedada a aplicação de pena de natureza cruel, e de outro é assegurada a integridade física e moral do preso.

Embora o tema acima mencionado não esteja relacionado diretamente ao que se propõe abordar no presente estudo, a sua menção, que não é absolutamente necessária, pareceu ser pertinente ao menos a título ilustrativo, abrindo um parêntesis para mostrar não só um caso típico de violação ao princípio mencionado, mas também como a finalidade da pena tem sido objeto de pouca ou nenhuma preocupação por parte do legislador ordinário.

---

204 Christiane Russomano Freire. *A violência do sistema penitenciário brasileiro contemporâneo: o caso do RDD (Regime Disciplinar Diferenciado)*, p. 155.

205 *Idem, ibidem*, p. 156.

3.2 Princípio de direito material implícito: proporcionalidade

Proporção, do latim proportio,[206] tem como significado "correspondência", "relação", e transmite, ainda, a ideia de harmonia e equilíbrio. Talvez por isso a proporcionalidade das penas foi desde logo associada à retribuição, como justa medida imposta ao mal causado.

Foi no Código de Hammurabi, a mais extensa e conhecida legislação do mundo antigo, que, pela primeira vez, se aplicou o ius talionis, incorporando a máxima "olho por olho, dente por dente" ao texto legal, como se vê do § 196: "Se um awilum destruiu o olho de um (outro) awilum, destruirão o seu olho". E também do § 200: "Se um awilum arrancou um dente de um awilum igual a ele, arrancarão o seu dente".[207]

Se não exatamente desse modo, a ideia de justiça sempre esteve associada à de proporção. O mito de encontrar uma certa correspondência entre as condutas e as penas transmite, de alguma maneira, um conforto ao espírito que, conhecendo os caminhos e as equações de castigos e recompensas, encontra um sentido para a vida e para a observância das regras. Essa sensação é claramente transmitida na Divina Comédia, mais precisamente no Inferno, de Dante Alighieri. Na obra, o poeta florentino constrói o Reino de Lúcifer de tal forma que os pecadores, conforme a gravidade de suas faltas, seguindo a doutrina aristotélica, desçam cada vez mais a cratera, em direção ao centro da Terra, recebendo castigos cada vez piores.[208]

---

206 Pereira de Queiroz. *Dicionário latim-português*, p. 307.

207 Cf. Emanuel Bouzon. *O Código de Hammurabi*, p. 30, p. 181-182.

208 Cf. Introdução de Ítalo Borzi, p. 19. Após colocar os não-batizados no Limbo e os ignavos (preguiçosos) no Vestíbulo ou Átrio do Inferno, Dante classifica as transgressões em quatro grandes grupos, em ordem crescente de gravidade. O primeiro grupo é o da "Incontinência", no qual estão inseridos os luxuriosos, os gulosos, avaros, pródigos, iracundos (irados), rancorosos e heréticos (hereges). O segundo é o da "Violência e Bestialidade" praticadas contra o próximo (tiranos e assaltantes), contra si próprios (suicidas e gastadores) e contra Deus (blasfêmios, sodomitas e usurários). O terceiro é o chamado grupo da "Fraude Simples", em que estão inseridos os sedutores-rufiões, aduladores-lisonjeadores, simoníacos (traficantes de coisas sagradas), magos-adivinhos, traficantes, hipócritas, ladrões, maus conselheiros,

Muito mais tarde, a ideia de retribuição, com a abstração de qualquer finalidade para a pena, fez com que o princípio de talião fosse sustentado por Kant. Fundamentando-se no princípio da igualdade, estabelecia a equação "homicídio e pena de morte".[209]

Antes, porém, com outro enfoque, preocupado com a finalidade precípua das penas — prevenção geral e especial[210] —, Beccaria, ao tratar "Da moderação das penas", já alertava: "Entre as penas, e na maneira de aplicá-las proporcionalmente aos delitos, é mister, pois, escolher os meios que devem causar no espírito público a impressão mais eficaz e mais durável, e, ao mesmo tempo, menos cruel no corpo do culpado".[211]

Entretanto, já reconhecia o penalista italiano ser "muito difícil estabelecer uma justa proporção entre os delitos e as penas".[212]

Com efeito, a grande dificuldade quando se fala em proporcionalidade está na heterogeneidade qualitativa das grandezas que se pensa relacionar. Sustentando a proporcionalidade sob a ótica retributivista, a equação crime e pena resta insustentável, como bem conclui Anabela Miranda Rodrigues:

> E esta falta de homogeneidade qualitativa entre crime e pena — cuja observação não é nova na crítica à ideia de retribuição (Liszt, La teoria dello scopo, p. 40) mas não perdeu, "nada do seu decisivo vigor" (Klug, "Abschied", p. 39) — deve estar sempre presente na moderna reflexão sobre a função da pena que vise fazê-la corresponder proporcionalmente ao crime

cismáticos-intrigantes e falsários. O quarto e último grupo é o que contempla toda a sorte de "Traição", contra parentes, pátria, hóspedes e benfeitores.

209 Cf. Anabela Miranda Rodrigues. *A determinação da medida da pena privativa de liberdade*, p. 165.

210 Nesse sentido, ver em Beccaria: "Os castigos têm por fim único impedir o culpado de ser nocivo futuramente à sociedade e desviar seus concidadãos da senda do crime" (*Dos delitos e das penas*, trad. de Paulo M. Oliveira, v. 22, p. 83).

211 *Ibidem*, p. 83.

212 *Ibidem*, p. 86.

> concreto. É nesta base que se diz, como já vimos, que qualquer teoria que vise ligar proporcionalmente tais realidades deve inevitavelmente recorrer a um elemento externo — e, por isso, do ponto de vista intrínseco da retribuição, arbitrário — para sobre ele fundar a relação.[213]

Vista não como fundamento da retribuição, mas sob o prisma da finalidade indissociável da pena — a prevenção —, a proporcionalidade entre a gravidade da pena possível e a do fato, tendo como referências o bem jurídico e critérios de necessidade, não só é desejável, mas exigível, servindo sobretudo como limite balizador da punição.

Nesse sentido, assevera, mais uma vez, Anabela Miranda Rodrigues:

> É com este entendimento que Mir Puig (Introdución, p. 99) afirma que a gravidade do fato não integra agora "a vertente positiva constitutiva ou fundamentadora da função do direito penal, antes possui somente o sentido de limite ao desenvolvimento desta função: não se castiga para realizar a ideia de proporção [...], mas para prevenir factos graves e perigosos até o limite determinado pela necessidade de protecção" [...].[214]

Embora não mais esteja previsto expressamente em nossa Lei Maior,[215] o princípio da proporcionalidade, sem dúvida alguma, está contemplado no ordenamento jurídico brasileiro, como corolário do princípio constitucional da isonomia. É o que preleciona Dirceu Aguiar Cintra Dias Júnior:

---

213 *A determinação da medida da pena privativa de liberdade*, nota de rodapé n. 150, p. 206.

214 *Idem, ibidem*, p. 369.

215 O princípio da proporcionalidade já esteve expressamente previsto no ordenamento constitucional brasileiro, conforme se depreende do teor do art. 179, § 13, da Carta Política de 1824, verbis: "A lei será igual para todos, quer proteja, quer castigue, e recompensará em proporção dos merecimentos de cada um".

> A exigência de que as sanções obedeçam a proporcionalidade — para o crime mais grave sanção maior que para o mais leve — decorre, entre nós, do próprio princípio da igualdade expresso no art. 5º da Constituição Federal. E se desdobra na exigência da individualização da pena, prevista no inc. XLVI do referido artigo.[216]

Como consequência lógica, lembra o magistrado paulista, "a parte especial do Código Penal e as leis extravagantes que definem tipos penais devem ser encaradas com um sistema de tipos e penas que se relacionam uns com os outros".[217]

O princípio da proporcionalidade integra o que Juarez Tavares classificou como um dos princípios de limitação material, que deve ser observado no processo legislativo.[218]

Luis Arroyo Zapatero, professor catedrático de Direito Penal da Universidade de Castilla-La Mancha, diz que o princípio da proporcionalidade, nos dias atuais, se subdivide em três subprincípios: idoneidade, necessidade e proporcionalidade em sentido estrito.

Por idoneidade, entende o mestre espanhol como a capacidade de proteção penal. Em outras palavras, "a tipificação de uma conduta resulta inadequada quando dela não se vá obter proteção alguma do bem jurídico ou, mais, ainda, quando sua tipificação vá ocasionar mais danos que benefícios".[219]

Pelo (sub)princípio da necessidade, "o legislador está obrigado a eleger dentre as diversas medidas que tem ao seu alcance para lograr um

216 *A suspensão dos direitos políticos em face dos princípios da individualização da pena e da proporcionalidade*, p. 95.

217 *A suspensão dos direitos políticos em face dos princípios da individualização da pena e da proporcionalidade*, p. 95.

218 *Critérios de seleção de crimes e cominação de penas*, p. 76.

219 Tradução livre do trecho: "La tipificación de una conducta resulta inadecuada cuando de ella no se va a obtener protección alguna del bien jurídico o, más, aún, cuando su tipificación va a ocasionar más daño que beneficios". *Derecho penal económico y Constitución*, p. 4.

determinado fim, a menos gravosa para o cidadão. Esta manifestação do princípio da proporcionalidade é o que conhecemos com o nome de ultima ratio ou subsidiariedade".[220]

Por fim, o princípio da proporcionalidade em sentido estrito exige que os meios empregados guardem relação com os fins desejados. Funda-se na ideia de justiça, pela qual se deve ponderar se o benefício que se pretende alcançar com a sanção justifica os custos da mesma.[221] O custo e o benefício a que se refere o princípio da proporcionalidade em sentido estrito, segundo Juan Antonio Lascuraín Sanchez, tem como referência valorativa, como unidade de medida, a "liberdade". Melhor explicando, a liberdade sacrificada em relação à liberdade preservada.

Entretanto, o próprio professor da Universidade Autônoma de Madri adverte a pretensiosidade de se tentar aferir essa relação de custo-benefício, tendo em vista a complexidade imposta pela diversidade dos efeitos a calcular e a vagueza da unidade de medida.[222] Isso não quer dizer que o princípio não exista ou que seja inaplicável, mas que reclama, pela sua imprecisão e pela carga de subjetivismo de quem o aplica, cautela e parcimônia, sob pena de comprometer outros princípios não menos importantes ao Estado Democrático de Direito, como a separação, a in(ter)dependência dos Poderes.

Esse é também o alerta que Mariângela Gama de Magalhães Gomes, com apoio na doutrina de Enzo Cheli, faz:

> [...] o problema mais grave que surge no juízo de proporcionalidade é o consistente em evitar que o órgão jurisdicional, de juiz da legitimidade da lei, transforme-se em juiz da oportunidade

---

220 Tradução livre do trecho: "el legislador está obligado a elegir de entre las diversas medidas que tiene a su alcance para lograr un determinado fin, la menos gravosa para el ciudadano. Esta manifestación del principio de proporcionalidad es lo que conocemos con el nombre de ultima ratio o subsidiariedad". *Derecho penal económico y Constitución*, p. 5.

221 Cf. Luis Arroyo Zapatero. *Derecho penal económico y Constitución*, p. 6.

222 Cf. Juan Antonio Lascuraín Sanchez. *La proporcionalidad de la norma penal. Revista Ibero-Americana de Ciências Penais*, p. 231.

> da escolha legislativa, tomando o lugar do legislador na avaliação das razões políticas que determinaram a adoção de certa disciplina legislativa — embora seja verdade que em muitos casos a linha limítrofe entre legitimidade e mérito apresente-se demasiadamente estreita, ou quase imperceptível —, com o consequente risco de que o juízo de constitucionalidade possa invadir escolhas que são reservadas ao legislador.[223]

De qualquer modo, contudo seja realmente complexa a tarefa de aferição da proporcionalidade e disciplinar o seu controle jurisdicional, há casos em que a sua violação pelo legislador, senão evidentemente clara, é, no mínimo, discutível.

Exemplo disso são as penas estatuídas pelo Código de Trânsito Brasileiro, trazidas com a Lei 9.503/1997, e a sua relação com o Código Penal. Antes da edição do referido diploma, o homicídio culposo, fosse decorrente de acidente automobilístico ou de qualquer outra natureza, era punido pelo Código Penal em seu art. 121, § 3º, que estabelece a pena de um a três anos de detenção. Depois do advento da lei especial, no afã de enrijecer o tratamento penal para o homicídio culposo provocado por acidente na direção de veículo automotor, estabeleceu a pena de dois a quatro anos de detenção, além da suspensão ou proibição de obter a permissão ou habilitação para dirigir (art. 302).

Aparentemente, não haveria qualquer vedação para que o legislador assim estabelecesse, ou seja, destacasse uma situação especial e lhe desse tratamento distinto. Ocorre que, dentro de uma perspectiva sistemática, não há motivo para tal diferença ou, ainda que houvesse, o mesmo seria neutralizado por outras razões. Com efeito, tome-se a hipótese de um homicídio culposo causado por um automóvel na via pública e um outro por uma embarcação numa praia. Para ambos os condutores exige-se habilitação especial para conduzir tais veículos. O bem juridicamente tutelado é o mesmo. Em ambos os casos não houve a observância do dever objetivo de cuidado e respeito às normas que regulamentam esse tipo de

---

223 Mariângela Gama de Magalhães Gomes. *O princípio da proporcionalidade no direito penal*, p. 213-214.

transporte. E por que merecem penas distintas? Essa distinção de pena, sabe-se, tem profunda repercussão no tratamento jurídico-penal das duas hipóteses, pois, enquanto o autor do homicídio culposo na direção de embarcação tem, em tese, direito à suspensão condicional do processo, pois a pena mínima cominada não ultrapassa o limite estabelecido pela Lei 9.099/1995 para a obtenção da mencionada benesse legal, o autor do homicídio culposo na direção de veículo automotor na via terrestre não poderá usufruir do mesmo privilégio.

Ainda que se dissesse que devido à quantidade de acidentes provocados por automóveis seria recomendável estabelecer um tratamento mais rigoroso, por outro lado não se pode ignorar a presença muito mais intensa do ser humano e de suas máquinas de transporte nas ruas do que, por exemplo, no mar. Isso dá, evidentemente, a ideia do incremento significativo do risco, assumido pela sociedade como um todo, de acidentes de trânsito. Essa maior exposição ao risco não provocado pelo agente parece ser motivo suficiente para neutralizar a pretensão de conferir a estes tratamento mais rigoroso do que a outras formas de acidente.

Outros exemplos também ilustram os disparates legislativos. Vejam-se as penas estabelecidas pela Lei 9.677/1998, que deu nova redação aos arts. 272 a 277 do Código Penal. Tutelando a saúde pública, o tipo do art. 273, por exemplo, estabelece que quem falsificar, corromper, adulterar ou alterar produto destinado a fins terapêuticos ou medicinais fica sujeito a uma pena mínima de dez anos de reclusão, ou seja, superior à pena do homicídio doloso, que é de seis anos de reclusão. Além da desproporção do conteúdo da nova lei com o Código Penal, suas incoerências internas também evidenciam a desproporção de tratamento para as próprias condutas por ela elencadas. É o caso do § 3º do art. 273 da referida lei. Por esse comando legal, equiparam-se ao conceito de "produto destinado a fins terapêuticos ou medicinais" as matérias-primas, os insumos farmacêuticos, os cosméticos, os saneantes e os produtos de uso em diagnóstico. Em outras palavras, como bem anota Mariângela Gama de Magalhães Gomes, "declarou-se a equivalência entre a gravidade das condutas de quem altera a composição de um remédio destinado ao tratamento de determinada doença e a conduta daquele que modifica a composição de certo sabonete, por exemplo".[224] Recorda, ainda, a mesma autora que a lei também faz o absurdo de equiparar, em seu § 1º-B, as condutas descritas relativas aos produtos que não possuem registro, quando exigível, àquelas nas quais o produto é caracterizado por uma redução em seu valor terapêutico.[225]

Como se vê, não faltam casos em que o legislador pune de forma diferente condutas ontologicamente iguais, ou trata de forma igual crimes de perigo e crimes de resultado. Isso se deve, fundamentalmente, à chamada legislação de emergência, ou seja, àquela advinda da fúria legiferante que, procurando atender aos reclamos midiáticos e/ou populares ou a situações novas, estabelece penas em absoluto descontexto com as demais normas, tornando a legislação penal um mosaico constituído de penas absolutamente desconexas.

Tal situação só poderá ser revertida na medida em que o legislador evitar ao máximo as reformas pontuais, preterindo-as em favor do aprofundamento do debate, da discussão das questões novas e também daquelas que exigem mudança, mas sem descurar do caráter sistêmico que faz relacionar as normas umas às outras.

3.3 Princípios de direito processual

Como já explicitado no presente estudo, por ocasião da análise da individualização judiciária da pena, por mais que se pretendesse aumentar a segurança jurídica, a complexidade dos fatos sociais e psicológicos impede que o legislador estabeleça, a priori, todas as hipóteses de dosimetria da pena. Por outro lado, passado o momento das penas tarifadas, que não foi outra coisa senão uma reação do movimento iluminista às arbitrariedades do absolutismo, é forçoso concordar com a assertiva de Mittermayer no sentido de que, quanto mais avança a civilização e se

224 Mariângela Gama de Magalhães Gomes. *O princípio da proporcionalidade no direito penal*, p. 198-199.

225 *Idem, ibidem*, p. 199.

desenvolve a ideia justa de direito penal, tanto mais vem a alargar-se a medida judiciária.[226]

Entretanto, essa ampliação do poder jurisdicional, em momento tão importante quanto o da aplicação da pena, não prescinde de dois mecanismos internos de controle do sistema jurídico fundamentais ao desenvolvimento e aperfeiçoamento da técnica de determinação da sanção penal. São eles: o princípio da motivação das decisões judiciais e o princípio do duplo grau de jurisdição.

3.3.1 Princípio da motivação das decisões judiciais

O princípio da motivação das decisões judiciais encontra-se previsto no art. 93, IX, da Constituição Federal.

Como registram Antonio Carlos de Araújo Cintra, Ada Pellegrini Grinover e Cândido Rangel Dinamarco, o pensamento jurídico tradicional apontava tal princípio como garantia das partes, com vistas à possibilidade de sua impugnação para efeito de reforma.[227]

Nessa linha de raciocínio, o fundamento do princípio estava em tornar conhecidas as razões de decidir, permitindo um efetivo debate a respeito do seu desacerto ou correção. Em outras palavras, não sendo possível criticar o conteúdo de algo que se desconhece, o princípio da motivação das decisões judiciais aparecia como garantidor da dialética processual, ou seja, o princípio, em verdade, era visto muito mais como um corolário do devido processo legal, do contraditório e da ampla defesa do que propriamente um pilar com autonomia ético-funcional. Modernamente, porém, lembram os mesmos juristas, o princípio tem reconhecida sua função política, qual seja a de dar conhecimento a todo e qualquer do povo, com a finalidade de aferir em concreto a imparcialidade do juiz e a legalidade e justiça das decisões.[228]

Sem pretender desprezar sua importância em outros ramos do direito ou em outros momentos do próprio processo penal, o princípio

---

226 Cf. Roberto Lyra. *Comentários ao Código Penal*, p. 174.

227 *Teoria geral do processo*, p. 68.

228 Cintra, Grinover e Dinamarco. *Teoria geral do processo*, p. 69.

da motivação das decisões judiciais, especificamente no que concerne à determinação da medida da pena, ganha um papel mais do que vital. Sabe-se e já se disse, quando da discussão acerca da individualização judiciária da pena, que a aplicação da sanção penal, como não poderia ser diferente, está dirigida por conceitos porosos (ou relativamente abertos), conferindo à tarefa judicial uma desejável e irredutível imprecisão,[229] sobretudo aritmética, o que dificulta, porém, a formação de consensos a respeito de critérios e o alcance de uma maior objetividade no momento da decisão.[230] Por essa mesma razão, a discricionariedade judicial em matéria de determinação da pena é indissociável do dever de motivação. Como advertem Sérgio Salomão Shecaira e Alceu Corrêa Júnior, a ampliação dos poderes discricionários do juiz na verificação

229 Como anota Hassemer, a necessidade de imprecisão não quer dizer uma vontade de exclusão da lei. Diz o jurista alemão: "[...] ao contrário, mostra-se como vontade de cumprir a lei, e a convicção de não poder fazer isto de acordo com o âmbito estreito do teor da lei. Nisto baseia-se este paradoxo" (*Introdução aos fundamentos do direito penal*, p. 163).

230 Sobre a imprecisão da medida da pena e a necessidade de conferir um papel reduzido aos componentes irracionais do processo de sua determinação, vale conferir em Anabela Rodrigues a seguinte advertência: "Pelo que se refere aos critérios de medida da pena, designadamente, a equivocidade que eventualmente os rodeia, a permitir sobre eles interpretações divergentes, é um dos factores responsável pela discricionariedade do juiz nessa tarefa que, em vez de dominada por critérios objectivos e juridicamente vinculantes, se acolhe à esfera das valorações puramente subjectivas de quem a realiza. Não se visa, com isto, encontrar a 'fórmula mágica' que permita determinar a pena objectivamente 'certa' para cada caso concreto ou dar vida a um modelo de medida da pena verificável em termos rigorosamente matemáticos. A presença de uma componente irracional em todo o processo de determinação da medida concreta da pena – mas, muito especialmente, quando se trate de traduzir critérios de determinação numa certa quantidade de pena – é, aliás, reconhecida pela própria doutrina jurídico-penal. Mas admiti-lo não significa resignação perante um seu domínio incontestado ou a renúncia a procurar na disciplina legislativa os arrimos que ela nos possa fornecer para reduzir a componente irracional a um papel residual" (*A determinação da medida da pena privativa de liberdade*, p. 48).

do merecimento concreto da pena tem como contrapartida o maior rigor do dever de motivar a pena imposta.[231]

Para Roberto Pasella,

> [...] quando se impõe ao juiz a obrigação de motivar na sentença acerca da utilização feita do poder discricionário conferido, pressupõe-se a possibilidade e o dever de usar esse mesmo poder de modo não arbitrário e, como consequência, a existência de 'regras' da discricionariedade ou, ao menos, a delimitação dos objetivos capazes de orientar a busca do magistrado: a obrigação da motivação diz respeito à necessidade de uma correspondência entre o exercício da discricionariedade e os fins para os quais foi concedida.[232]

E não basta ao magistrado justificar suas escolhas feitas no caminho para o encontro da pena, senão também que tais escolhas, longe de serem um ato de soberania do juiz, encontram seu limite no espaço deixado pelos critérios previamente estabelecidos pelo legislador.[233]

Sobram, nesse sentido, críticas à jurisprudência que, não raro, ou não é rigorosa com a falta de fundamentação, dando como suficiente algo que, substancialmente, não fundamenta coisa alguma (chamada aqui de primeira hipótese), ou preferem simplesmente suprir a falta de fundamentação corrigindo a sentença falha em vez de anulá-la

---

231 *Teoria da pena: finalidades, direito positivo, jurisprudência e outros estudos de ciência criminal*, p. 273.

232 Tradução livre do seguinte trecho: "Quando si pone per il giudice l'obbligo di motivare in sentenza circa l'uso fatto del potere discrezionale conferitogli si presuppone la possibilità e il dovere di usare del potere stesso in modo non arbitrario e, di conseguenza, l'esistenza di 'regole' della discrezionalità o, quanto meno, la delimitazzione di scopi capaci di indirizzare la ricerca del magistrato: l'obbligo di motivazione corrisponde alla necessità di uma rispondenza fra esercizio della discrezionalità e fini per cui è concessa". Roberto Pasella. *Discrezionalitá del giudice ed incidenza frazionaria delle circostanze sulla pena base*, p. 419-420.

233 Cf. *Idem, ibidem*, p. 420.

(segunda hipótese), o que termina por desestimular o debate acerca da determinação da pena.

Sobre a primeira hipótese, vale recordar a anotação de Anabela Rodrigues, que, fazendo referência a Dolcini, diz:

> A conclusão do autor sobre a praxis jurisprudencial é também a de que é altamente insatisfatório o cumprimento que dá ao dever de fundamentação (cfr. op. cit., p. 59 s.) ainda porque são raras as decisões que interpretam este dever em termos rigorosos, sendo pelo contrário frequente a afirmação de que a determinação da medida da pena é "mais o resultado de uma intuição do que de um detalhado processo lógico": cfr. Romano, Commentario, II, Art. 132, n. 11, p. 281, para decisões mais actuais; no mesmo sentido também Mantovani, Diritto penale, p. 800, n. 57, que fala de fundamentações que se esgotam em "fórmulas preguiçosas" ("estima-se equitativa a pena" ou "adequada ao facto e à personalidade"; "tendo em conta os elementos do art. 133"), que praticamente reduzem a discricionariedade a "um incontrolável arbitrium" cujos limites são apenas a "tradição", as "reações emocionais do público" e os "pontos de vista do juiz" [...].[234]

É nesse sentido também a crítica de Hassemer, para quem, ao contrário da análise dos pressupostos da punibilidade que, via de regra, merecem fundamentações consistentes e ideias ordenadas, a fundamentação da determinação da pena apresenta-se, no mais das vezes, como uma série inexpressiva de dados desconexos.[235]

---

234 Vide nota de rodapé n. 158, *A determinação da medida da pena privativa de liberdade*, p. 102.

235 *Introdução aos fundamentos do direito penal*, p. 160. Complementando sua crítica (nota de rodapé n. 250 da referida página), diz, ainda, o penalista alemão: "Inclusive uma fundamentação da determinação da pena 'mais rica em informações', que contenha vários dados, carece de valor para o condenado e todos os participantes indiretos (companheiro do condenado, defensor, público e inclusive a Ciência do Direito Penal), se os dados não são inseridos em uma relação com a medida concreta da pena. Exemplos assustadores se encontram em grande número nas fundamenta-

Sobre a segunda hipótese, muito embora a jurisprudência brasileira seja acertadamente rigorosa quanto à fundamentação,[236] há, ainda, decisões no sentido de que a falha na motivação da decisão não gera nulidade, podendo seus defeitos ser corrigidos perante o segundo grau de jurisdição,[237] entendimento esse que prejudica, sobremaneira, o debate acerca do tema, na medida em que reduz o importante papel da jurisprudência na discussão do mesmo.

Como se vê, se a tarefa de reduzir o campo da irracionalidade em matéria de determinação da pena, em função da abertura dos conceitos que informam os critérios a serem adotados, já é difícil na sua essência, a condescendência com a falta ou mesmo com a insuficiência de fundamentação só faz agravar as vicissitudes nesse campo.

ções judiciais. De modo formalista eles concluem a contagem dos dados: 'Portanto, é suficiente e também necessário uma pena de [...]'. Com o 'portanto' se encerram todas as questões não respondidas". *Ibidem*, p. 160.

236 São exemplos de decisões criteriosas quanto à fundamentação os seguintes acórdãos, cujas ementas são transcritas a seguir: "Habeas corpus. Fixação da pena. Fundamentação. Nula é a decisão condenatória que, ao fixar a pena acima do mínimo legal, omite-se da pertinente motivação exigida pelo art. 42 do CP (atual art. 59 do CP). Habeas corpus concedido, em parte" (STF — HC 58.986-3 — Rel. Rafael Mayer — DJU 26.03.1982, p. 2561) e "Existindo evidente nulidade absoluta, na v. decisão de segundo grau, é de ser, no entanto, concedido habeas corpus de ofício. A fixação da pena exige, sempre, fundamentação. Se a resposta penal foi fixada acima do mínimo, sem explicitação correta e vinculada, o v. julgado é parcialmente nulo. Recurso não conhecido, writ de ofício concedido" (STJ — 5ª T. — REsp 201.450 — Rel. Felix Fischer — j. 04.05.1999 — DJU 21.06.1999). Julgados extraídos da obra coordenada por Alberto Silva Franco e Rui Stoco. *Código de Processo Penal e sua interpretação jurisprudencial*, p. 1478.

237 Confira-se o seguinte trecho de uma decisão que adota esse entendimento: "Não há que inquinar de nulidade o decisório que, embora sucintamente, oferece razões da graduação da reprimenda imposta. Ademais, ainda que falha haja na fundamentação, nada obsta seja a irregularidade suprida em segunda instância" (TACrimSP — AP — Rel. Roberto Martins — JUTACrim-SP 25/247). Julgado extraído da obra coordenada por Alberto Silva Franco e Rui Stoco. *Código de processo penal e sua interpretação jurisprudencial*, p. 1484.

3.3.2 Princípio do duplo grau de jurisdição

Vários são os motivos que sustentam o duplo grau de jurisdição enquanto princípio. O mais comumente invocado é a natureza humana e sua indiscutível falibilidade. A partir desse postulado, que até hoje não se ousou questionar, não importam, no que tange ao tema abordado, quais as razões das possíveis falhas, pois, se algumas podem ser evitadas, outras simplesmente ocorrem, ficando uma boa parte delas muito além de qualquer previsibilidade ou profilaxia. Além da possibilidade de erro, que, por si, já recomendaria a adoção do princípio, a sua integração ao sistema jurídico cumpre outra função importante: o homem, cônscio de sua natureza falível, sabe que esta também atinge os julgadores, servindo os reexames para tranquilizar e conformar o espírito do jurisdicionado com a possibilidade de correção de eventuais equívocos do julgado.[238]

Dir-se-ia: se falhas ocorrem, o que garante que elas serão corrigidas por um segundo grau de jurisdição ou, ainda, o que assegura que elas não venham ser originariamente cometidas em tal instância? A resposta não poderia ser outra senão esta: nada! Isso não quer dizer que, dentro de uma perspectiva, ao menos teórica, uma ou mais revisões de determinada decisão, especialmente feita por órgãos colegiados, como costumeiramente são compostas as alçadas de reexame, tendem a diminuir a incidência de erros nos julgados.

Uma outra razão, não de cunho jurídico ou filosófico, mas político, sustenta a incorporação do princípio. É o que ensinam Antonio Carlos de Araújo Cintra, Ada Pellegrini Grinover e Cândido Rangel Dinamarco:

> Mas o principal fundamento para a manutenção do princípio do duplo grau é de natureza política: nenhum ato estatal pode ficar imune aos necessários controles. O Poder Judiciário, principalmente onde seus membros não são sufragados pelo povo, é,

238 Cf. Maurício Zanoide de Moraes. *Interesse e legitimação para recorrer no processo penal brasileiro: análise doutrinária e jurisprudencial de suas estruturas*, p. 26.

> dentre todos, o de menor representatividade. Não o legitimaram as urnas, sendo o controle popular sobre o exercício da função jurisdicional ainda incipiente em muitos ordenamentos, como o nosso. É preciso, portanto, que se exerça ao menos o controle interno sobre a legalidade e a justiça das decisões judiciárias. Eis a conotação política do princípio do duplo grau de jurisdição.[239]

Embora seja questionável a assertiva dos referidos juristas no que diz respeito ao binômio menor representatividade/maior necessidade de controle — haja vista ser notória a enorme necessidade de controle sobre aqueles que exercem o poder público a partir das urnas —, não há dúvida que o controle de qualquer atividade pública, ainda que feito internamente, é essencial ao aprimoramento da prestação que se pretende realizar.

Como lembra Maurício Zanoide de Moraes, assim como em outros países, a exemplo da Itália, não houve, em nossa Carta Política, originariamente promulgada em 1988, previsão expressa do duplo grau de jurisdição como princípio. Sua incorporação ao nosso sistema jurídico, porém, adveio por meio do Decreto 678, de 06.11.1992 (com supedâneo no Decreto Legislativo 27/1992), que introduziu a Convenção Americana de Direitos Humanos (Pacto de San José da Costa Rica). Por esse instrumento, mais precisamente pelo teor de seu art. 8º, 2-h, toda pessoa tem direito de recorrer da sentença a juiz ou tribunal superior.

No que tange ao status das normas incorporadas por tratados de direitos humanos, cumpre registrar que a Emenda Constitucional 45, de 08.12.2004, pôs fim à polêmica que existia a respeito de terem ou não tais regras natureza constitucional. Contudo já houvesse quem defendesse que os tratados de direitos humanos assumiam, no ordenamento jurídico brasileiro, caráter de norma constitucional — a exemplo de Flávia Piovesan[240] —, o acréscimo do § 3º não deixa mais

---

239 *Teoria geral do processo*, p. 75.

240 Referida professora, antes mesmo da edição da emenda, fazendo alusão ao teor do § 2º do art. 5º da Constituição Federal, já afirmava: "Ao estatuir que os direitos e garantias nela expressos não excluem outros decorrentes dos tratados internacionais

dúvida de que aludidos tratados, uma vez aprovados, em cada Casa do Congresso Nacional, em dois turnos, por três quintos dos votos dos respectivos membros, têm a mesma força de qualquer outra regra da Lei Maior.[241]

Especificamente no tocante à determinação da medida da pena, o princípio do duplo grau de jurisdição assume um papel de destaque, não direta e especificamente no curso do exercício da tarefa de encontrar a pena mais justa e adequada, mas para a discussão, formação e revisão dos critérios utilizados no cumprimento desse mister.

Primeiramente, porque reexaminando as decisões de primeiro grau de jurisdição, os tribunais podem e devem, com rigor, fiscalizar, do ponto de vista formal, a fundamentação das sentenças (tema tratado no item anterior). Mas tão importante quanto à verificação formal da fundamentação é a discussão e revisão das fundamentações material ou substancialmente equivocadas, função essa desempenhada de forma tão incipiente nos vários sistemas jurídicos, como adverte Anabela Rodrigues, apoiada na crítica de Dolcini:

> O que se observa, entretanto, através de uma apreciação da jurisprudência da Corte di Cassazione, é que há um desequilíbrio acentuado entre decisões relativas aos aspectos processuais e as relativas aos aspectos substanciais da determinação da medida da pena. O controlo em sede de recurso verifica-se assim em relação sobretudo a vícios processuais — inexistência, falta de completude e contradição na fundamentação —, mas já a denúncia de vícios substanciais é muito reduzida; o que não fomenta, por parte da jurisprudência, o cumprimento do dever

em que o Brasil seja parte, a Constituição brasileira de 1988 passa a incorporar os direitos enunciados nos tratados de direitos humanos no universo dos direitos constitucionalmente consagrados" (*Direitos humanos e o direito constitucional internacional*, p. 98).

241 Embora não se tenha conseguido obter informação a respeito de quantos parlamentares havia no dia da votação da referida Convenção, esta foi aprovada por unanimidade, conforme consta do Diário do Congresso Nacional (Seção I), de 08.05.1992, p. 8421.

> de fundamentação material, para além do processual, da decisão de determinação da medida da pena.[242]

O papel do duplo grau de jurisdição, portanto, está muito mais além de simplesmente verificar se houve ou não fundamentação, ou, havendo, simplesmente manter a sentença de primeiro grau em razão de sua plausibilidade. Suponha-se, por exemplo, que um juiz tenha exacerbado a pena de um taxista, autor de homicídio culposo na direção de seu veículo, justificando que o aumento deve-se ao seu maior dever de cuidado, haja vista sua condição de profissional do trânsito. Indiscutível que a decisão é plausível e razoável. Deve o tribunal manter a sentença se concordar com o raciocínio feito para o aumento da pena. E não simplesmente porque o aumento foi bem justificado. Caso os magistrados do tribunal entendessem, por exemplo, que, devido a sua maior exposição ao risco, o maior dever de cuidado não justificasse, por si só, o aumento da pena, deveriam então corrigi-la.

Como diferenciar, então, a livre apreciação das provas de uma seleção pessoal do que se deve ter por relevante para a dosimetria da pena? Esse é o alerta feito por Hassemer:

> Uma compreensão que submete a jurisprudência penal a uma vinculação estrita às suas regras preestabelecidas e a um controle rigoroso do seu processo e de seus resultados — uma compreensão "moderna" portanto — deve observar o § 261 do StPO como uma monstruosidade (Ungeheuerlichkeit). A norma fala de "livre convicção", não de "obediência às regras", de "síntese da discussão", não de dados e acontecimentos concretos indicados; e também a palavra "formada" não se deve apenas ao uso trivial da linguagem, pois tem uma semântica, um significado conceptual que é associado com o "escolher", o "ter por importante", o "prescindir por irrelevante". Não é pouco recordar que o juiz

242 *A determinação da medida da pena privativa de liberdade*, p. 102.

> está vinculado "somente à lei" ou inclusive "à lei e ao direito" e não aos fatos — mas de que serve a vinculação à lei, se o juiz pode escolher e reunir "livremente" os fatos sobre os quais ele aplica a lei em um "estrito" cumprimento das regras?[243]

A única resposta possível para tal questionamento, de cuja vagueza não se pode escapar, é a de que a escolha do que se deve ter por relevante também deve ser orientada por meio das leis e da própria jurisprudência como fonte do direito, formando dinamicamente consensos decisórios (ou seja, permitindo, paradoxalmente, a revisão dos mesmos consensos por meio de dissídios) a respeito desses processos. Somente por meio desses exercícios dialéticos poder-se-á contribuir para a fixação de critérios e, em última análise, reduzir os espaços ainda reservados a considerações de ordem pessoal e outras idiossincrasias que tanto contribuem para tornar os resultados da determinação da pena iníquos.

243 *Introdução aos fundamentos do direito penal*, p. 164.

IV

FINALIDADES ATRIBUÍDAS À PENA

Não obstante a fixação da pena seja um tema tormentoso e polêmico, um consenso parece permear a doutrina dos doutrinadores que dele se ocuparam: não parece ser possível construir, dentro de determinado sistema jurídico, um conjunto de regras que observem a lógica sistemática e ofereçam critérios minimamente claros para o desenvolvimento do cálculo penal sem antes definir quais as finalidades que a pena deverá atingir. Nesse sentido, sintetiza Jescheck: "só depois de definidas com nitidez as finalidades da pena se podem alcançar aqueles dados de facto que revelam, no caso concreto, para a determinação da pena e o critério de acordo com o qual devem ser valorados".[244]

Dessa forma, as finalidades da pena eleitas pelo sistema assumem não apenas um papel de integração das normas, mas também de orientação hermenêutica, fornecendo elementos para aclarar ou preencher os espaços propositadamente deixados abertos pelo legislador no momento de aferição em relação a cada caso concreto. Daí por que seu estudo é vital quando se pretende examinar a determinação da medida da punição.

Como ensina Basileu Garcia, em torno das várias finalidades atribuíveis à pena — castigar ou punir, expiar, eliminar, intimidar, educar, corrigir ou regenerar, readaptar, proteger ou defender — elaboraram-se várias doutrinas ou teorias, algumas das quais, por seu grande número de

---

244 Cf. Apud Anabela Rodrigues. *A determinação da medida da pena privativa de liberdade*, p. 79.

adeptos, foram inclusive denominadas escolas, dividindo-se, basicamente em três grandes grupos: absolutas; relativas ou utilitárias e mistas.[245]

Por uma conveniência para o desenvolvimento do presente estudo, deixa-se de separar a análise e os tópicos, em particular, das escolas ou teorias, preferindo o trabalho discorrer um pouco, mas especificamente, sobre as finalidades propriamente ditas, ainda que com aquelas se possam confundir.

4.1 Retribuição

Única finalidade atribuída à pena pelas teorias absolutas, os adeptos do retributivismo não vêem outro sentido na punição senão impor um mal ao delinquente pelo mal causado pelo cometimento do delito. À punição, em verdade, não se confere qualquer finalidade, na medida em que ela já é um fim em si mesma. Nesse sentido, a retribuição justa é a própria justificativa para a pena (legitimação da intervenção penal), e sua aplicação representa o esgotamento do seu conteúdo.[246]

É o que assinala Mir Puig: "proclamar a função retributiva da pena supõe entender que a finalidade essencial desta se esgota no castigo pelo fato cometido".[247]

Para Kant, um dos maiores expoentes do retributivismo, a dignidade do homem é um fim em si, não podendo o direito fazer dele — punindo-o — um instrumento para a realização de objetivos, seja para a obtenção de um bem para o próprio delinquente, seja para a sociedade.[248] Paradoxalmente, a filosofia kantiana, embora defendesse a dignidade humana, pregava a pena de morte para o homicídio, como resultado da singela equação de talião, retribuindo proporcionalmente

245 *Instituições de direito penal*, p. 66.

246 Cf. Shecaira e Corrêa Júnior. *Teoria da pena*, p. 130.

247 Tradução livre do trecho: "proclamar la función retributiva de la pena supone entender que la finalidad esencial de ésta se agota en el castigo del hecho cometido". *Introducción a las bases del derecho penal: concepto y método*, p. 49.

248 Cf. Anabela Rodrigues. *A determinação da medida da pena privativa de liberdade*, p. 164.

ao mal causado, ainda que a sociedade humana fosse dissolvida a consenso de seus membros, tudo para que cada um continuasse a receber aquilo que merece.[249]

Analisando os reflexos dessa teoria na história do direito penal, Anabela Rodrigues acentua que, embora Kant não tenha conseguido frear o processo de formação utilitária do direito penal, conseguiu, ao menos, objetar que um direito penal fundado tão-somente na teleologia da pena pudesse apresentar-se como um direito penal justo.[250]

Hegel, numa perspectiva distinta de retributivismo, justificava a pena como forma de restabelecer a conformidade com a "vontade geral" — representada pela ordem jurídica —, uma vez que esta foi negada ou quebrada pela "vontade especial" do delinquente. Melhor explicando, o crime é a negação da vontade geral. Contra essa negação surge a pena como forma de reação. É o direito com os olhos para o passado, retrospectivo.[251]

Esse também foi o sentido dado à pena por Carrara: "Êste dano inteiramente moral (§ 118) cria a ofensa a todos na ofensa de um, porque perturba o sossêgo de todos. A pena deve reparar êsse dano com o restabelecimento da ordem, perturbada pela desordem do delito".[252] Isso não quer dizer, afirma o penalista italiano, que a pena não possa cumprir, reflexa e secundariamente, outras funções, mas que, à míngua de quaisquer destas, ainda assim dever-se-ia tê-la por legítima:

> O fim da pena não é que se faça justiça, nem que seja vingado o ofendido, nem que seja ressarcido o dano por êle sofrido; ou que se amedrontem os cidadãos, expie o delinquente o seu crime, ou obtenha a sua correção. Podem, tôdas essas, ser consequências acessórias da pena, algumas delas desejáveis; mas a pena per-

---

249 *Idem, ibidem*, p. 165.

250 *Idem*, p. 164.

251 Cf. Mir Puig. *A determinação da medida da pena privativa de liberdade*, p. 50.

252 *Programa do curso de direito criminal: parte geral*, p. 76.

> maneceria como ato inatacável mesmo quando faltassem todos êsses resultados.[253]

Seja sob a ótica de qualquer um desses enquadramentos, uma concepção absolutamente retributiva do direito penal enfrenta, desde suas premissas, uma problemática insuperável para sua formulação lógica, que é tentar encontrar correspondência quantitativa entre dois elementos heterogêneos, de qualidades distintas, que são o mal da pena para o mal do crime.

Para Beleza dos Santos, essa ambição da retribuição, de encontrar uma ligação de implicação imediata entre a gravidade do crime concreto e da pena concreta, de acordo com um modelo filosófico de proporcionalidade que pressupõe uma relação intrínseca entre as duas grandezas em comparação, é impraticável.[254]

Roxin vai mais longe, pois trata a teoria da retribuição não como um silogismo, mas como uma presunção que não se sustenta racionalmente, atribuindo-a a um ato de fé:

> A teoria da retribuição tampouco é aceitável, porque sua premissa, de que o injusto cometido pelo agente é compensado e saldado pela pena retributiva, é irracional e incompatível com os fundamentos teórico-estatais da Democracia. Ou seja, que um mal (o fato punível) possa ser anulado pelo fato de que agregue um segundo mal (a pena) é uma suposição metafísica que somente pode-se fazer plausível por um ato de fé.[255]

A dificuldade de encontrar equivalências entre elementos qualitativamente distintos não quer dizer, porém, que se deva abandonar a ideia de proporcionalidade no momento de se determinar a medida

---

253 *Ibidem*, p. 74.

254 Cf. Anabela Rodrigues. *A determinação da medida da pena privativa de liberdade*, p. 208.

255 *A culpabilidade como critério limitativo da pena*, p. 9.

da pena. Ao contrário, a proporcionalidade é, como afirmado anteriormente, um princípio a ser observado na aplicação da pena. O que se rejeita, contudo, é ter na proporcionalidade um valor em si mesmo, ou a única depositária da legitimação e justificação do direito penal ou do princípio retributivo. Não parece demasiado lembrar que é possível construir escalas de pena completamente distintas do ponto de vista valorativo e, mesmo assim, obedecer, internamente, uma rigorosa proporcionalidade.

Nesse sentido, é bem oportuna a descrição da proporcionalidade do suplício que faz Foucault:

> O suplício faz correlacionar o tipo de ferimento físico, a qualidade, a intensidade, o tempo dos sofrimentos com a gravidade do crime, a pessoa do criminoso, o nível social de suas vítimas. Há um código jurídico da dor; a pena, quando é supliciante, não se abate sobre o corpo ao acaso ou em bloco; ela é calculada de acordo com regras detalhadas: números de golpes de açoite, localização do ferrete em brasa, tempo de agonia na fogueira ou na roda (o tribunal decide se é o caso de estrangular o paciente imediatamente, em vez de deixá-lo morrer, e ao fim de quanto tempo esse gesto de piedade deve intervir), tipo de mutilação a impor (mão decepada, lábios ou língua furados). Todos esses diversos elementos multiplicam as penas e as combinam as penas e se combinam de acordo com os tribunais e os crimes; [...].[256]

Malgrado todos os seus inconvenientes, as teorias da pena retributiva tiveram o mérito de reforçar a noção de limite como elemento essencial para a concepção de uma punição que se pretenda justa.

4.2 Prevenção

Que a pena exerce, em maior ou menor medida, na coletividade e em parte dos indivíduos condenados, uma função preventiva poucos

256 *Vigiar e punir*, p. 34.

duvidam. Contudo, quando se questiona se essa medida, em termos de eficácia, é razoável ou ínfima, se a prevenção (geral e/ou especial) deve ser a finalidade principal da pena ou apenas um efeito secundário desta e como se deve dosar a pena para a obtenção da prevenção, os consensos praticamente desaparecem.

Uma dificuldade que se apresenta, desde logo, é a impossibilidade de aferição da eficácia da lei em termos preventivos. Inúmeras e variadas são as razões que podem levar uma pessoa a deixar de cometer um determinado delito. Tais razões, conjunta ou separadamente, podem ser de ordem ética, moral individual, religiosa, familiar, medo de ser descoberto e reprovado socialmente (vergonha), medo não apenas de ser descoberto, mas de sofrer a punição em si, dentre outras tantas.

Outro obstáculo que se coloca para a elaboração de uma teoria preventiva reside no fato de que se tem por objeto algo ou um conceito — que se convencionou chamar de "crime" — que engloba um universo altamente variado de comportamentos. Chama-se de crime e nessa qualidade pretende-se evitar desde um ato imprudente que causou lesões corporais no trânsito, até o homicídio doloso, passando pela corrupção, pelos crimes tributários, pelos financeiros, pela tortura, pelos crimes patrimoniais com violência, sem violência, crimes contra a liberdade sexual, contra a propriedade intelectual ou industrial.

Atento a essa diversidade de fenômenos sociais, já em 1975, o professor español Manuel Lopez-Rey, criminólogo que dirigiu, por vinte anos, a Seção de Prevenção do Delito e Tratamento do Delinquente da Organização das Nações Unidas, advertia que uma estratégia de prevenção do delito concebida do ponto de vista causal pouco tem para contribuir. Isso porque, visto como fenômeno sociológico complexo, o crime escapa das relações de determinação ou de causa/efeito absolutas. Vale dizer, ainda que determinadas condições estejam presentes, não é certo que tal fenômeno (o crime) ocorra. E pior, muitas vezes, o crime ocorre sem que para tal estivessem presentes as condições tradicionalmente vistas naquele tipo de circunstância.

Desse modo, explica o estudioso, é justamente por entender que as causas do crime são complexas e nem sempre determináveis que a estratégia de prevenção deve afastar-se das causalidades estrita e especificamente consideradas, para buscar um enfoque histórico, que atue em áreas relevantes para a prevenção. No seu dizer, "tais áreas são numerosas, variam constantemente em extensão e importância e apresentam características ambivalentes". São elas: a) o alcoolismo; b) a corrupção e o crime organizado; c) a educação; d) o desenvolvimento econômico; e) a população (enfocando a explosão populacional e demográfica); f) o sistema penal; g) a toxicomania; h) a urbanização; i) a violência; e j) outros aspectos (tais como a família, o turismo, etc.). Ao enfocá-las o autor ressalta que não se trata de um rol exaustivo, mas apenas exemplos de zonas nas quais as relações humanas, o jogo das instituições, as ideologias, os interesses, os grupos e classes, manifestam-se de forma relevante para a prevenção do delito.[257]

Conforme se pode depreender do raciocínio desenvolvido acima, o sistema penal é apenas uma dentre tantas outras zonas de interesse para a prevenção do crime. Isso não quer dizer que sua missão seja diminuta. O que se quer dizer, porém, é que tal constatação, contudo pareça óbvia, é bastante significativa, sobretudo para retirar do direito penal dois papéis míticos que lhe são conferidos pelo senso médio e que não lhe cabem: o de resolver o problema da criminalidade[258] e o de resolver problemas sociais. Compreendida, assim, a limitação da capacidade do direito penal em prevenir o crime, passa-se a examinar as denominadas prevenção geral e especial.

4.2.1 Prevenção geral

A aposta na capacidade da punição de evitar o crime foi manifestada de forma explícita há muito tempo.

---

257 Manuel Lopez-Rey. *Criminología: teoría, delincuencia juvenil, prevención, predicción y tratamiento*, p. 325- 326 e ss.

258 Nesse aspecto, cumpre ressaltar que a criminalidade só pode ser vista como um fenômeno que integra e faz parte de qualquer organização social. Assim, somente a medida de sua incidência e sua capacidade de comprometer os objetivos buscados pela coletividade é que devem orientar a política de prevenção. Em outras palavras, o crime só pode ser tratado e não "solucionado".

No tempo da Roma antiga, por exemplo, algumas passagens dos textos de jurisconsultos clássicos, contidos no Digesto, demonstram a confiança nesse atributo da lei. Vide em Marcianus (D. 48.3.6.1): Vindicet in exemplum ne quid et aliud postea tale facere moliatur (Castigue exemplarmente para que ninguém mais se atreva a fazer coisa semelhante). Em Ulpianus (D. 48.19.6.1) Ut exemplo deterriti minus delinquant (Para que os dissuadidos pelo exemplo cometam menos delitos).[259]

Essa ideia de prevenção, chamada de prevenção geral, é dirigida à coletividade e destinada a conter a criminalidade latente da sociedade. Em seu sentido moderno, foi defendida por Feuerbach, Filangieri e Bentham. Como anota Mir Puig, a inovação de Feuerbach (1775-1833) consistiu em trasladar a exemplaridade, que antes era confiada sobretudo ao momento das brutais execuções das penas, para o momento da cominação das mesmas, oportunidade em que, servindo como ameaça e operando com o mecanismo da coação psicológica, já transmitiriam a mensagem com a finalidade de conter o comportamento criminal.[260]

Essa função da pena, de procurar frear o comportamento criminal, servindo apenas ou principalmente como meio de intimidação, não só pode desencadear uma escalada progressiva de elevação das punições, como também, em razão desse aumento desenfreado, abalar a legitimidade e a aceitação social das punições. Esse viés da prevenção geral, chamado também de "negativo", recebeu inúmeras críticas e advertências, sobretudo pela possibilidade de perversão dos efeitos desejados. Veja-se, nesse sentido, a advertência de Carrara:

> É evidente a perniciosidade das consequências a que, por fôrça da lógica, inevitàvelmente conduzem a intimidação e a correção, consideradas como fim primário da penalidade. A intimidação leva a um acréscimo perpètuamente progressivo das penas, porque, mostrando o delito cometido, de modo positivo, que certo culpado não

259 Cf. Giordani. *Direito penal romano*, p. 21.

260 *Introducción a las bases del derecho penal: concepto y método*, p. 53.

> têve medo da pena, persuade de que para atemorizar aos demais é necessário exacerbá-la.[261]

Sobre as demais consequências nefastas de uma tal concepção de prevenção, Sousa e Brito adverte:

> [...] que do ponto de vista da prevenção geral a culpa é só um limite além do qual a intimidação é ineficaz ou contraproducente porque deixa fortalecer os sentimentos éticos da comunidade e pode provocar a revolta ou o embotamento moral, e aquém do qual ficam por apaziguar os sentimentos de vingança.[262]

Mercedes García Arán também alerta que a prevenção geral, no momento da individualização judicial da pena, é a que mais riscos oferece à racionalidade do sistema, na medida em que se aumenta a pena para o fim de intimidar, mas não se consegue explicar, de forma razoável, como é que esse aumento servirá efetivamente para conseguir tal intento.[263]

Por essas razões, nos dias atuais,[264] o que se busca é o aspecto "positivo" da prevenção geral.

---

261 *Programa do curso de direito criminal*, p. 76.

262 *A medida da pena no novo Código Penal*, p. 560.

263 *La prevención general en la determinación de la pena*, p. 516.

264 Embora se refira aqui aos dias atuais, não se pode olvidar da lição de Beccaria, que via maior eficácia na certeza da punição do que no rigor do castigo: "Um dos maiores freios aos delitos não é a crueldade das penas, mas sua infalibilidade e, em consequência, a vigilância dos magistrados e a severidade de um juiz inexorável, a qual, para ser uma virtude útil, deve vir acompanhada de uma legislação suave. A certeza de um castigo, mesmo moderado, causará sempre a impressão mais intensa que o temor de outro mais severo, aliado à esperança de impunidade; pois os males, mesmo os menores, se são inevitáveis, sempre espantam o espírito humano, enquanto a esperança, dom celestial que frequentemente tudo supre em nós, afasta a ideia de males piores, principalmente quando a impunidade, concedida amiúde pela venalidade e pela fraqueza, fortalece a esperança" (*Dos delitos e das penas*, p. 91-92).

Embora com concepções um tanto variadas,[265] uma das vertentes da prevenção geral positiva é a chamada prevenção "fundamentadora", "compensadora", "integradora" ou "estabilizadora". Para essa corrente, que tem em Jakobs seu grande defensor, previne-se positivamente na medida em que se pretende:

> [...] assegurar o restabelecimento e a manutenção da paz jurídica perturbada pelo cometimento do crime através do fortalecimento da consciência jurídica da comunidade no respeito pelos comandos jurídico-criminais ou, por outras palavras, garantir a estabilização das expectativas comunitárias na validade e na vigência da norma violada.[266]

---

265 Silva-Sánchez destaca ao menos duas vertentes: "uma de caráter mais contratualista, que associa a obtenção da finalidade de prevenção geral à coincidência da sanção com a 'representação do justo' existente em uma determinada comunidade em um dado momento (assim, por exemplo, Neumann ou Hassemer); e outra de caráter mais institucionalista, que associaria a obtenção de tal finalidade à realização de uma contribuição ao funcionamento do sistema, ou melhor, em termos mais distantes da sociologia dos sistemas, à obtenção de um bem comum para a sociedade não necessariamente de acordo com um critério contratualista ou discursivo (Jakobs)". Tradução livre do trecho: "una de signo más contractualista, que asocia la obtención de la finalidad de prevención general a la coincidencia de la sanción con la 'representación de lo justo' existente em una determinada comunidad en un momento dado (así, por ejemplo, Neumann o Hassemer); y otra de signo más institucionalista, que asociaría a obtención de tal finalidad a la realización de una contribución al funcionamiento del sistema, o bien, en términos más distantes de la sociología de los sistemas, a la obtención de un bien común para la sociedad no necesariamente entendido con un criterio contractualista o discursivo (Jakobs)." (*¿Política criminal del legislador, del juez, de la administración penitenciária? Sobre el sistema de sanciones del Código Penal español*, p. 280).

266 Seguindo Anabela Rodrigues. *A determinação da medida da pena privativa de liberdade*, p. 321. De uma certa maneira, Carrara já via a pena como um meio de reafirmar a confiança na norma e na ordem jurídica, como revela a seguinte passagem de sua obra: "Mas o delito ofendeu à sociedade, violando suas leis; ofendeu a todos os cidadãos, diminuindo nêles a opinião da própria segurança e criando o perigo do mau exemplo. [...] Mas o perigo que ameaça a todos os cidadãos principiou agora, isto é, o perigo de que o perverso, se for deixado impune, contra outros renove

Em outras palavras, como registra Oswaldo Henrique Duek Marques, numa concepção de prevenção geral positiva, mesmo após a prática da infração de uma norma, esta continua a vigorar, pois a imposição da pena presta-se justamente à reafirmação dessa vigência e, portanto, à manutenção da confiança nas relações sociais.[267] Lembra, ainda, o referido professor que, para esta linha da prevenção geral positiva, a pena não tem o poder de reparar o dano ou de evitar a sua produção, mas tão-somente "o poder de demonstrar que o agente, com seu comportamento, não se organizou corretamente, para manter-se nos moldes traçados pelas normas de conduta", servindo, assim, à "orientação dos cidadãos para o cumprimento das normas inseridas no contrato social".[268]

Tais dimensões da prevenção geral "positiva" não escapam, entretanto, de críticas no tocante à estreita observância de critérios racionais. Com efeito, na esteira da advertência formulada por Luzón Peña, as exigências que a sociedade pode colocar para manter a fidelidade ao direito, e a sua segurança e confiança no mesmo, podem ser muito superiores — em termos de impulsos, agressividade e emoções — e menos fundadas do que aquelas requeridas para a prevenção geral de intimidação.[269]

Também vale recordar a crítica de Anabela Rodrigues à concepção de prevenção geral positiva de Jakobs. Sustentando que a pena tem como função apenas assegurar o funcionamento do sistema jurídico, a concepção de Jakobs prescinde de limites representados por conceitos materiais, não só de bem jurídico, de culpa e da concreta necessidade

---

as suas ofensas, e o perigo de que outros, encorajados pelo mau exemplo, também se entreguem a violar as leis. Isto excita, naturalmente, o efeito moral de um temor, de uma desconfiança na proteção da lei, em todos os associados que nutrem, à sua sombra, a consciência da própria liberdade" (*Programa do curso de direito criminal*, p. 75).

267 *Fundamentos da pena*, p. 104-105.

268 *Ibidem*.

269 Cf. Anabela Rodrigues. *A determinação da medida da pena privativa de liberdade*, p. 320.

de pena preventiva, ou seja, pouco importa limitar ou não o que deve ser punido ou o limite de como se deve punir.[270]

Nesse mesmo sentido, Duek Marques lembra que uma prevenção geral positiva exclusivamente "fundamentadora" incorre não apenas no perigo de gerar uma escalada ascendente das penas, mas também de possibilitar um excessivo alargamento do direito penal como instrumento de controle, quando diz:

> A principal crítica à teoria da prevenção geral positiva fundamentadora refere-se à possibilidade dela ampliar a tendência da resposta penal diante dos problemas sociais, sendo, portanto, contrária ao Direito Penal mínimo postulado pelas correntes mais progressistas, dentre as quais, a Nova Defesa Social, já estudada. Além disso, a teoria fundamentadora, conduzida ao extremo, nega o critério de proporcionalidade entre a pena e a violação do bem jurídico tutelado pela norma.[271]

De fato, a ideia da prevenção geral positiva "fundamentadora", que vê o cumprimento da norma como um fim em si mesmo, é bastante criticável. O direito e o Estado estão a serviço do homem e não o contrário. Assim, é válida a preocupação em reafirmar o Direito, mas isso, por si só, está muito longe de ser suficiente.

Outro, porém, é o viés traçado pela prevenção geral positiva "limitadora", defendida por Roxin. Para o autor alemão, a culpabilidade aparece como limite à intervenção estatal e à prevenção geral, impedindo que o indivíduo seja transformado em instrumento e que, portanto, a pena seja imposta para além da reprovabilidade da conduta.[272] Outra limitação, a de caráter material, reclamada por Anabela Rodrigues em relação à concepção de Jakobs, seria contemplada pela vertente da prevenção geral positiva de Roxin, na medida em que este "postula

270 *Derecho penal: parte general: fundamentos y teoría de la imputación*, p. 366.

271 *Fundamentos da pena*, p. 106.

272 Cf. Oswaldo Henrique Duek Marques. *Fundamentos da pena*, p. 106.

um direito penal mínimo, de natureza subsidiária, no qual somente se podem punir as lesões a bens jurídicos, se essa punição for indispensável para uma vida comum ordenada" e "almejar fins socialmente construtivos com utilização de medidas que propiciem o desenvolvimento da personalidade do indivíduo".[273]

Particularmente no momento da individualização judicial, essa concepção "limitadora" da prevenção geral positiva ganha especial relevo. Com efeito, não se pode advogar a renúncia à prevenção geral positiva. A pena pode e deve continuar a exercer esse papel, desde que reflexa e limitadamente. O que se discorda, porém, é que essa seja uma função a ser conferida à pena pelo magistrado. A prevenção geral positiva, com o restabelecimento e a manutenção da paz jurídica, garantindo a estabilização das expectativas comunitárias na validade e na vigência da norma violada, é preservada no momento da cominação abstrata da pena e complementada pela efetiva aplicação de qualquer pena dentro dos limites previstos. De fato, a individualização legislativa traça uma moldura punitiva — ainda que esta não tenha mais um mínimo, mas disso tratar-se-á mais adiante —, cuja sujeição do violador da norma é o bastante para a reafirmação do direito e da tutela jurídica exercida pela norma. Quanto ao limite máximo, servirá como critério de contenção do quantum o bem jurídico que se pretende proteger. É a essa perspectiva de punição que se deve prestar à prevenção geral.

O juiz, então, não deve ocupar-se com a prevenção geral, pois os moldes traçados pelo legislador já lhe fazem referência. É o que assinala García Arán:

273 *Idem, ibidem.* Interessante também é a crítica de Anabela Rodrigues à concepção da prevenção geral positiva de Roxin. Embora reconheça que Roxin afaste o princípio da compensação da culpa como fundamento do direito penal e a veja apenas como limite superior da pena, ao analisar a visão da prevenção geral positiva do alemão, a autora portuguesa chama-a de "versão disfarçada da retribuição", dado que algumas referências recorrentes no seu pensamento sugerem tal ideia, tais como: 'proporcionalidade entre culpa e pena sentida como justa', 'pena sentida como justa pela generalidade' ou 'medida da pena sentida como justa pelo delinquente' e pena 'sentida como adequada pela generalidade e pelo sujeito" (*A determinação da medida da pena privativa de liberdade*, p. 335).

> Parece-me evidente uma confusão entre a incumbência do legislador e do juiz: a lei penal deve prever os potenciais fatos delitivos e fixar o mínimo de pena que considera suficiente para evitá-los, atendendo a critérios de proporcionalidade, mas o juiz não deve preocupar-se com a atuação posterior dos cidadãos que não estão — no momento — submetidos ao juízo e muito menos "preocupar-se" aumentando a sanção daquele que se julga naquele momento. Isso, creio, seria instrumentalizar o réu com fins de prevenção geral; considera-se instrumentalização a utilização da fase judicial de determinação da pena para perseguir fins aos quais se decida a cominação penal e que inclusive devem fazer parte outros setores distintos da política estatal alheios ao Direito penal. Que as instâncias anteriores de controle tenham falhado não é motivo suficiente para que se recorra a uma maior severidade da pena nesse momento.[274]

Na mesma direção aponta Marcos Alexandre Coelho Zilli:

> Nem se argumente que a crescente incidência de crimes que tais é fator para se estabelecer como regra fundamental, na atividade jurisdicional, a obrigatoriedade do regime mais severo de cumprimento da pena privativa de liberdade. A seguir tal

274 Tradução livre do trecho: "Me parece evidente una confusión entre el cometido del legislador y el del juez: la ley penal debe prever los potenciales hechos delictivos y fijar el mínimo de pena que considera suficiente para evitarlos, atendiendo a criterios de proporcionalidad, pero al juez no debe preocuparle la actuación posterior de ciudadanos que no están – por el momento – sometidos a juicio y mucho menos 'preocuparse' incrementando la sanción del que en ese momento se juzga. Ello, creo, sería instrumentalizar al reo con fines de prevención general; supone instrumentalización el utilizar la fase judicial de determinación de la pena para perseguir fines a los que se consagra la conminación penal y que incluso deben formar parte de otros sectores distintos de la política estatal ajenos al Derecho penal. El que instancias anteriores de control hayan fallado no es motivo suficiente para que se recurra a una mayor severidad de la pena en ese momento". (*La prevención general en la determinación de la pena*, p. 520).

> linha, estaríamos, inexoravelmente, estabelecendo uma regra de grandezas. E, esta, nos conduziria ao tratamento jurisdicional benéfico de suposto roubo ocorrido em uma sociedade — utópica — na qual a incidência de tal modalidade fosse inexistente e, portanto, não causadora de "intranquilidade social". Reconheça-se não haver lógica em tal ilação. A reprovabilidade da conduta não é diretamente proporcional à quantidade de sua realização. Com efeito, a comoção social gerada por um crime certamente será, igualmente, intensa naquele grupo que, porventura, nunca tenha experimentado tal acontecimento.[275]

Aliás, a depender da intensidade da incidência de determinada prática criminosa, poderá[276] haver uma ruptura de legitimação da punição da referida conduta. Isso porque, tomando-se por hipótese um Estado Democrático de Direito, em que, ao menos em tese, o poder emana do povo, é exercido pelo e para o povo, quando a maior parte deste pratica determinada conduta criminosa é sinal de que esse mesmo povo não desaprova tanto assim essa prática a ponto de ser sustentável a sua manutenção entre as condutas tidas por criminosas.

Concebendo a prevenção geral como consequência e não como objetivo ou efeito principal da pena, vale, ainda, transcrever a lição de Zaffaroni e Pierangeli:

> Cabe aclarar que a afirmação de que a pena cumpre juridicamente uma função de prevenção não geral não significa que socialmente não cumpra uma função de prevenção geral, ainda que de forma eventual e de maneira alguma necessária. A pena segue sendo pena, porque para ressocializar é necessária a privação de

---

275 *Individualização da pena. Da liberdade, da discricionariedade, do automatismo e de outras coisas*, p. 274.

276 Utiliza-se aqui o verbo "poder" com o especial propósito de ressalvar que a legitimidade da reprovação de uma conduta não está baseada única e exclusivamente na regra maioria/minoria. Vale dizer, o fato de a maioria de um povo não reprovar determinada conduta não quer dizer necessariamente que esta esteja legitimada, tampouco necessariamente retirará a legitimidade de sua punição.

> alguns bens jurídicos, o que sempre terá um conteúdo penoso para quem o sofre. Se esta privação põe em marcha mecanismos conscientes ou inconscientes que servem a uma prevenção geral, é uma questão que compete aos sociólogos, já que este é um fato social, em alguns casos inegável, embora menos frequente do que se costuma afirmar. Este é um efeito tangencial da pena, mas é inadmissível que o legislador o tenha em conta como seu objetivo principal e menos ainda como único.[277]

Assim sendo, a ideia de prevenção geral positiva está vinculada à atividade de individualização legislativa, que em última análise fornecerá uma moldura. Dentro destes limites, ou seja, dessa margem de discricionariedade vinculada, o magistrado deverá encontrar a pena orientando-se segundo a culpabilidade e as necessidades de prevenção especial.

4.2.2 Prevenção especial

Outra função atribuída à pena é a de estimular o condenado a comportar-se de acordo com os valores eleitos pelo sistema, respeitando os bens jurídicos tutelados pela norma, ou seja, evitando que o mesmo volte a delinquir. Grosso modo, essa é a ideia de prevenção especial. Contudo, várias e diferentes maneiras costumam ser associadas para a consecução desse intento, sendo comum agregar-se a essa finalidade conceitos abertos como o de correção, reeducação, reintegração e ressocialização.

Algumas dessas ideias são bastante antigas, como já se podia observar do Digesto, na Roma antiga: "Paulus (D. 48.19.20) chama a atenção para a função corretiva da pena: poena constituitur in emendationem hominum (a pena se constitui para a emenda dos homens)".[278]

Mas foi com a chamada Escola Positiva que as atenções se voltaram de forma mais significativa para a pessoa do criminoso. Muito embora

---

277 *Manual de direito penal brasileiro: parte geral*, p. 105.

278 Cf. Giordani. *Direito penal romano*, p. 22.

depositasse demasiada atenção ao conceito de periculosidade, conduzindo à ideia da indeterminação das penas, o que hoje não mais se cogita, o principal mérito dessa doutrina foi tornar relativa a importância da compensação pela culpa (retribuição),[279] preocupando-se com os fatores que concretamente são importantes para a prevenção, tais como os motivos determinantes do crime.

Como registra Basileu Garcia, esse é um critério fundamental para o sistema da Escola Positiva, aparecendo tal indagação psicológica em grande destaque na obra de Ferri, um de seus adeptos, para quem o julgador criminal não pode dispensar semelhante análise.[280] Ilustrando também essa mudança de paradigmas, é de conferir a análise de José Frederico Marques, que, com apoio em Fontán Balestra, afirma: "Os positivistas, entendendo que se deve partir do princípio de que se faz necessário antes evitar o delito que reprimi-lo, vêem na pena uma providência de caráter preventivo para servir como instrumento de reeducação e readaptação do delinquente para a vida social".[281]

Também para os chamados correcionalistas a pena deveria ser marcadamente caracterizada com o fim de prevenção especial. Para Roeder, então professor da Universidade de Heidelberg e grande expoente dessa corrente, a punição tinha como objetivo "corrigir a injusta e perversa vontade do criminoso".[282] Dorado Montero, seguidor da mesma doutrina, entendia que a pena não deveria ter índole de castigo, mas apenas

279 Cf. Basileu Garcia: "Não se pode conceber o Direito Penal à revelia do delinquente. Todavia, a preocupação da Escola Clássica com a pessoa do criminoso é acidental e secundária, ao passo que na Escola Positiva é primordial. A Escola Clássica estuda o delito como uma entidade jurídica. A Escola Positiva dá maior importância ao delinquente que ao delito. Para ela, a periculosidade do delinquente é dominante na fixação dos problemas relativos à prevenção e à repressão" (*Instituições de direito penal*, p. 79).

280 *Idem, ibidem*, p. 101.

281 *Curso de direito penal*, p. 109.

282 Cf. Basileu Garcia. *Instituições de direito penal*, p. 70-71.

servir de método corretivo e tutelar a fim de redimir o delinquente, ou, ainda, torná-lo um homem de bem.[283]

Atualmente, também a prevenção especial é dividida no seu aspecto positivo e negativo. Em seu cariz negativo, a prevenção especial, ao prender o delinquente, termina por neutralizá-lo,[284] fazendo com que este deixe de prejudicar e colocar em risco a sociedade. Atuando positivamente, a pena volta-se ao objetivo de reeducá-lo, transmitindo-lhe valores que o impeçam de tornar a delinquir.[285]

Sem pretender mascarar a evidência, lembrada por Oswaldo Henrique Duek Marques, de que "é impossível cogitar uma neutralidade por parte do educador na socialização do delinquente",[286] tem-se entendido que a reeducação e a ressocialização não são metas a serem atingidas às custas da alteração da personalidade ou dos valores particulares do indivíduo — aqui entendidos como aqueles concernentes às escolhas meramente morais —, mas tão-somente na medida suficiente para que o mesmo não volte a cometer delitos.

É o que preconiza Choclán Montalvo, para quem a reinserção não significa manipulação do indivíduo com base em uma escala de valores autoritariamente imposta, mas, sim, reorganização social do mesmo ambiente onde se produziu o conflito.[287] Assim, por exemplo, a oportunidade de emprego e/ou a promoção social da família do condenado em certos casos de crimes patrimoniais, dos crimes contra o meio ambiente, o tratamento multidisciplinar para os dependentes de droga (inclusive aqueles que fazem do crime patrimonial ou do pequeno tráfico a fonte de subsistência de seu vício).

E como fazer isso? Ou melhor, como lançar mão desses mecanismos, adaptando-os às razões de necessidade peculiar de cada indivíduo?

---

283 *Idem, ibidem.*

284 Expressão utilizada por Shecaira e Corrêa Junior, *Teoria da pena*, p. 133.

285 Cf. Nucci. *Individualização da pena*, p. 76.

286 *Fundamentos da pena*, p. 114.

287 Cf. Nucci. *Individualização da pena*, nota de rodapé n. 64, p. 90.

Interessante notar que Carrara, embora fosse defensor dos valores da Escola Clássica, admitindo a prevenção não como fim, mas como uma consequência da pena, com uma percepção incomum aos seguidores da referida doutrina, pregou a necessidade de ajuste individualizado da punição, dada a sensibilidade variável dos condenados aos rigores da pena:

> A variedade de condições em que pode achar-se o indivíduo culpado produz o efeito inevitável de que a fôrça física objetiva da pena (duração e intensidade da pena) nem sempre conserve, na prática, proporção idêntica à da fôrça física subjetiva (atos materiais irrogados contra o condenado); e daí decorre que à identidade da fôrça subjetiva corresponde uma diferença muito sensível na fôrça física objetiva. Esta verdade se percebe intuitivamente. As mil liras de multa, e os vinte anos de galés são sempre iguais entre si na fôrça subjetiva, embora se apliquem a indivíduos diversos. Variam, porém, necessà-riamente, na fôrça física objetiva (representada pelo resultado moral que o suplício excita no espírito dos cidadãos), conforme se apliquem ao rico ou ao pobre, ao jovem ou ao velho, ao são ou ao enfêrmo. Daí graves dificuldades e dúvidas na distribuição prática da pena.[288]

Para Welzel, igualmente, a pena deve ser adaptada a cada indivíduo tomando em consideração a sensibilidade variável de cada um em relação aos efeitos provocados pelo cumprimento da pena. Diz o autor alemão que uma mesma pena, aplicada para o mesmo fato, pode ser um episódio curto e único na vida de uma pessoa (e, portanto, justo), enquanto para outro pode significar o fracasso de sua vida.[289]

---

288 *Programa do curso de direito criminal*, p. 80-81.

289 Welzel também faz referência à diferença de sensibilidade dos condenados em relação ao presídio, principalmente, entre o que cumpre a pena pela primeira vez e outro que já passou várias vezes pela mesma experiência (*Derecho penal alemán: parte general*, p. 306).

Embora sob outro viés, mas apontando para a mesma direção, vale recordar, por exemplo, o alerta feito por Zaffaroni e Pierangeli no sentido de que, para a determinação da pena, o juiz também deverá considerar a expectativa de vida do condenado:

> De fato, a pena é cumprida sempre num tempo existencial, embora seja sempre pronunciada em um tempo linear. A contradição maior entre eles são as penas absurdas, que ultrapassam a vida das pessoas. Mas, ainda que sem atingir essas contradições absurdas, existe sempre uma contradição que, em determinados casos, leva à irracionalidade ou à crueldade. Uma pena de vinte anos não é igual para quem tem sessenta e para que tem trinta. Semelhante é o caso para aquele que tem menores expectativas de vida, como ocorre com os doentes de Aids, de câncer e outras moléstias de cura incerta.[290]

Com efeito, se a prevenção especial é uma das finalidades essenciais da pena e sua essência é prospectiva, não há como deixar de considerar variantes que interferirão nos seus resultados, como estes exemplificativamente trazidos acima, o que, por evidente, não mascara as dificuldades de aferição desses elementos no momento da determinação da pena.

A essas dificuldades de dosagem da pena somam-se outras. Muitas vezes, alguns criminosos nitidamente não necessitam do que se convencionou chamar de ressocialização ou reeducação. Exemplos são alguns criminosos passionais e os criminosos do colarinho branco.[291]

---

290 *Manual de direito penal brasileiro*, p. 786.

291 Sobre a dificuldade e a sugestão para uma conceituação de crime de colarinho branco, Claúdia Cruz Santos afirma: "O reconhecimento quer de algumas das vicissitudes da definição inicial, quer das várias críticas apontadas às propostas mais recentes — aliado ao facto de estas, na nossa opinião, ao estenderem o whitecollar crime a agentes sem white-collar, o desvirtuarem inteiramente — não tem como consequência necessária o abandono da teoria do crime de colarinho branco. Com efeito, talvez esta possa aproveitar o que de útil reside em cada uma das concepções em confronto para atingir um conceito sem dúvida mais estreito mas, a nosso ver, mais operativo. A ser assim, o crime de colarinho branco deveria, segundo cremos,

Não raro são pessoas perfeitamente integradas socialmente e com níveis educacionais iguais ou superiores à média da população. O que fazer então? Primeiro, é preciso delinear o conceito de educação e, por conseguinte, o de reeducação. A educação formal, ou seja, aquela aprendida na escola e na universidade, contudo contribua, nem sempre introjeta e/ou consolida a incorporação de valores como o respeito — em todos os sentidos possíveis, seja pela vida, pelo patrimônio, pela liberdade sexual, pela liberdade de opinião, pela liberdade religiosa, pela raça, pela origem nacional, entre outros — ao próximo. Dentro desse contexto, o desrespeito a esses bens jurídicos por parte de alguém socializado e/ou formalmente educado não implica que se renunciem às instâncias de controle, ou seja, à pena. Isso também não quer dizer, assim como em qualquer outro tipo de caso ou em relação a qualquer outro indivíduo, que a pena deva ser necessariamente a de encarceramento, como pregam alguns que defendem, de forma residual, a retribuição.[292] Outras formas de reeducação e ressocialização podem ser eficazes para evitar a reincidência, tais como a terapia comportamental (para alguns crimes passionais), a aproximação e o fomento do convívio nos delitos

---

preservar o seu núcleo essencialmente subjectivo, restringindo-se às infrações penais cometidas por agentes especialmente influentes — advindo o seu poder de uma privilegiada posição social, económica, profissional ... — no exercício de uma ocupação legítima, mas sem se prescindir da caracterização do modus operandi adoptado para o cometimento do crime". *O crime de colarinho branco, a (des) igualdade e o problema dos modelos de controlo*, p. 203-204. "Especificamente sobre a prevenção e a repressão dos crimes do colarinho branco, conferir o texto de Leonardo Massud: "O crime do colarinho branco, numa perspectiva criminológica". *Revista dos Tribunais*, ano 94, v. 833, mar. de 2005, p. 450-454.

292 Dentre estes, Guilherme de Souza Nucci revela essa sua posição ao rebater os críticos da prevenção especial positiva: "Críticos dessa visão argumentam que há condenados que não necessitam de pena (sob o aspecto de neutralização pela prisão, com consequente reeducação, pois não tornarão a delinquir, como ocorre, muitas vezes, com os autores de delitos passionais. Sem dúvida, tal dedução é válida e, justamente por isso, a pena não tem somente o caráter preventivo especial. Há que se considerar a face retributiva, que, como já afirmado, não pode ser olvidada, bem como a reafirmação dos valores da norma e do efeito intimidatório para os demais destinatários da norma" (*Individualização da pena*, p. 91).

de intolerância (fruto de preconceito racial, religioso, em razão da opção sexual, dentre outros). Para alguns casos de crime do colarinho branco, porém, aos quais tentativas de reeducação possam ser inúteis ou inócuas, a obrigação de realizar trabalhos comunitários durante longos períodos, por exemplo, pode funcionar em termos de prevenção especial positiva, tanto ou melhor do que a prisão, na medida em que alguns condenados por esses crimes podem sentir, no cumprimento dessa pena, uma desvantagem ou um preço alto demais a se pagar pelos benefícios da atividade ilícita.

V

DA FIXAÇÃO DA PENA

5.1 Evolução no direito brasileiro

Como registra Aníbal Bruno, a prática punitiva dos povos indígenas que habitavam o Brasil à época do descobrimento, principalmente em vista de sua brutal subjugação pelos conquistadores, não teve o condão de influenciar a legislação brasileira.[293]

Por outro lado, embora em 1500, quando da chegada das primeiras embarcações portuguesas, vigorassem, desde 1446, no Reino de Portugal as Ordenações Afonsinas, e posteriormente, em 1521, estas tivessem sido substituídas pelas Ordenações Manuelinas, a incipiente colonização levada a efeito no princípio do século XVI e a divisão do território brasileiro em capitanias hereditárias — cuja Carta de Doação conferia aos donatários amplos poderes, inclusive no que se referia à jurisdição de escravos, gentios, peões e homens livres — fizeram com que somente as Ordenações Filipinas, de 1603, tivessem aplicação efetiva no Brasil, especialmente pelo fato de que apenas após a criação da Relação da Bahia, em 1609, foi organizada de forma concreta a administração da justiça no País.[294] Dessa forma, o exame da fixação da pena ao longo da legislação brasileira partirá deste último compêndio e não dos demais acima referidos.

---

293 *Direito penal: parte geral*, p. 169.

294 Cf. Zaffaroni e Pierangeli. *Manual de direito penal brasileiro*, p. 209.

5.1.1 Ordenações Filipinas

Compostas de cinco livros, as Ordenações Filipinas dispõem a respeito dos oficiais do rei (Livro I), sobre as classes privilegiadas (nobreza e clero), fontes do direito, jurisdição e poderes (Livro II), sobre normas processuais (Livro III), direito civil (Livro IV) e, finalmente, sobre direito penal, no Livro V.[295]

Como já mencionado anteriormente, no Livro V das Ordenações Filipinas, a pena de morte, em suas variadas e cruéis formas, era prevista para um largo espectro de condutas tidas por criminosas, tais como a bigamia, o incesto, os adúlteros e os moedeiros falsos. Além destas, outras, de caráter corporal, eram também cominadas para um grande número de infrações. Num misto de despotismo e beatice, que confundia crime com pecado, como criticava Batista Pereira, a codificação não media a pena pela gravidade da culpa. A medida da pena somente visava a atender a um critério utilitário, o de aterrorizar a população.[296]

Nesse sentido, grande parte das cominações, fossem da pena de morte ou de penas corporais, era fixa e não deixava, por esta razão, qualquer espaço para uma individualização judicial da pena. Não obstante ser essa a tônica da legislação colonial, podia-se observar, outrossim, o excesso de arbítrio e a indeterminação das penas em certas passagens do Livro. Utilizou-se, muitas vezes, o legislador da época de expressões como "até a nossa mercê" — para dizer o quanto duraria o degredo para certa espécie de rufião (Título XXXIII, § 3º) — e "e haja a mais pena que merecer, segundo o caso fôr" como acréscimo de pena, para além de ter a mão decepada, aos presos que cometessem lesão corporal (Título XXXV, 6). No Título CXIX, até mesmo para os juízes negligentes, que deixassem de cumprir carta precatória de outra Justiça, as Ordenações estabeleciam não só o pagamento de vinte cruzados — a metade para quem o acusasse e a metade para a Câmara Julgadora — e o degredo, pelo período de um ano, para a África, mas também, se o julgador de

295 Cf. José Reinaldo de Lima Lopes. *O direito na história*, p. 268.

296 Cf. Pierangeli. *Códigos Penais do Brasil: evolução histórica*, p. 7.

maior alçada entendesse ser o caso de mais pena, esta ser-lhe-ia aplicada "segundo o caso merecer".

Como se pode observar, portanto, do ponto de vista da determinação da medida da pena, as Ordenações Filipinas foram um exemplo de ausência absoluta de critério, ora engessando o magistrado com a cominação de penas fixas, ora atribuindo-lhe um arbítrio desmedido.

5.1.2 Código Criminal de 1830

Mesmo com a proclamação da Independência do Brasil, as Ordenações Filipinas ainda tiveram vigência durante algum tempo, embora não com o mesmo vigor. Isso porque, com a criação do novo Estado, e a urgência de editar uma Carta Política própria, a outorga da Constituição de 1824, inspirada no liberalismo francês e norte-americano, trouxe um conjunto de direitos e garantias individuais — tais como o princípio da irretroatividade da lei, a pessoalidade da pena, a abolição dos açoites, torturas, marcas e todas as penas cruéis — que refreariam, sobremaneira, a aplicação da codificação da antiga metrópole.

Mas a primeira Carta Magna brasileira não se prestou apenas a isso. A evolução trazida pelos seus ditames foi de tamanha monta que, em verdade, seu espírito antecipou e se projetou para dentro do que depois viria a ser a nova legislação penal do País, o Código Criminal do Império do Brasil, de 1830.[297] Outros antecedentes importantes da nova codificação penal foram o Projeto de Código Criminal de 1789, de Pascoal de Mello Freire em Portugal (inspirado em Beccaria e professor de Bernardo Pereira de Vasconcelos, cujo projeto, assim como o de Clemente Pereira, fora levado em consideração para a elaboração do Código), o Código francês de 1810, o da Baviera de 1813, o da Louisiana e o Napolitano de 1819.[298]

---

297 Cf. Basileu Garcia. *Instituições de direito penal*, p. 120.

298 Cf. Basileu Garcia. *Instituições de direito penal*, p. 121. José Frederico Marques. *Curso de direito penal*, p. 84. José Reinaldo de Lima Lopes. *O direito na história*, p. 287; e Pierangeli. *Códigos Penais do Brasil: evolução histórica*, p. 8.

Os avanços da referida lei fizeram-se sentir além-mar. De inspirado, o Código Criminal de 1830 foi também inspiração. Como anota Pierangeli, além de provocar a curiosidade de penalistas como Mittermaier e Haus, que teriam, segundo comentários, aprendido português para lê-lo no original, a lei penal brasileira teria influenciado a elaboração do Código Penal espanhol de 1848 e diversos Códigos Penais de países da América Latina.[299]

No que diz respeito à aplicação da pena, assunto que efetivamente interessa a este estudo, Roberto Lyra já havia arrolado esta como uma das principais conquistas do Código, atribuindo-lhe o "esbôço de indeterminação relativa e de individualização da pena, contemplando, já os motivos do crime, só meio século depois tentado na Holanda e, depois, na Itália e na Noruega".[300] Com efeito, a indeterminação relativa era, ainda, demasiadamente tímida, porquanto os temores liberais que influenciaram a codificação não permitiram maior arbítrio judicial, utilizado de forma nefasta em tempos absolutistas. Daí o porquê de as penas serem previstas em três graus rígidos — mínimo, médio e máximo[301] —, os quais deveriam ser observados pelo magistrado conforme a incidência maior ou menor (art. 15) das circunstâncias agravantes (arts. 16 e 17) e das atenuantes (art. 18), sendo certo que, na dúvida, a pena deveria ser fixada no grau médio (art. 20).

Malgrado não tivesse em nenhum momento preocupado em preconizar as finalidades das penas por si previstas, o sistema de agravantes e atenuantes revelava a consciência do legislador da época quanto à necessidade de se punir diferentemente fatos intrínseca ou extrinsecamente distintos. Por essa razão, reduzia-se a pena da tentativa (art. 34) e do cúmplice do autor (art. 35). Levavam-se em consideração os motivos determinantes do crime, ora para agravar (motivo reprovado

299 *Códigos Penais do Brasil: evolução histórica*, p. 8.

300 Cf. José Frederico Marques. *Curso de direito penal*, p. 87.

301 Exemplo: "Aborto. Art. 199. Occasionar aborto por qualquer meio empregado interior ou exteriormente com consentimento da mulher pejada. Penas – de prisão com trabalho por um a cinco anos. Ao criminoso autor: Máximo – 5 annos de prisão com trabalho. Médio – 3 annos, etc. Mínimo – 1 anno etc.".

ou frívolo, art. 16, § 4º), ora para atenuar (ter o delinquente cometido o crime em desafronta de alguma injúria ou desonra que lhe fosse feita, ou a seus ascendentes, descendentes, cônjuge ou irmãos, art. 18, § 4º), assim como outras circunstâncias objetivas (agravante do emprego de veneno, incêndio ou inundação, art. 16, § 2º) ou subjetivas (atenuante da menoridade de 21 anos, art. 18, § 10). O Código do Império, além da previsão de punição menor para a tentativa, não descurou também de outros efeitos gerados pelo fato criminoso, punindo com maior ou menor rigor conforme a extensão do dano (art. 17) e a sensibilidade do ofendido (art. 19).

Todas essas inovações em matéria de determinação da pena representaram largos passos em direção a uma melhor adequação da punição em relação ao fato e ao criminoso, máxime se comparado com o diploma anterior.

5.1.3 Código Penal de 1890

Com a Proclamação da República, em 1889, logo se seguiu a reforma da legislação penal. A pressa na elaboração do novo estatuto fez-se acompanhar de alguns defeitos, como anotado por Aníbal Bruno: "O primeiro Código Penal da República foi menos feliz que o seu antecessor. A pressa com que foi concluído prejudicou-o em mais de um ponto, e nele a crítica pode assinalar, fundadamente, graves defeitos, embora muitas vezes com excesso de severidade".[302]

Nesse sentido foi também a observação de Basileu Garcia:

> O Govêrno Provisório, do qual era Ministro da Justiça Campo Salles, conferiu ao Conselheiro Baptista Pereira a incumbência de organizar um projeto de Código Penal para a República, recomendando-lhe a maior rapidez. O projeto foi logo apresentado e convertido em lei. Naturalmente devido à celeridade da sua elaboração, estava inçado de defeitos, postos logo em

302 *Direito penal: parte geral*, p. 180.

evidência pela crítica — defeitos que, aos poucos, se procurou ir corrigindo, por meio de inúmeras leis.[303]

Mas o novo compêndio não foi composto apenas de impropriedades. Conforme registra Oscar de Macedo Soares, o próprio Baptista Pereira, em suas Notas históricas (Rev. de Jurisp., p. 16-17, maio 1890), acentuou as boas inovações trazidas com o novo Código, lembrando do limite de trinta anos para as penas restritivas de liberdade, a abolição das penas infamantes, das penas perpétuas, de morte, de galés, de desterro, de degredo e de prisão simples. Lembra, também, que para os crimes políticos adotou-se a reclusão nas fortalezas e praças de guerra, enquanto, para os crimes comuns, a prisão celular, com isolamento no primeiro período da pena e com trabalho em comum e silêncio durante o dia, bem como o livramento quando cumprida metade da pena, num sinal claro de adaptação dos sistemas conhecidos como Filadélfia, Auburn e o progressivo irlandês, tudo com vistas a buscar, no bom comportamento do sentenciado, a sua "emenda".[304]

No que concerne à aplicação da pena, contudo, o Código de 1890 pouco evoluiu.

Embora, na maior parte das vezes, cominasse as penas em mínimos e máximos, o que poderia aparentemente indicar a ampliação do arbítrio judicial, a fixação da pena entre os limites estabelecidos na moldura seguia uma tediosa fórmula matemática e estava vinculada à presença de agravantes e/ou atenuantes, pois, do contrário, a pena deveria ficar no grau médio, como estabelecia o § 1º do art. 62, verbis:

> Art. 62. Nos casos em que este Codigo não impõe pena determinada e somente fixa o maximo e o minimo, considerar-se-ão tres graus na pena, sendo o grau médio comprehendido entre os extremos, com attenção ás circumstancias aggravantes e attenuantes, as quaes

303 *Instituições de direito penal*, p. 125.

304 *Código Penal da República dos Estados Unidos do Brasil*, p. 139-140.

> serão applicadas na conformidade do disposto no art. 38,[305] observadas as regras seguintes: § 1º No concurso de circumstancias aggravantes e attenuantes que se compensem, ou na ausência de umas e outras, a pena será applicada no grau médio.

Essa disposição formulada pelo legislador da República foi suficiente para gerar certa divergência doutrinária, como anota Macedo Soares:

> Este artigo 38, ao qual se refere, estabelece as regras para graduação e applicação das penas. Entende João Vieira que este artigo estabelece cinco gráos; assim também pensam Dias Duarte e Hypolito de Camargo. Outros, como Magalhães Gomes (no Direito, v. de 15 do Agosto de 1891, p. 567), entendem que só estabelece os tres gráos: maximo, médio e minimo.[306]

Ao comentar o referido artigo do Código, Bento de Faria, quando ainda advogava no Distrito Federal, reconheceu haver cinco graus de pena: máximo, médio, mínimo, entre médio e máximo e entre médio e mínimo. Explica, ainda, o jurista, que, não tendo o Código regulado de que forma se encontrariam os graus intermediários existentes entre o médio e máximo e entre o médio e mínimo, parecia-lhe mais

---

305 "Art. 38. No concurso de circumstancias attenuantes e aggravantes prevalecem umas sobre outras, ou se compensam, observadas as seguintes regras: § 1º Prevalecerão as aggravantes: a) quando preponderar a perversidade do criminoso, a extensão do damno e a intensidade do alarma causado pelo crime; b) quando o criminoso fôr avesado a praticar más acções, ou desregrado de costumes. § 2º Prevalecerão as attenuantes: c) quando o crime não fôr revestido de circumstancia indicativa de maior perversidade; d) quando o criminoso não estiver em condições de comprehender toda a gravidade e perigo da situação a que se expõe, nem a extensão e consequencia de sua responsabilidade. § 3º Compensam-se umas circumstancias com outras, sendo da mesma importancia ou intensidade, ou de igual numero."

306 *Código Penal da República dos Estados Unidos do Brasil*, p. 162.

adequado que a pena fosse aquela resultante da metade da soma dos referidos graus.[307]

O Tribunal de Justiça de São Paulo chegou a decidir que o juiz não estava obrigado a atender ao critério referido por Bento de Faria, mas poderia caminhar livremente entre o grau médio e mínimo, acrescentando, por exemplo, na prevalência das atenuantes sobre uma agravante — menoridade do réu e da ausência de pleno conhecimento do mal sobre a de ter praticado o crime no período noturno —, apenas um mês de prisão acima do mínimo previsto (Acórdão de 03.10.1893; Gaz. Jur. de São Paulo, v. 4, p. 58).[308] Entretanto, objetou-se esse entendimento por uma questão de coerência e de respeito à sistemática do diploma, pois pensar o contrário seria colocar em causa a própria existência do grau médio, claramente adotado na hipótese aludida do art. 62. É o que asseverou a crítica lançada por Escorel, no sentido de que

> não é possível dar significações differentes á expressão — entre — do art. 62 primeira parte e do § 1° do mesmo artigo Se não é esta a interpretação que deve ser dada á disposição do § 2, se o juiz não pode applicar qualquer pena entre o maximo e o medio e entre o medio e o minimo, então o medio de que falla o Codigo na primeira parte do art. 62 é qualquer pena entre o maximo e o minimo, o que não está no artigo citado, nem se conforma absolutamente com o pensamento do legislador.[309]

Se do ponto de vista da hermenêutica é forçoso concordar com a objeção acima formulada, não parece demasiado dizer que o teor do julgado mencionado parecia antes de mais nada um reclamo de maior

307 Bento de Faria. *Annotações theorico-praticas ao Código Penal do Brazil: de acordo com a doutrina, a legislação e a jurisprudência, nacionaes e estrangeira*, p. 184-185.

308 Cf. *Idem, ibidem*, p. 136.

309 Cf. Macedo Soares. *Código Penal da República dos Estados Unidos do Brasil*, p. 163.

arbítrio na fixação da pena, o que só viria acontecer de forma realmente significativa algum tempo depois.

5.1.4 Consolidação das Leis Penais

Em meio a tantas críticas, muitas foram as tentativas de substituir o Código Penal de 1890. Foram encomendados sucessivos projetos para uma nova codificação. Já em 1910, como se referem Zaffaroni e Pierangeli, o Ministro Esmeraldino Bandeira declarava urgente a necessidade de um novo diploma penal, o que redundou na elaboração do Projeto Galdino Siqueira, de 1913, que, entretanto, sequer chegou a ser apreciado pelo Poder Legislativo. Em 1927, foi publicada a parte geral e, em 1928, o texto completo do Projeto de Virgílio de Sá Pereira. Em sua Exposição de Motivos, Sá Pereira dizia que no exercício do arbítrio judicial devia o magistrado ter em conta, primordialmente, a defesa social.[310] Após ser submetido a uma comissão presidida pelo desembargador autor, composta também por Evaristo de Morais e Mário de Bulhões Pereira, o projeto assumiu novo formato e chegou a ser aprovado pela Câmara dos Deputados. Contudo, sua tramitação foi interrompida pelo golpe de Estado em 1937.[311]

Durante esse período, portanto, o Código de 1890 resistira, não obstante as inúmeras alterações e aditamentos sofridos. Tantas foram as modificações que houve a necessidade de sistematizá-las. Essa árdua tarefa foi desempenhada pelo Desembargador Vicente Piragibe que as compilou formando o que se denominou de Consolidação das Leis Penais, oficializada que foi por um Decreto em 1932.[312]

No que tange, porém, à fixação da pena, não houve alterações na sistemática anterior, tendo sido mantidos, inclusive, os mesmos arts. 62 e 38 do Código de 1890.

---

310 Cf. Roberto Lyra. *Comentários ao Código Penal*, p. 179.

311 Cf. Zaffaroni e Pierangeli. *Manual de direito penal brasileiro*, p. 220-221.

312 Cf. Pierangeli. *Códigos Penais do Brasil: evolução histórica*, p. 10.

5.1.5 Código Penal de 1940

Em meio ao período do chamado Estado Novo, encomendou-se ao Professor Alcântara Machado a elaboração de um anteprojeto de Código Penal. Elaborado rapidamente, a obra tornou-se oficialmente o "Projeto de Código Criminal Brasileiro", com sua publicação em 15.05.1938.[313] Contudo, o Projeto foi submetido a uma comissão revisora. Essa comissão era composta por Vieira Braga, Roberto Lyra, Narcélio Queiroz e Nélson Hungria, a qual, manifestando divergências em relação ao projeto original, terminou por modificá-lo substancialmente. Sob a presidência do Ministro da Justiça, Francisco Campos, a comissão apresentou o projeto definitivo em 04.11.1940, tendo sido sancionado em dezembro daquele mesmo ano, entrando em vigor, porém, apenas em janeiro de 1942.[314]

Relativamente ao sistema de fixação das penas, a alteração trazida pelo Código foi bastante profunda, não se assemelhando em quase nada à forma anterior. Longe das fórmulas aritméticas, o Código Penal de 1940 ampliou extraordinariamente o arbítrio judicial, disponibilizando ao magistrado um autêntico roteiro de investigação das circunstâncias fáticas do crime e da pessoa do réu, permitindo-se, com isso, o exercício verdadeiro da tarefa de individualizar a pena, cuja fixação, agora, prendia-se tão-somente aos limites da moldura dos tipos penais, ou seja, aos marcos mínimo e máximo da reprimenda.

À míngua de critérios objetivamente constatáveis, abandonou-se a classificação dos criminosos feita pelo Projeto de Alcântara Machado, que os dividia em ocasionais, por tendência, reincidentes e habituais. Para o efeito de dosimetria da pena, o Código de 1940 apenas distinguiu os criminosos primários dos reincidentes, podendo estes últimos ser de caráter genérico ou específico.

Ao tratar das modificações e das escolhas feitas em matéria de aplicação da pena, a síntese feita na Exposição de Motivos do Código Penal de 1940 é bastante ilustrativa:

---

313 *Idem, ibidem*, p. 11.

314 Cf. Zaffaroni e Pierangeli. *Manual de direito penal brasileiro*, p. 222.

> Para a individualização da pena, não se faz mister uma prévia catalogação, mais ou menos teórica, de espécies de criminosos, desde que ao juiz se confira um amplo arbítrio na aplicação concreta das sanções legais. Neste particular, o projeto assume um sentido marcadamente individualizador. O juiz, ao fixar a pena, não deve ter em conta somente o fato criminoso, nas suas circunstâncias objetivas e consequências, mas também o delinquente, a sua personalidade, seus antecedentes, a intensidade do dolo ou grau da culpa e os motivos determinantes (art. 42). O réu terá de ser apreciado através de todos os fatores, endógenos e exógenos, da sua individualidade moral e da maior ou menor intensidade da sua mens rea ou da sua maior ou menos desatenção à disciplina social. Ao juiz incumbirá investigar, tanto quanto possível, os elementos que possam contribuir para o exato conhecimento do caráter ou índole do réu — o que importa dizer que serão pesquisados o seu curriculum vitae, as suas condições de vida individual, familiar e social, a sua conduta contemporânea ou subsequente ao crime, a sua maior ou menor periculosidade (probabilidade de vir ou tornar o agente a praticar fato previsto como crime). Esta, em certos casos, é presumida pela lei, para o efeito da aplicação obrigatória de medida de segurança; mas, fora desses casos, fica ao prudente arbítrio do juiz o seu reconhecimento (art. 77).

Não obstante os seus inegáveis avanços, ao tratar da denominada periculosidade e das suas consequências, o Código de 1940 andou muito mal. Ao instituir o chamado sistema duplo-binário, que aplicava pena privativa de liberdade e, em seguida, aos criminosos tidos como perigosos, a medida de segurança, o novo estatuto penal abria as portas para a indeterminação absoluta da pena. Isso porque, podendo ser a periculosidade presumida pela lei, no caso, por exemplo, dos reincidentes em crime doloso (art. 78, IV), ou reconhecida pelo juiz, se a sua "personalidade e antecedentes", bem como "os motivos e circunstâncias do crime autorizam a suposição de que venha ou torne a delinquir" (art. 77), a medida de segurança consequentemente imposta após o cumprimento da pena só cessaria caso, "mediante exame do indivíduo", se verificasse que o mesmo havia deixado de ser perigoso (art. 81).[315]

Tendo em vista que a sistemática de aplicação da pena e os critérios oferecidos pelo legislador de 1940 não diferem da Reforma realizada em 1984, notadamente pela semelhança da redação do art. 42 daquele com o art. 59 introduzido por esta última,[316] deixam-se de analisar, neste tópico, os pormenores da dosimetria da antiga Parte Geral do Código, o que será feito mais adiante.

5.1.6 Código Penal de 1969

O Projeto original era de autoria de Nélson Hungria e o seu texto foi publicado em 1963. Foi criticado por seu cunho eminentemente retributivo[317] na cominação das penas e sua tramitação foi extremamente

---

315 Sobre essa questão e também em vista de outras características, impiedosa é a crítica de Zaffaroni e Pierangeli: "É um código rigoroso, rígido, autoritário no seu cunho ideológico, impregnado de 'medidas de segurança' pós-delituosas, que operavam através do sistema do 'duplo binário', ou da 'dupla via'. Através deste sistema de 'medidas' e da supressão de toda a norma reguladora da pena no concurso real, chegava-se a burlar, dessa forma, a proibição constitucional da pena perpétua. Seu texto corresponde a um 'tecnicismo jurídico' autoritário que, com a combinação de penas retributivas e medidas de segurança indeterminadas (própria do código Rocco), desemboca numa clara deterioração da segurança jurídica e converte-se num instrumento de neutralização de 'indesejáveis', pela simples deterioração provocada pela institucionalização demasiadamente prolongada" (*Manual de direito penal brasileiro*, p. 222-223).

316 Onde antes o art. 42 falava em intensidade do dolo ou grau da culpa, o art. 59 diz culpabilidade e acrescentou como critério a conduta social e o comportamento da vítima, assinalando, outrossim, as finalidades da pena: reprovação e prevenção do crime.

317 Nesse sentido foi a crítica de Heleno Cláudio Fragoso e Lídia Sequeira: "O anteprojeto Hungria, elaborado em fase já ultrapassada, aumenta inutilmente os mínimos e os máximos de numerosas penas. O efeito intimidativo da pena é mais que duvidoso e a agravação das penas está longe de ser remédio adequado para combate à criminalidade, que não pode ser enfrentada sem medidas adequadas de política

conturbada. Chegou a ser sancionado em 21.10.1969, mas, antes que chegasse a viger, foi reformado em 1973 (Lei 6.016/1973). A Reforma teve como origem o projeto elaborado por uma comissão, da qual faziam parte dois membros do Ministério Público — Antonio Carlos Penteado de Moraes e Francisco Papaterra Limongi Neto — e três juízes do Tribunal de Alçada de São Paulo — José Luis Vicente de Azevedo Franceschini, José Rubens Prestes Barra e Manoel Pedro Pimentel —, tendo sido apresentado em 1972 ao então Ministro da Justiça Alfredo Buzaid.[318] Nessa nova configuração, como registra Goulart, propunha-se que a prisão fechada ficasse reservada aos indivíduos perigosos, deixando a maioria, de escassa ou nenhuma periculosidade, afastada do contato deletério dos presídios, os quais, mais esvaziados, poderiam servir de palco para um tratamento efetivamente adequado.

Outras significativas alterações foram a eliminação da distinção das formas de prisão — reclusão e detenção — e a introdução da prisão-albergue. Contudo, antes de viger, o Código e sua Reforma restaram derrogados em 1978 pela Lei 6.578.

Quanto à aplicação da pena, a própria Exposição de Motivos do texto original reconhecia sua semelhança com o que preconizava o diploma anterior,[319] muito embora a redação do art. 52 do Código de 1969 fosse um tanto diferente da do antigo art. 42, especialmente ao referir-se, como mais um critério de aferição, ao juízo crítico que o condenado porventura fizesse em relação ao fato delituoso. Dizia o referido art. 52:

> Para fixação da pena privativa de liberdade, o juiz aprecia a gravidade do crime praticado e a personalidade do réu, devendo ter em conta a intensidade do dolo ou grau da culpa, a maior ou menor extensão do dano ou perigo de dano, os meios empregados, o

---

social. O Direito Penal desempenha papel secundário na prevenção do crime". *A cominação das penas no novo Código Penal*, p. 25.

318 Cf. Goulart. *Penologia I*, p. 77.

319 Exposição de Motivos: "22. O dispositivo geral sôbre a aplicação da pena corresponde bàsicamente ao do Código vigente".

> modo de execução, os motivos determinantes, as circunstâncias de tempo, lugar, os antecedentes do réu e sua atitude de insensibilidade, indiferença ou arrependimento após o crime.

Percebe-se, pelo teor da redação, uma preocupação em tratar cada traço relevante da conduta criminosa, o que poderia ser feito, sem qualquer prejuízo, num texto mais econômico, referindo-se, por exemplo, ao modo de execução, o tempo, o lugar, a maior ou menor extensão do dano ou perigo de dano simplesmente como circunstâncias e consequências do crime.

Algumas outras novidades do Código de 1969 foram: dizer expressamente que se deveriam desprezar as frações de dia na pena privativa de liberdade (art. 55), a obrigatoriedade de fundamentação da sentença (art. 56) e o estabelecimento de frações determinadas para as agravantes e atenuantes, preservando os limites do tipo penal (art. 59).[320]

Outra questão digna de nota foi o fato de que o Código de 1969 referiu-se à recuperação social do condenado como uma das finalidades a serem atingidas pela execução da pena (art. 37). Tal previsão, embora dissesse respeito à execução da pena e não se prestasse diretamente a servir como critério à sua aplicação, não deixava de representar um passo adiante dos diplomas anteriores, os quais sempre silenciaram relativamente à teleologia da punição.

O Código Penal de 1969 inovou também em outro ponto, cujo exame interessa, em especial, ao presente trabalho: estabeleceu, no caso de alguns tipos penais, somente o máximo da pena, tal como, exemplificativamente, na lesão corporal grave (art. 132, § 1º) e na seguida de morte (§ 3º), omissão de socorro (art. 138), injúria (art. 144), ofensa a memória dos mortos (art. 147), ameaça (art. 154), sequestro ou cárcere privado (art. 155), violação de domicílio (art. 158), no furto simples (art. 165) apropriação indébita (art. 180), comércio de entorpecente (art. 314) e corrupção ativa (art. 374).

---

320 "Art. 59. Quando a lei determina a agravação ou atenuação da pena sem mencionar o quantum, deve o juiz fixá-lo entre um quinto e um têrço, guardados os limites da pena cominada ao crime."

Sem adentrar, por ora, nas vantagens e inconvenientes da supressão do mínimo legal — o que se fará mais adiante —, o legislador de 1969 fê-lo de forma absolutamente aleatória, não justificando, no corpo da lei ou ainda na Exposição de Motivos, por que o fizera e por que o fizera em relação a estes e não a outros tipos penais. Essa falta de critério, longe de enriquecer o debate da questão, apenas apareceu como mais uma impropriedade do texto.

5.1.7 A reforma da Parte Geral de 1984, o art. 59 do Código Penal brasileiro e o Pacto de San José da Costa Rica

Em 1980, quando já arrefeciam algumas amarras impostas pelo regime militar, deu-se início aos trabalhos de reforma da legislação penal, instituindo-se uma comissão para levar a cabo a alteração da parte geral do Código então vigente. Essa comissão, presidida por Francisco de Assis Toledo, era composta também por Francisco Serrano Neves, Miguel Reale Júnior, René Ariel Dotti, Ricardo Antunes Andreucci, Rogério Lauria Tucci e Hélio da Fonseca, contando, ainda, com a colaboração de Sérgio Marcos de Moraes Pitombo.[321] O anteprojeto foi publicado em 1981, designando-se uma comissão revisora, sendo esta composta por Francisco de Assis Toledo, Dínio de Santis Garcia, Jair Leonardo Lopes e Miguel Reale Júnior. Concluídos os trabalhos de revisão em 1982, estes foram convertidos na Lei 7.209, de 11.07.1984.

Dentre outras virtudes relativas a diferentes institutos, a nova Parte Geral do Código Penal, em matéria de aplicação da pena, teve o mérito de abolir o sistema duplo-binário, retomando, assim, nos dizeres de Zaffaroni e Pierangeli, o direito penal da culpabilidade, excluindo a medida de segurança para os até então chamados criminosos perigosos e diminuindo consideravelmente os efeitos da reincidência.[322]

Outra importante inovação trazida com a Reforma em termos de fixação da pena foi a de explicitar, pela primeira vez na história do direito punitivo brasileiro vigente, as finalidades da pena a serem ob-

---

321 Cf. Zaffaroni e Pierangeli. *Manual de direito penal brasileiro*, p. 224.

322 *Idem, ibidem*, p. 225.

servadas pelo magistrado no momento da sua aplicação. Com efeito, diz o art. 59:

> O juiz, atendendo à culpabilidade, aos antecedentes, à conduta social, à personalidade do agente, aos motivos, às circunstâncias e consequências do crime, bem como ao comportamento da vítima, estabelecerá, conforme seja necessário e suficiente para a reprovação e prevenção do crime.

Malgrado conserve um forte traço retributivo, ao dizer "para a reprovação", e também sem muito esclarecer de qual prevenção pretende tratar — geral ou especial —, tampouco dizer como as finalidades da pena devem relacionar-se no momento da fixação — vale dizer, se uma finalidade prefere à outra —, a simples referência teleológica indicava uma importante mudança de postura, não só para valorizar o momento da aplicação da pena, mas também para demonstrar que, por mais criterioso e descritivo que fosse o artigo que cuidasse da aplicação da pena, a ausência de uma valoração concretamente finalística esvaziaria de sentido qualquer conteúdo.

Mas esse caráter retributivo fora inegavelmente abandonado, pois, embora pouco observada pela doutrina e também pela jurisprudência, houve, depois da Reforma da Parte Geral de 1984, a incorporação, no sistema jurídico brasileiro, de outra norma a respeito da finalidade da pena: a Convenção Americana de Direitos Humanos, mais conhecida como o Pacto de San José da Costa Rica. Ratificado que foi pelo Brasil, o referido instrumento foi definitivamente integrado à legislação nacional por meio do Decreto 678, de 06.11.1992 (com supedâneo no Decreto Legislativo 27/1992). No art. 5º, n. 6, deste Tratado, os países signatários resolveram atribuir à punição um cariz marcadamente de prevenção especial positiva, pois, contudo se referissem às penas privativas de liberdade, estatuíram que estas "devem ter por finalidade essencial a reforma e a readaptação social dos condenados", sendo, pois, estes os objetivos que devem nortear o magistrado na dosimetria da reprimenda.

Assim exposta, de forma bastante sintética, a evolução da fixação da pena ao longo da história legislativa brasileira, passa-se à discussão acerca do chamado direito penal do fato em contraposição do direito penal do autor, para, em seguida, analisar cada passo a ser observado pelo juiz quando da aplicação da pena, seguindo o roteiro estabelecido pelo legislador no atual art. 59 do Código Penal.

5.2 Direito penal do fato versus direito penal do autor

O debate em torno da questão "se a pena deve ter em vista o fato criminoso ou o seu autor" é bastante relevante, sobretudo para instruir a interpretação do roteiro disposto no art. 59 do Código Penal, uma vez que as leituras possíveis dos elementos balizadores da pena ali elencados oscilarão conforme a adoção, prevalência ou conciliação de um ou outro direito penal aqui discutidos.

A adoção tão-somente do fato ou apenas do autor como base para o sistema punitivo relembra, como anotado por Francisco de Assis Toledo, o antagonismo protagonizado pelas Escolas Clássica e Positiva. Enquanto a primeira, "por meio da noção abstrata da ação humana, via no crime um ente jurídico e disso extraía as necessárias consequências", alguns representantes da segunda, "supondo possível identificarem-se no homem as causas mecânicas do crime, catalogaram alguns tipos de delinquentes e, com abstração do fato, pretenderam substituir a imputabilidade pela noção de periculosidade, a pena retributiva pela medida de segurança, ou pela terapêutica do criminoso".[323]

De tudo o que já se disse e do pouco que já foi examinado no presente estudo, um direito puramente vinculado ao fato encontra-se afastado de algumas importantes finalidades a serem desempenhadas pela pena, notadamente no que concerne à melhor individualização da conduta, com vistas à prevenção especial positiva, reeducando, ressocializando e reintegrando o indivíduo, ou, ainda, contribuindo de alguma maneira para reforçar a necessidade, conveniência ou vantagem de observâncias

---

323 Francisco de Assis Toledo. *Princípios básicos de direito penal: de acordo com a Lei 7.209, de 11.07.1984 e com a Constituição Federal de 1988*, p. 251.

das regras fundamentais de convívio social. Por outro lado, um direito radicalmente voltado ao autor tende a deformar os limites de punição do Estado, comprometendo o princípio da legalidade e, consequentemente, a segurança jurídica, uma vez que a sua variabilidade pouco ou em nada se liga à conduta.

Por essas razões, Assis Toledo diz que um moderno direito penal é, moderna e predominantemente, um direito penal do fato, tal como o concebem diversos países como Alemanha, Itália e Brasil, na medida em que tipificam fatos (modelos de condutas humanas) e não perfis psicológicos de autores, sem desprezar, no momento da quantificação da pena — oportunidade na qual também se considerarão as particularidades do fato criminoso —, características destes, tais como a personalidade, os antecedentes, dentre outros.[324]

Orientando-se, pois, o direito brasileiro pela convivência e harmonização dessas duas referências — fato e autor —, é fundamental que se discutam e sejam adotados critérios que possam agregar, o quanto possível, os benefícios de cada referencial e evitar os indesejáveis efeitos colaterais que possam advir da excessiva prevalência de um em relação ao outro.

Nessa direção, propõe-se o seguinte critério: para a dosimetria da pena, deve-se invocar o chamado direito penal do fato — que já se faz presente no momento da individualização legislativa, ou seja, na cominação da pena em abstrato — para levar em consideração os elementos da concreta ação criminosa praticada — tendo como balizas do art. 59 do Código Penal a culpabilidade, os motivos,[325] as circunstâncias e consequências do crime, assim como o comportamento da vítima — servindo estes

---

324 *Idem, ibidem*, p. 251.

325 Convém reconhecer que propor que os motivos pertençam aos elementos concretos da ação criminosa comporta alguma controvérsia. Isso porque, em verdade, os motivos são internos, pertencem ao universo psicológico do autor e, nessa medida, poderiam ser considerados elementos relativos a este. Entretanto, os motivos, conquanto estejam vinculados aos recônditos da mente, revelam-se por atos externos e, estes sim, têm estreita ligação com a ação criminosa e dela ficam fazendo parte, na maioria das vezes, podendo ser aferidos para uma maior ou menor reprovação da conduta.

elementos como ponto de partida ou como parâmetro de um novo teto para a punição. Vale dizer, se a pena máxima prevista para o crime já é um teto para o direito de punir do Estado, os elementos ligados ao fato deverão levar o juiz, no momento de fixar a pena, a encontrar um novo teto que, podendo até coincidir com o limite máximo estabelecido pela lei, determinará que aquela conduta merece, ainda sem considerar os elementos ligados ao autor, uma quantidade tal de pena. Num segundo momento, tendo esse segundo teto como limite, o magistrado arrefecerá ou não a punição, conforme os elementos subjetivos do autor, tais como os antecedentes, a conduta social e a personalidade.

Com esta proposição, que interferirá na interpretação da influência dos elementos do art. 59 do Código Penal, pretende-se, de um lado, preservar, efetivamente, o princípio da legalidade e a segurança jurídica, uma vez que a pena só aumenta ou se aproxima do máximo legal na medida concreta do fato criminoso. Em outras palavras, uma maior graduação da quantidade de pena só seria orientada por fatos vinculados à conduta típica prevista na lei, evitando-se que juízos meramente morais ou "extra-crime" possam impor alguma punição. Por outro lado, sabendo que as características ligadas ao autor também são importantes para atingir os objetivos da prevenção especial, estas serão levadas em conta para que, quanto mais positivamente forem consideradas, mais abaixo do segundo teto farão a pena ficar.

Traduzindo em exemplos — alguns deles serão revistos por ocasião da análise de cada um dos elementos do art. 59 do Código Penal —, o fato de alguém ser um péssimo pai, mãe, filho(a), vizinho(a), ou ser indolente para o trabalho, egoísta, grosseiro, mal-educado ou preconceituoso não pode, sob pena de se punir o que não está prescrito na lei, fundamentar o aumento de determinada pena. Isso não quer dizer, porém, em sentido oposto, que um bom pai, mãe, filho(a), vizinho, ou uma pessoa trabalhadora, solidária, gentil, cuja vida pautou-se por boas realizações no campo familiar, profissional e social não possam e não devam contribuir para uma diminuição da pena.

Assim postos os critérios para interpretação dos elementos do art. 59 do Código Penal, tendo os elementos do direito penal do fato como ponto de partida[326] e aqueles ligados ao direito penal do autor como eventuais elementos mitigadores, passa-se à análise de cada um deles em particular.

5.3 As circunstâncias judiciais do art. 59 do Código Penal

5.3.1 Culpabilidade

Relativamente à primeira circunstância judicial a ser considerada para a fixação da pena, deve-se observar, preliminarmente, que não se trata aqui da culpabilidade como elemento do crime. Esta, como bem ressalta Nucci, já foi analisada por ocasião da conclusão do juiz no sentido da condenação do réu.[327]

Vale também destacar a diferença de nomenclatura utilizada pela Reforma da Parte Geral de 1984. No Código de 1940, originalmente, falava o legislador em intensidade do dolo ou grau da culpa, enquanto o art. 59 refere-se à culpabilidade. A mudança não é despropositada. A própria Exposição de Motivos explica a substituição ao dizer que "graduável é a censura cujo índice, maior ou menor, incide na quantidade da pena".[328]

De fato, a intensidade do dolo e o grau da culpa são, na maioria das vezes, indicativos seguros para maior reprovação da conduta. Não se pode equiparar, seguindo essa ótica, um homicídio praticado imbuído do elemento volitivo claro e dirigido à obtenção do resultado (dolo direto) com outro em que o agente, embora não quisesse necessaria-

---

326 Assis Toledo critica aqueles defensores da culpabilidade pela condução de vida, do caráter ou da personalidade do agente quando estes pregam o fato como ponto de partida. Ao discorrer seu comentário a respeito, o penalista assevera que essa corrente, depois de considerar o fato referência inicial, despreza-o no momento seguinte, a partir do qual as indagações a respeito da personalidade do agente etc. levariam a um rumo incerto da punição (Princípios básicos de direito penal, p. 252). Como se pode observar do que foi dito no item em questão, a proposição aqui formulada não permite que elementos subjetivos levem a pena a um destino incerto, uma vez que estes somente poderão arrefecer a punição.

327 *Individualização da pena*, p. 187.

328 Item 50.

mente o resultado, assumiu o risco de produzi-lo (dolo eventual). Da mesma maneira, no tocante aos crimes culposos, não seria razoável ter por igual a conduta do agente que tinha plena ciência de desprezar o dever de cuidado, mas acreditava poder evitar o resultado (culpa consciente), daquela outra em que o agente simplesmente não observou por distração, esquecimento ou qualquer outro motivo que não tivesse decorrido de sua consciência.[329]

Mas nem sempre a intensidade do dolo ou o grau da culpa são atestados da maior censura que se possa fazer à conduta.[330] No que concerne ao dolo, ninguém nega que os atos de vingança são um inequívoco termômetro de sua intensidade. Nem por isso são sempre mais reprováveis. Exemplo disso são as agressões cometidas por parentes de vítimas de crimes sexuais contra quem as estuprou.

No caso da culpa, tome-se o exemplo do sujeito que causou a morte de alguém, decorrente de um acidente automobilístico provocado pela alta velocidade empregada no veículo e pela inobservância de vários sinais semafóricos. A culpa é bastante acentuada. Contudo, sua reprovação pode ser maior se o ato foi praticado por um espírito de emulação (num "racha") do que se foi praticado a caminho de um hospital no cuidado de alguém enfermo.

Dessa maneira, não parece mesmo possível tentar fazer um exercício de conceituação de culpabilidade — para a determinação da pena — desvinculando-a de outros elementos valorativos do art. 59 do Código Penal, como as circunstâncias e consequências do crime e o comportamento da vítima.[331]

---

329 Frederico Marques faz uma ressalva também a esse raciocínio: "Ter-se previsto o evento lesivo, mas esperando sinceramente que êste não ocorra, pode ser menos grave do que não ter previsto coisa alguma". *Curso de direito penal*, v. 3, p. 256.

330 Por intensidade do dolo deve-se ter, na lição de Bellavista, apenas como um conceito proporcional ao grau de consciência e vontade com que se pratica a ação (Cf. Frederico Marques. *Curso de direito penal*, v. 3, p. 256).

331 Nesse sentido, Nucci sustenta que a culpabilidade é, na verdade, um conjunto de todos esses elementos. *Individualização da pena*, p. 191.

É evidente, porém, que, quando se discute a culpabilidade como critério para a determinação da medida da pena, não é possível furtar-se à obrigação de discutir se a culpabilidade vincula-se ao fato ou ao autor, e, também, se esta é a medida ou o limite da pena. Essas apreciações, algumas delas já feitas, por estarem essencialmente ligadas à questão da subsistência ou supressão do mínimo legal da pena, serão de certa forma reapreciadas ao final do estudo.

5.3.2 Antecedentes

Conceituar o que são antecedentes para efeito de dosimetria da pena é uma tarefa tão apaixonante quanto espinhosa. Se a jurisprudência brasileira não conseguiu reduzir a contento as divergências, estas parecem ser ainda menos redutíveis na doutrina.

Anteriormente, como o antigo art. 42 (atual 59) não contemplava a conduta social como circunstância judicial da dosimetria da pena, a doutrina da época entendia, tal como Roberto Lyra, que nos antecedentes "compreendiam-se todos os aspectos da vida individual, familiar e social, inclusive depois do fato".[332]

Hoje, contudo, com a inclusão da circunstância acima referida, não faz mais sentido atribuir aos antecedentes compreensão tão elástica.

Ainda assim, não falta quem lhe dê tal extensão, a exemplo dos próprios autores da Reforma, Miguel Reale Júnior, René Ariel Dotti, Ricardo Antunes Andreucci e Sérgio Pitombo, para quem os antecedentes são mais do que a folha penal, devendo-se entender "a forma de vida em uma visão abrangente, examinando-se o seu meio de sustento, a sua dedicação a tarefas honestas, assunção de responsabilidades familiares".[333] Em idêntica direção aponta Julio Fabbrini Mirabete, ao dizer que o juiz deve verificar a vida pregressa do réu na forma

332 Roberto Lyra. *Comentários ao Código Penal*, p. 209.

333 Cf. Nucci. *Individualização da pena*, p. 197.

do art. 6º, VIII e IX,[334] do Código de Processo Penal.[335] Assim também Luiz Régis Prado: "os antecedentes são os fatos anteriores da vida do agente, positivos ou negativos".[336]

Entretanto, não há como deixar de endossar a crítica de Guilherme de Souza Nucci a esses posicionamentos, sustentando circunscreverem-se os antecedentes tão-somente aos fatos pretéritos de natureza criminal, na medida em que outros fatores, tais como os mencionados pelos defensores de maior alcance do conceito de antecedentes, dizem respeito exatamente à conduta social.[337] Essa também é a posição de Alberto Silva Franco, para quem:

> O estudo dos episódios da vita anteacta do agente sofreu, contudo, restrição em face da introdução do art. 59 da PG/84, do conceito de "conduta social", como um fator independente de determinação da pena. Destarte, o conceito de antecedentes veio a ter um relativo esvaziamento, destinando-se agora não mais expressar um quadro referencial abrangente (comportamento social, inclinação ao trabalho, relacionamento familiar etc. do agente), mas apenas um quadro menor referente à existência ou

---

334 "Art. 6º [...] IX – verificar a vida pregressa do indiciado, sob o ponto de vista individual, familiar e social, sua condição econômica, sua atitude e estado de ânimo antes e depois do crime e durante ele, e quaisquer outros elementos que contribuírem para a apreciação do seu temperamento e caráter".

335 Diz o autor: "Deve o julgador observar, também os antecedentes (bons ou maus) do agente. Verifica-se a vida pregressa do réu, com base no que constar do inquérito policial (art. 6º, VIII e IX, do CPP) e nos demais dados colhidos durante a instrução do processo, apurando-se se já foi envolvido com outros fatos delituosos, se é criminoso habitual, ou se a sua vida anterior é isenta de ocorrências ilícitas, sendo o delito apenas um incidente esporádico". *Manual de direito penal*, p. 277.

336 *Curso de direito penal*, p. 456. Assim também preconiza Milton Fontana: "temos que por antecedentes entendem-se os fatos pretéritos da vida do agente, tenham ou não sido objeto de persecução penal". *Aplicação da pena: a culpabilidade como pressuposto da reprovação e a valoração das circunstâncias vinculadas ao autor (e não ao fato criminoso)*, p. 173.

337 *Individualização da pena*, p. 198.

> não, no momento da consumação do fato delituoso, de precedentes judiciais.[338]

De fato, como anota Paulo José da Costa Júnior, ao desdobrar o conceito precedente de antecedentes do agente em antecedentes e em conduta social, o primeiro ficou um tanto esvaziado, não havendo mais motivo para uma apreciação global tal como se fazia anteriormente.[339]

Assim, entendidos os antecedentes como apenas os dados relativos aos registros criminais do sentenciado,[340] deve-se enfrentar outro dissenso doutrinário e jurisprudencial: quais antecedentes podem e devem ser levados em consideração? Poderá o juiz considerar inquéritos arquivados, denúncias rejeitadas, ações penais julgadas improcedentes, trancadas ou a respeito das quais a punibilidade foi extinta? Entre os comentaristas mais antigos do Código, como Roberto Lyra, a resposta a esses questionamentos parecia ser tranquilamente positiva:

> Os precedentes penais caracterizam a reincidência (art. 46), mas os processos arquivados ou concluídos com a absolvição, sobretudo por falta de provas, os registros policiais, as infrações disciplinares e fiscais, podem ser elementos de indiciação veemente.[341]

Alguns doutrinadores mais contemporâneos igualmente sustentam essa posição, como é o caso de Paulo José da Costa Júnior: "Serão assim considerados processos paralisados por superveniente extinção da punibilidade: inquéritos arquivados, condenações não transitadas em

338 *Código Penal e sua interpretação jurisprudencial*, p. 884.

339 *Curso de direito penal: parte geral*, p. 164.

340 Assim também é o entendimento de Luiz Chemin Guimarães: "diferenciando a conduta social dos antecedentes do sujeito ativo, estes compreendidos na esfera de registros policiais ou judiciários [...]". *Inovações sobre a aplicação da pena*, p. 154.

341 *Comentários ao Código Penal*, p. 211.

julgado, processos em curso, absolvições por falta de provas".[342] Em tempo não muito remoto, alguns julgados do próprio Supremo Tribunal Federal davam guarida a esses entendimentos, sustentando a possibilidade de elevação da pena-base pela simples existência de inquéritos policiais e/ou ações penais em andamento, conforme se depreende de alguns acórdãos por si proferidos: HC 73297-6-SP (Rel. Min. Maurício Corrêa, 2ª Turma, DJ 16.08.1996, p. 28108)[343] e HC 73.394-8-SP (Rel. Min. Moreira Alves. 1ª Turma, DJ 21.03.1997, p. 8504).[344]

Tais conclusões, porém, não resistem a uma leitura constitucional do dispositivo do art. 59 do Código Penal.

Com efeito, diz o art. 5º, LVII, da Constituição Federal que "ninguém será considerado culpado até o trânsito em julgado de sentença condenatória". O artigo em referência não é adorno, tampouco revela o sonho distante de uma sociedade utopicamente justa. É um princípio — o da presunção da inocência —, mas nem por isso deixa de ser um comando de conteúdo e projeção inequívocos: quis o constituinte que, para os efeitos legais, não se faça qualquer juízo de valor a respeito de quem a própria Justiça ainda não fez (inquéritos e/ou processos em andamento). Como corolário dessa compreensão, igualmente vedado está qualquer juízo negativo a respeito de quem a Justiça já não fez (inquéritos arquivados, denúncias rejeitadas, decisões absolutórias ou extintivas da punibilidade).

---

342 *Curso de direito penal*, p. 164. E também Cezar Bitencourt, referido por Milton Fontana, Aplicação da pena: a culpabilidade como pressuposto da reprovação e a valoração das circunstâncias vinculadas ao autor (e não ao fato criminoso), p. 174.

343 Trecho da ementa: "Embora tecnicamente primária, não podem ser considerados bons antecedentes registrados na vida pregressa da paciente que responde a mais de sessenta inquéritos policiais já instaurados e a mais de vinte ações penais, oito das quais em grau de recurso interposto pela defesa no próprio tribunal apontado como coator".

344 Trecho da ementa: "A presunção da inocência não impede que a existência de inquéritos policiais e de processos penais possam ser levados à conta de maus antecedentes".

Dentro dessa óptica, comentando, aliás, o já acima referido acórdão prolatado pelo Excelso Pretório no HC 73.394-SP, Adauto Suannes assim teceu sua crítica:

> Se o réu era inocente (ou não-culpado, como preferem alguns treslendo a norma, com o claro escopo de dar importância menor ao salutar princípio) e não foi condenado, segue-se que ele continua sendo inocente, pois tal situação somente se alteraria com uma sentença condenatória trânsita em julgado, que inocorreu. Logo, os fatos que o envolveram não podem ser trazidos em seu desfavor, pois o Estado, tendo tido a oportunidade de apreciar tais fatos e condenar o autor, se penalmente relevantes, deixou de fazê-lo, qualquer que seja o motivo disso.[345]

Realmente, se o indiciamento sem denúncia, assim como a denúncia sem o seu recebimento e o processo com absolvição por insuficiência probatória ou pela extinção da punibilidade, não se constituem propriamente em assertivas da inocência do investigado ou do réu, nem por isso a desmentem ou excluem a possibilidade de ter sido a investigação e/ou o processo uma rematada injustiça. Sua utilização contra o agente em processo futuro, então, além de violar a Carta Política, revela-se um despautério lógico inaceitável.

Em qual hipótese, então, seria possível reconhecer alguém como portador de maus antecedentes?

A única possibilidade para tanto seria no caso de alguém que teve contra si uma sentença condenatória definitiva, prolatada depois dos fatos tratados pelo juízo sentenciante. Isso porque, se a sentença condenatória transitou em julgado antes do cometimento da nova infração, o réu deve ser tido por reincidente, fazendo incidir circunstância agravante, como se infere da inteligência dos

345 *Maus antecedentes e elevação da pena*, p. 296.

arts. 63[346] e 61, I, do Código Penal.[347] Essa é a posição de Adauto Suannes[348] e Guilherme de Souza Nucci,[349] assim como da parcela mais significativa da jurisprudência, conforme se vê da conclusão dos seguintes julgados: do Supremo Tribunal Federal: HC 83.493-PR (Rel. Min. Carlos Ayres Britto, 1ª Turma, DJ 13.02.2004);[350] e do Superior Tribunal de Justiça: HC 43.788-SP (Rel. Min. Félix Fischer, 5ª Turma, DJ 01.02.2006, p. 576)[351] e HC 39.739-RJ (Rel. Min. Paulo Gallotti, 6ª Turma, DJ 01.08.2005, p. 571).[352]

E se houver condenação anterior, com sentença passada em julgado, mas, que, em razão do decurso do prazo de cinco anos da data do seu cumprimento (art. 64, I, do Código Penal), não puder mais ser levada em conta para efeito de reincidência: poderá o juiz considerar tal registro como mau antecedente?

---

346 "Art. 63. Verifica-se a reincidência quando o agente comete novo crime, depois de transitar em julgado a sentença que, no País ou no estrangeiro, o tenha condenado por crime anterior."

347 "Art. 61. São circunstâncias que sempre agravam a pena, quando não constituem ou qualificam o crime: I — a reincidência."

348 *Maus antecedentes e elevação da pena*, p. 296-298.

349 Diz o magistrado paulista: "Por outro lado, há posição defendendo que somente possam ser considerados antecedentes as anotações na folha de antecedentes — devidamente comprovadas pela emissão de certidão cartorária — representativa de condenações, com trânsito em julgado, que já não sirvam para gerar reincidência ou que possam com esta conviver. É o melhor caminho, inclusive para não haver qualquer confusão com a conduta social — esta, sim, de avaliação mais aberta" (*Individualização da pena*, p. 199).

350 Trecho da ementa: "Impossibilidade de considerar-se como maus antecedentes a existência de processos criminais pendentes de julgamento com o consequente aumento da pena-base".

351 Trecho da ementa: "Em respeito ao princípio da presunção da inocência, inquéritos e processos em andamento não podem ser considerados como maus antecedentes, para exacerbação da pena-base (precedentes do Pretório Excelso e do STJ)".

352 Trecho da ementa: "Em respeito ao princípio constitucional da não-culpabilidade (art. 5º, LVII, da Constituição Federal), processos criminais em curso não podem ser considerados como maus antecedentes".

A jurisprudência pátria é praticamente uníssona em admitir, nesse exemplo, o reconhecimento da hipótese como um mau antecedente a ser valorado no momento da dosimetria da pena. Assim já decidiram, exemplificativamente, o extinto Tribunal de Alçada Criminal de São Paulo (JUTACrim 32/372 e RJTACrim 31/404)[353] e o Supremo Tribunal Federal (HC 86.415-PR, Rel. Min. Carlos Velloso, 2ª Turma, DJ 18.11.2005, p. 24).[354]

Contudo, ao menos uma questão se coloca no caminho da unanimidade das decisões dos tribunais.

Já não é de pouco que se questionam a legitimidade e a constitucionalidade do agravamento da punição pela reincidência, sob o argumento da proibição da dupla valoração fática — ne bis in idem —, o que levaria a objetar, pelo mesmo motivo, a consideração da hipótese acima como configuradora de maus antecedentes para justificar o aumento da pena-base. Não é esta, porém, a objeção que aqui se faz.[355] O que se deve

---

353 Referências extraídas da obra coordenada por Alberto Silva Franco e Rui Stoco. *Código Penal e sua interpretação jurisprudencial*, p. 891.

354 Trecho da ementa: "A condenação atingida pelo prazo previsto no art. 64, I, do Código Penal pode ser levada em consideração no processo de dosimetria da pena para caracterização dos maus antecedentes".

355 Veja-se a objeção levantada por Silva Franco: "Por outro lado, mostra-se, hoje, bastante duvidosa, em sua constitucionalidade, a agravação obrigatória da pena, em razão do agente ser reincidente. Como já foi enfatizado anteriormente (art. 1º, item 2.05), o princípio do ne bis in idem, que se traduz na proibição do princípio constitucional da legalidade. Não se compreende, como uma pessoa possa, por mais vezes, ser punida pela mesma infração. O fato criminoso que deu origem à primeira condenação não pode, depois, servir de fundamento a uma agravação obrigatória de pena, em relação a um outro fato delitivo, a não ser que se admita, num Estado Democrático de Direito, um Direito Penal atado ao tipo de autor (reincidente), o que constitui uma verdadeira e manifesta contradição lógica. Como acentua Zugaldia Espinar (*Fundamentos de derecho penal*, p. 236, 1990), um mesmo fato não pode ser tomado em consideração 'com plurais efeitos fundamentadores ou agravatórios da responsabilidade criminal mesmo porque a sanção repetida de uma mesma conduta possibilita 'uma inadmissível reiteração do exercício do jus puniendi do Estado' (*Diaz Palos, La jurisprudencia penal ante la dogmática jurídica y la política criminal*, p. 146, Colex, Madrid, 1991). Correta, portanto, a conclusão de que o princípio da legalidade não admite, em caso algum, a imposição de pena superior ou distinta da prevista e assinalada para o crime e que a agravação da punição, pela reincidência, faz, 'no fundo, com que o delito anterior surta efeitos jurídicos duas vezes' (Quintero Olivares, Derecho penal, Marcial Pons, Madrid, 1989)" (*Código de Processo Penal e sua interpretação jurisprudencial*, p. 1019). Não se

ter por inconstitucional, na hipótese referida pelos julgados acima, é o fato de que não há limite de tempo para que a infração anterior — pela qual o agente já foi condenado — possa ser considerada como mau antecedente e servir de aumento da pena-base do segundo crime. O legislador impôs limitação para o reconhecimento da reincidência, como se denota do art. 64, I, do Código Penal[356]. E quanto aos antecedentes? A esse respeito o legislador não se manifestou.

Talvez fosse o caso de a lei estender, para trás e, quem sabe, em cinco anos da reincidência, os efeitos da condenação anterior para efeito de considerá-la como mau antecedente. Vale dizer: poder-se-ia considerar mau antecedente somente a condenação transitada em julgado cujo cumprimento ou extinção da pena tivesse ocorrido até dez anos antes do cometimento da nova infração — se tivesse ocorrido até cinco anos seria o caso de reincidência.

À míngua de uma previsão legal limitadora, não se pode aceitar que uma condenação anterior produza efeitos eternamente, à vista do que dispõe o art. 5º, XLVII, b, da Constituição Federal, que proíbe penas de caráter perpétuo. Nesse sentido, embora se referindo à

---

pode, contudo, concordar inteiramente com essas ponderações. Em verdade, ao punir-se a reincidência não se está considerando o mesmo fato duas vezes, senão que a consideração do fato, que levou o agente à sua primeira condenação, protrai-se no tempo, só se completando ou com o reconhecimento de eventual reincidência ou com o decurso do prazo para tanto (art. 64, I, do Código Penal). Não há nada de ilegal ou inconstitucional nisto: todo cidadão — considerando-se a presunção do conhecimento da lei por todos — sabe que um crime pode condená-lo a uma tal pena previamente fixada por lei e que esta conduta poderá gerar-lhe ainda um acréscimo de pena na apreciação de um segundo crime, o que, também, está previamente fixado por lei, uma vez que a agravante incidirá nos limites da moldura penal prevista para a segunda infração. Com isso não se quer sustentar, todavia, que o aumento obrigatório pelo reconhecimento da reincidência seja algo bom, eficaz, desejável ou necessário, em termos de prevenção especial e de política criminal. "(A discordância aqui mencionada representava a convicção do autor por ocasião da apresentação do trabalho à banca examinadora. Agora, durante a revisão do texto, tal convicção não se mostra mais inabalável. Optou-se, porém, por deixar a reflexão no corpo do livro com o fim de estimular o debate e colocá-la à prova da crítica)."

356 "Art. 64. Para efeito de reincidência: I — não prevalece a condenação anterior, se entre a data do cumprimento ou extinção da pena e a infração posterior tiver decorrido período de tempo superior a 5 (cinco) anos, computando o período de prova da suspensão ou do livramento condicional, se não ocorrer revogação."

reincidência, são também válidas aqui as considerações de Zaffaroni e Pierangeli:

> E exclusão da pena perpétua de prisão importa que, como lógica consequência, não haja delitos que possam ter penas ou consequências penais perpétuas. Se a pena de prisão não pode ser perpétua, é lógico que tampouco pode ser ela a consequência mais branda do delito. Isto resulta claro quanto às consequências acerca da reincidência, que o art. 64 limita em cinco anos. De outro modo, se estaria consagrando a categoria de "cidadãos de segunda", ou uma capitis diminutio inaceitável no sistema democrático ou republicano. Por mais grave que seja um delito, a consequência real será, para dizê-lo de alguma maneira, que o sujeito deve "pagar a sua culpa", isto é, que numa república se exige que os autores de delitos sejam submetidos a penas, mas não admite que o autor de um delito perca a sua condição de pessoa, passando a ser um indivíduo "marcado", "assinalado, estigmatizado pela vida afora, reduzido à condição de marginalizado perpétuo.[357]

Tampouco se pode admitir que a jurisprudência estabeleça, por analogia, qualquer prazo, pois esta manobra só serviria para prejudicar o réu.

É dentro dessa ótica que José Antonio Paganella Boschi enfrenta, de forma explícita, a questão, entendendo que, se existe um lapso temporal de cinco anos para que o cumprimento de uma pena imposta por uma condenação transitada em julgado faça desaparecer os efeitos da reincidência (art. 64 do Código Penal), esta mesma quantidade de tempo, por uma questão lógica, deve operar para impedir que se considere uma tal condenação como mau antecedente.[358]

---

357 *Manual de direito penal brasileiro*, p. 786.

358 *Das penas e seus critérios de aplicação*, p. 208.

Assim, enquanto a lei não dispuser um limite para o alcance do conceito de maus antecedentes, a única possibilidade de considerar uma condenação como tal é aquela referida anteriormente em que o agente praticou a primeira infração e por esta só restou condenado com trânsito em julgado no curso da apreciação do segundo fato criminoso.

5.3.3 Conduta social

Conduta social é todo e qualquer comportamento anterior do agente relacionado com seu núcleo familiar, profissional, suas atitudes como vizinho, cidadão em sentido lato (eleitor, contribuinte, consumidor, etc.).

A maioria da doutrina defende que a pena pode variar, indistintamente, para baixo ou para cima, conforme as atitudes comportamentais nos campos acima mencionados. Assim entende Paulo José da Costa Júnior:

> Por conduta social deverá entender-se o papel que o acusado teve em sua vida pregressa, na comunidade em que se houver integrado. Se foi um homem voltado ao trabalho, probo, caridoso, altruísta, cumpridor dos deveres, ou se transcorreu os seus dias ociosamente, exercendo atividades parasitárias ou anti-sociais. Será ainda considerado o comportamento do agente na família, no ambiente de trabalho, de lazer ou escolar. Alguns se adaptam às normas de convivência social, outros reagem, manifestando condutas de agressividade ou inconformismo. É este comportamento que servirá de guia ao magistrado na fixação da pena.[359]

Para o mesmo sentido aponta Guilherme de Souza Nucci:

> Não somente a conduta antecedente do agente em seus vários setores de relacionamento, mas sobretudo o ambiente no qual está inserido são capazes de determinar a justa medida da reprovação que seu ato criminoso possa merecer. [...] Um péssimo pai

359 *Curso de direito penal*, p. 165.

> e marido violento, em caso de condenação por lesões corporais graves, merece pena superior à mínima, por exemplo. Sob outro prisma, pode ser que o agente do delito seja considerado excelente pai e dedicado esposo, tornando justificável a aplicação da pena-base mais próxima do mínimo.[360]

Outro não tem sido o entendimento da jurisprudência, como se observa do trecho do voto do Ministro José Cândido, do Superior Tribunal de Justiça — Corte que tem a missão constitucional de uniformizar a interpretação da lei federal no País —, deixando assente o seguinte:

> A conduta social do réu tanto pode ser favorável ou contrária a ele, basta conferir cada hipótese em julgamento. Ao demais, não se trata de novidade, desde que é uma circunstância que envolve a vida do acusado antes do delito, sob aspectos de relacionamento familiar e social (REsp 4.138-PR, 6ª Turma, DJ 03.12.1990, RSTJ 17/472).

Entretanto, como já mencionado anteriormente, quando da discussão do direito penal do fato versus o direito penal de autor, as considerações a respeito da conduta social do agente, por se encontrarem fora dos limites do injusto penal, não podem servir ao aumento da pena, senão apenas para diminuí-la. O indivíduo que é bom marido, mulher, filho, vizinho, amigo, que sempre foi solidário, abnegado, cumpridor dos deveres sociais e cívicos, merece, mesmo, que sua pena, medida pela culpabilidade estritamente ligada ao fato, seja mitigada. Isso não legitima, contudo, que se puna mais severamente — para além da culpabilidade medida pelo fato — aquele que não se comporta dessa maneira.

Pensar o contrário é pôr em risco o próprio princípio nulla poena sine crimine (não há pena sem crime), como alerta Sousa e Brito, para quem em casos tais:

---

360 *Individualização da pena*, p. 201.

> Também o já mencionado princípio constitucional da conexão entre o crime e a pena seria posto em causa: a pena deixaria de basear-se no crime na medida em que variasse em função de factos não criminosos nem culposos e que não podem considerar-se como circunstâncias do crime.[361]

Esse é também o pensamento de Túlio Lima Vianna:

> Prosseguindo na análise do artigo 59 do CP, temos a conduta social e a personalidade do agente como elementos a serem levados em conta pelo magistrado. (§) Trata-se de circunstâncias que somente poderão ser analisadas para diminuir a pena do réu, pois o seu uso para aumentar a pena constitui flagrante violação do princípio constitucional da legalidade consagrado no art. 5º, XXXIX, da CF: "não há crime sem lei anterior que o defina, nem pena sem prévia cominação legal" [...].[362]

---

361 *A medida da pena no novo Código Penal*, p. 567.

362 Interessante também é o exemplo dado pelo autor: "Senão vejamos: dois indivíduos munidos de arma de fogo resolvem roubar um banco em concurso de agentes. Ambos realizam as mesmas condutas, rendem o caixa, apontam-lhe a arma, recebem o dinheiro, dividem-no em partes iguais e saem em fuga. (§) Durante a instrução criminal as testemunhas afirmam que o primeiro deles é ótimo pai de família, excelente vizinho, bom empregado e que trabalha durante os finais de semana em entidades beneficentes tendo inclusive adotado cinco crianças de rua. O outro acusado, porém, tem personalidade e conduta social oposta: bate na esposa, briga constantemente com a vizinhança, chega bêbado no trabalho e há fortes comentários de que trafique drogas. (§) Não é difícil imaginar que o juiz fixará a pena do primeiro no mínimo legal e aumentará a pena do segundo em cerca de um ano. Ao proceder desta forma, o magistrado, na prática, estará condenando ambos pelo roubo a banco e suplementarmente estará condenando o segundo a um ano de prisão por bater na esposa, brigar constantemente com a vizinhança, chegar bêbado no trabalho e supostamente traficar drogas. (§) Trata-se de violação clara de dois princípios constitucionais: legalidade e devido processo legal. Ao condenar o réu a um ano de prisão com base em alguns fatos absolutamente atípicos sob o argumento de ser uma 'conduta social imprópria' ou 'personalidade deturpada', nada mais estará fazendo do que desprezar completamente um dos mais tradicionais princípios de Direito Penal. (§) Ofenderá também o princípio do devido processo legal, pois, se o indivíduo foi acusado de roubar um banco, irá defender-se deste fato tão-somente e não de supostas lesões corporais à esposa e tráfico de drogas alegado pelas teste-

Ademais dessas considerações relativas à legalidade das penas, não é demasiado recordar, com apoio na lição de Hart, que não existe um único sistema homogêneo de moralidade social do qual o juiz, ao sentenciar, possa ser o porta-voz. Antes, ao pretender exprimir o juízo com base no "homem comum racional", o juiz projeta suas próprias ideias morais e de sua classe social.[363]

Por esses motivos, a materialização de conceitos plurívocos e alheios ao tipo penal como conduta social só pode autorizar que sirvam à mitigação da pena e não à sua elevação.

5.3.4 Personalidade do agente

Como se pode perceber não apenas da sua inserção no art. 59, senão também por sua condição de circunstância preponderante no concurso de agravantes e atenuantes (art. 67), o legislador penal atribuiu à personalidade do agente um importante papel na dosimetria da pena.

A primeira dificuldade que surge para a avaliação proposta pela lei está em definir o que vem a ser personalidade. Para Flávio Fortes D'Andrea, "personalidade é a resultante psicofísica da interação da hereditariedade com o meio, manifestada através do comportamento, cujas características são peculiares a cada pessoa".[364] Na lição do médico e psicólogo Mário Fedeli, citado por Nucci, a personalidade é a síntese do eu, constituindo um núcleo inconfundível e irrepetível de cada indivíduo.[365]

Apesar da peculiaridade e do núcleo inconfundível salientados por estas definições, é preciso ressaltar, como faz Joe Tennyson Velo, que a personalidade não deve ser considerada algo antropologicamente

---

munhas. O aumento da pena-base em supostos crimes que mesmo provados nos autos não foram objeto de processo para apurá-los é absolutamente inconstitucional, pois, em última análise, configura em condenação sem o devido processo legal". (*Pena-fixação: roteiro didático*, p. 56).

363 Cf. Anabela Rodrigues. *A determinação da medida da pena privativa de liberdade*, p. 208.

364 Cf. Nucci. *A individualização da pena*, p. 206.

365 Cf. *Idem, ibidem*.

determinado, inerte, com idênticas formas de determinação das diversas fases da vida.[366] Para este autor, que reconhece a complexidade e a improbabilidade de se conseguir definir um verdadeiro conceito, a personalidade é um conjunto dinâmico dos aspectos relacionados ao temperamento — sendo este relacionado com a estrutura biológica, inata, geneticamente disposta da pessoa, aquilo que determina suas peculiares tendências afetivas de agir no mundo, reagir ao ambiente e relacionar-se com os demais indivíduos —, o caráter — entendido como o resultado da interação entre o temperamento e o ambiente[367] — e ao inconsciente.[368]Velo adverte, porém, com apoio nas lições de Carl Gustav Jung e de Agostino Gemelli, que o caráter deve ser considerado em grande parte como expressão da vontade potencialmente livre do indivíduo, o que, em certa medida, reconduz à fundamentação da responsabilidade penal pelo livre-arbítrio.[369]

---

366 *Criminologia analítica: conceitos de psicologia analítica para uma hipótese etiológica em criminologia*, p. 138.

367 Sobre a configuração do caráter, confira-se a seguinte observação de Tennyson Velo: "O que dá performance ao temperamento, fazendo-o diferente em várias situações, são os condicionamentos sociais, relações interpessoais ou familiares que causam frustrações ou alegrias, enfim, as circunstâncias popularmente chamadas de existenciais incidem sobre o temperamento, configurando o caráter de cada um" (*Criminologia analítica: conceitos de psicologia analítica para uma hipótese etiológica em criminologia*, p. 138-139).

368 Para Tennyson Velo, *ibidem*, p. 158, "inconscientes são todos os processos mentais em relação aos quais o sujeito não está imediatamente consciente, quaisquer que sejam: intenções, crenças, emoções, necessidades orgânicas, pressuposições ou tendências".

369 Nesse sentido, confira-se: "Com efeito, Gemelli não perdeu de vista a necessidade de, a princípio, se considerar o caráter em grande parte como expressão da vontade potencialmente livre, por isso passível de desenvolvimento ou aperfeiçoamento. A personalidade seria, portanto, uma segunda criação de nós mesmos, composta, por assim dizer, de nós mesmos e na medida em que o homem pode criar, e não criar a partir do nada, mas descobrir o que existe e disso tirar o maior proveito possível. Do que resulta que o caráter e a personalidade são não só o resultado da constituição e das disposições originárias do indivíduo, como também o resultado da vontade do próprio indivíduo". Por fim, arremata que "o homem deve ser considerado como homem que constituiu para si um patrimônio de convicções, que obedece à escolha de determinados valores ao escolher as finalidades das suas ações" (*Idem, ibidem*, p. 142).

Muitos são os métodos de investigação da personalidade. Mendelssohn, por exemplo, propõe que se verifiquem a herança, o temperamento, os acidentes e o meio, com especial destaque para a família do acusado (ascendentes até o décimo grau, colaterais até o quarto grau, sob o aspecto sociológico, psicopatológico, antropológico, criminológico e médico-legal), a vida do criminoso até a época da acusação, o regime educativo no lar (relações entre os pais, entre o criminoso e seus irmãos e o tratamento dado ao criminoso em comparação com o dos outros filhos), o estado físico, psíquico, relações sociais, relações do criminoso com sua mulher, filhos e pais, atos anti-sociais, sexualidade (evolução psicopatológica sexual infantil — puberdade, adolescência e maturidade, senilidade, etc).[370]

De investigações como essa podem ser descortinados aspectos que, como anota Guilherme de Souza Nucci, são comumente considerados positivos — como bondade, alegria, persistência, responsabilidade nos afazeres, honestidade, coragem, calma, paciência, amabilidade, maturidade, sensibilidade, bom humor, compreensão, simpatia, tolerância — ou negativos — como agressividade, preguiça, frieza emocional, insensibilidade acentuada, emotividade desequilibrada, passionalidade exacerbada, maldade, irresponsabilidade no cumprimento das obrigações, distração, inquietude, esnobismo, ambição desenfreada, insinceridade, covardia, desonestidade, imaturidade, impaciência, individualismo exagerado, hostilidade no trato, soberba, inveja, intolerância, xenofobia, racismo, homofobia e perversidade.[371] Mesmo diante de traços da personalidade como esses, Nucci faz importante ressalva no sentido de que, uma vez isoladamente considerados ou enquanto não repercutem no desrespeito ao direito de terceiros, deve-se compreendê-los como fruto da liberdade de ser e expressar do indivíduo.[372] A esse alerta deve-se somar o de Roberto Lyra, que, numa recomendação de parcimônia na análise da personalidade para efeito de individualizar a pena, diz não ser possível reduzir os caracteres e os temperamentos a esquemas e fórmulas, devendo-se

370 Cf. Roberto Lyra. *Comentários ao Código Penal*, p. 212-213.

371 Guilherme de Souza Nucci. *Individualização da pena*, p. 207.

372 *Idem, ibidem*, p. 207.

estudar os homens não em geral ou em classes, mas o caráter e o temperamento do réu e apenas ele, sem que se olvide, com isso, as complicações, multiplicidades, variações e até contradições que escapam à percepção da inegável complexidade e sutileza da personalidade humana.[373]

Diante dessa tão difícil tarefa, que é avaliar a personalidade de alguém, será possível e mesmo legítimo reduzir tal análise em números, numa improvável missão de materializar algo intangível?

Também nesse particular, a maioria da doutrina defende a possibilidade de sua quantificação tanto para aumentar como para reduzir a pena-base, desde que, porém, tal característica esteja vinculada à ação criminosa. É o que sustenta Guilherme de Souza Nucci:

> [...] ao cometer um crime, especialmente se a característica negativa da sua personalidade for o móvel propulsor — como a inveja incontrolável ou o desejo de praticar maldade — deve ser levada em conta para o estabelecimento da pena. Esta, no entanto, não será aumentada se não houver nexo de causalidade entre o delito e o elemento negativo da personalidade do agente.[374]

Esse é também o entendimento de Paulo José da Costa Júnior: "A personalidade está intimamente ligada à conduta. Em função dela, poderá o juiz exacerbar ou atenuar a pena".[375]

Em que pesem tais entendimentos, ainda que vinculada à ação delituosa, não se pode admitir a exasperação da pena pela personalidade. Como adverte Assis Toledo, os limites impostos pelo princípio da legalidade de pouco

---

373 *Comentários ao Código Penal*, p. 215.

374 *Individualização da pena*, p. 208. Embora discorresse sobre conduta social (referindo-se a esta como antecedentes), mas também exigindo um vínculo da característica pessoal com o delito para a sua consideração na determinação da medida da pena, Hassemer afirma: "Assim, por exemplo, pelos antecedentes do autor deve ser atraído somente o que está em relação com o ato e com a culpabilidade pelo ato — e não a condenação nos dois divórcios nem a embriaguez no trânsito" (*Introdução aos fundamentos do direito penal*, p. 150).

375 *Introdução aos fundamentos do direito penal*, p. 164.

valeriam se a pena pudesse oscilar com base em conceitos tão variáveis e inseguros como o da personalidade.[376]

Por outro lado, a única maneira de a personalidade do agente vincular-se com o fato criminoso — exigência que, por exemplo, Nucci faz para que aquela possa servir à dosimetria da pena — está nos casos em que o traço da personalidade revela-se como causa do delito. Assim sendo, duas são as possibilidades. Se o traço da personalidade compromete a capacidade de compreensão da ilicitude do fato ou de fazer com que o agente se determine de acordo com esse entendimento, a discussão não será mais a respeito da fixação da pena, mas da imputabilidade do agente, com imposição de medida de segurança (art. 23 do Código Penal e art. 29 da Lei 6.368/1976). Não sendo esse o caso, trata-se então de discutir o comportamento no âmbito dos motivos do crime, e aí, sim, porque ligados também à culpabilidade, deverão estes ser considerados na dosimetria da pena. Em outras palavras, a lei não

376 Nesse diapasão, Assis Toledo afirma que definir caráter e personalidade é ofício dos psicólogos, não podendo os penalistas usurpar tal função, na pretensão de criar conceitos dogmáticos a respeito. Acrescenta ainda que para quem insistir em fazê-lo encontrará os seguintes percalços descritos por Eysenck: "Quase todos os conceitos e termos empregados em psicologia são muito discutíveis. Tem-se escrito livros inteiros em torno da definição de termos como 'instinto', 'inteligência' ou 'emoção' e inclusive em nossos dias existem diferentes ideias, concepções e definições entre os psicólogos. Mas poucos termos são objeto de definições tão diferentes como o da 'personalidade'. Quase cada um dos autores que escrevem sobre este tema dá sua própria definição, seu próprio ponto de vista, seu método próprio e sua concepção pessoal do que deveria ser o objeto da investigação sobre personalidade. Seria insensato pretender dogmatizar num campo em que existem tantas discrepâncias" (*H. J. Eysenck, Delincuencia y personalidade*, p. 21). Este autor é professor de psicologia na Universidade de Londres, diretor do Laboratório de Psicologia do Instituto de Psiquiatria e psicólogo dos hospitais Bethlen Royal e Maudsley de Londres). Tradução livre realizada a partir da seguinte transcrição de Assis Toledo: "Casi todos los conceptos y términos empleados en psicología son muy discutidos. Se han escrito libros enteros en torno a la definición de términos como 'instinto', 'inteligencia' o 'emoción' e incluso en nuestros días existen diferentes ideas, concepciones y definiciones entre los psicólogos. Pero pocos términos son objeto de definiciones tan diferentes como él de 'personalidad'. Casi cada uno de los autores que escriben sobre este tema da su propia definición, su propio punto de vista, su método propio y su concepción personal de lo que debería ser el objeto de la investigación sobre la personalidad. Sería insensato pretender dogmatizar en un campo en él que existen tantas discrepancias". *Princípios básicos de direito penal*, nota de rodapé n. 52, p. 253.

punirá com mais rigor alguém por ser invejoso ou frívolo, mas poderá fazê-lo se o motivo do crime foi a inveja ou a frivolidade. Mas isso diz respeito aos motivos e à culpabilidade.

Não se pode, pois, reprovar mais severamente alguém pelo que é, mas pelo que fez.[377]

Em sentido oposto, se os traços da personalidade forem aquilatados como positivos, estes poderão, notadamente em virtude da prevenção especial com vistas à ressocialização, recomendar que a pena fique aquém do que a culpabilidade pelo fato, por si só, recomendaria.

5.3.5 Motivos

Motivo é o "que pode fazer mover", "que causa ou determina alguma coisa", "causa", "razão", "fim", "intuito".[378] No que concernem ao direito penal, são, nos dizeres de Bettiol, "os precedentes causais de caráter psicológico da ação".[379]

O Código Penal fala propositadamente em motivos, pois, como anota Roberto Lyra, é rara a unicidade do motivo,[380] sendo no mais das vezes, como se refere Guilherme de Souza Nucci, um plexo de situações psíquicas, que faz alguém agir criminosamente, podendo representar tanto a causa do delito como a finalidade a ser atingida pelo agente.[381]

---

377 Sobre o perigo de transformar a valoração jurídica da personalidade num direito de autor, vale conferir o trecho do voto da lavra do então Juiz do Tribunal de Alçada Criminal de São Paulo, Alberto Silva Franco: "O juiz sentenciante não poderá desprezar a personalidade concreta do agente na individualização da pena, mas não poderá, como é óbvio, valorá-la a ponto de transformar a pena imposta numa verdadeira pena de autor, o que contraria o Direito Penal pátrio, firmemente ancorado no fato criminoso" (TACrim-SP – Rev. – Voto vencido: Silva Franco – JUTACrim 77/43). Julgado extraído da obra do mesmo autor, *Código de Processo Penal e sua interpretação jurisprudencial*, p. 899.

378 Cf. Antônio Geraldo da Cunha. *Dicionário etimológico nova fronteira da língua portuguesa*, p. 535.

379 Cf. Alberto Silva Franco. *Código de Processo Penal e sua interpretação jurisprudencial*, p. 899.

380 *Comentários ao Código Penal*, p. 228.

381 Nucci. *Individualização da pena*, p. 218.

Dentro dessa concepção, embora digam também respeito à personalidade — porquanto são gerados na psique do indivíduo —, os motivos não pertencem ou justificam o chamado direito penal de autor. Ao contrário, vinculam-se diretamente ao fato criminoso, integrando a culpabilidade, cuja valoração tornará mais ou menos reprovável a conduta.

Convém observar que a análise dos motivos não pode, como defendem alguns, legitimar-se ou justificar-se na emissão de juízos essencialmente morais. Isso porque não há como afirmar a existência de uma única moral, mesmo entre os indivíduos de uma mesma sociedade. A justificativa para o aumento ou diminuição da pena pelos motivos não está substancialmente na moral em si. Está, em verdade, na moral juridicamente valorada, ou seja, na relação que o motivo guarda com o(s) bem(ns) juridicamente protegido(s) pela lei penal ou, ainda, com bens protegidos ou valores juridicamente relevantes, ainda que em outras áreas do mesmo sistema jurídico. Tomem-se, para ilustrar, os exemplos citados comparativamente por Nucci: 1º) o médico que pratica a chamada eutanásia libertadora ou terapêutica em seu paciente, com o fim de libertá-lo do sofrimento (sentimento de piedade); 2º) aquele que mata seu paciente visando a impedir a mudança no testamento (ganância); 3º) quem rouba dinheiro para entregá-lo à creche de seu bairro ou a alguma entidade beneficente; e 4º) aquele que rouba para comprar uma roupa sofisticada (futilidade).[382]

Em todos os exemplos dados, os motivos invocados, antes ou além de revelarem o conteúdo moral da conduta, informam o maior ou menor apreço ou desprezo pelo bem jurídico protegido ou por valores juridicamente consagrados no sistema jurídico, o que justifica sua aferição para efeito da fixação da pena. Com efeito, no primeiro caso, a eutanásia é praticada por um sentimento humanitário, que valoriza a dignidade da pessoa humana (valor consagrado no art. 1º, III, da Constituição Federal), enquanto no segundo o agente revela maior desprezo pela vida humana, na medida em que a extermina com a fina-

382 *Idem, ibidem*, p. 222-223.

lidade de burlar outros direitos consagrados pela lei, que são os direitos sucessórios. No terceiro exemplo, o agente pratica o roubo motivado por valores contemplados pela própria Constituição da República, que são a solidariedade, a erradicação da pobreza, da marginalização e a redução das desigualdades sociais (art. 3º, I e III). No quarto exemplo, o roubo não é praticado em favor de outros bens juridicamente protegidos ou de direitos sociais que deveriam estar assegurados a todos (como aqueles referidos no art. 6º da Carta Magna: a educação, a saúde, o trabalho, o lazer, a proteção à maternidade e à infância, a assistência aos desamparados). Ao contrário, o crime contra o patrimônio é praticado pelo agente com a intenção de obter uma propriedade sem nenhuma função social (art. 170 da Lei Maior).[383] Não se nega, evidentemente, o direito de alguém possuir algo considerado sofisticado ou supérfluo, cujo sentido está em atribuir-se uma identidade estética, uma característica mais ou menos peculiar. Ou, ainda, que tal bem se preste apenas à satisfação de um gosto, um capricho, um prazer. Contudo, na medida em que a ação delituosa é praticada para estes fins, o motivo do crime afasta-se de todos os valores juridicamente consagrados, revelando, por esta razão, um maior desprezo pelo bem penalmente violado, o que justificaria, em tese,[384] uma elevação da pena.

Dessa forma, deve-se estabelecer uma análise da proporção existente entre os motivos revelados (ou descobertos) com a violação do bem jurídico, a fim de concluir para maior ou menor censurabilidade da conduta.

---

383 Como registra José Afonso da Silva, a função social da roupa, assim como do alimento e do alojamento, está "precisamente na sua aplicação imediata e direta na satisfação das necessidades humanas primárias" (*Curso de direito constitucional positivo*, p. 787).

384 Diz-se, em tese, não apenas pelo fato de que o exemplo não oferece outros elementos para confronto e dosimetria, senão também em razão da circunstância de que todos os brasileiros, assim como a maioria dos povos ocidentais, encontram-se inseridos numa sociedade que permite e estimula o consumo em excesso, inclusive, associando-o, explícita ou implicitamente, ao bem-estar e à ideia de sucesso, razão pela qual se poderia cogitar que este elemento criminógeno externo, sem justificar em nenhum momento a conduta, poderia ser considerado para deixar de agravar a reprovação da conduta.

Com essas considerações, o que se quer dizer, portanto, é que os motivos integram a culpabilidade, na medida em que contribuem para uma maior ou menor reprovação da ação delituosa, e justificam sua valoração para a determinação da pena, não por revelarem o caráter — o que seria próprio de um direito penal de autor —, mas por demonstrarem o maior apreço ou desprezo pelos bens ou valores juridicamente contemplados em nosso sistema legal.

5.3.6 Circunstâncias do crime

Para Padovani, citado por Anabela Rodrigues, circunstâncias[385] são elementos acidentais ou acessórios do crime que, sem influir sobre a sua existência jurídica e sem condicionar a sua punibilidade, modificam a gravidade da sua consequência jurídica, agravando ou atenuando a pena.[386]

Uma tal definição serviria tanto para as circunstâncias legais, ou seja, aquelas previstas especificamente pelo legislador como causas que obrigatoriamente modificam a pena — as agravantes (arts. 61 e 62 do Código Penal) e atenuantes (arts. 65 e 66) previstas na Parte Geral, além das causas especiais de aumento e de diminuição, qualificadoras e formas privilegiadas previstas na Parte Especial —, quanto para aquelas judiciais, previstas no art. 59 e que serão objeto de exame neste item.

Excluídas as demais hipóteses acima previstas, por circunstâncias do crime, para efeito do art. 59 do Código Penal, portanto, devem ser considerados todos os elementos adjetivos do fato criminoso que possam, na avaliação do julgador, alterar a sua valoração jurídica, ou seja, que tenham a capacidade de modificar a censurabilidade da conduta.

Assim, são consideradas circunstâncias do crime as condições de tempo, lugar, modo de execução, as características físicas e psico-

---

385 Conforme recorda José Antonio Paganella Boschi, a palavra circunstância deriva da conjunção de circum (círculo ou ao redor de) com stare (estar), dando a ideia de que a circunstância não pertence, mas apenas circunda aquilo a que se refere (*Das penas e seus critérios de aplicação*, p. 189).

386 *A determinação da medida da pena privativa de liberdade*, p. 138.

lógicas da vítima (excluídas, evidentemente, como já dito, aquelas já estabelecidas pelo legislador) e do autor, a eventual relação de um com o outro, o comportamento do autor durante a atividade criminosa. As circunstâncias podem, nesse sentido, revelar maior ou menor covardia, audácia, preparação para o delito — tratando-se de uma ação mambembe e desastrada, de uma organização indigna de maior nota ou, ainda, uma atuação meticulosamente organizada — ou de maior potencialidade lesiva.

Interessante observar algumas circunstâncias consideradas relevantes pela jurisprudência, por exemplo, no crime de tráfico ilícito de entorpecentes, a natureza mais nociva da substância tóxica apreendida (TACrim-SP, AC, Rel. Geraldo Pinheiro, JUTACrim 44/293)[387] e a sua quantidade (HC 73.097-3, Rel. Maurício Corrêa, DJU 16.12.1996, p. 50950).[388] Tais circunstâncias demonstram o maior ou menor perigo à saúde pública.

Relativamente a outros crimes, também a título de exemplo, podem-se cogitar sobre outras circunstâncias do crime relevantes para a fixação da pena: a) nos crimes contra o patrimônio, o valor do bem (em caso de tentativa, pois, em caso de efetiva subtração, apropriação ou outra modalidade, o valor do prejuízo dirá respeito às consequências do crime); b) nos crimes contra a liberdade individual, a maior ou menor duração do crime; c) nos crimes contra a liberdade sexual, não apenas a duração do ato, mas a quantidade de pessoas envolvidas e o modo como se praticou o atentado; d) nos crimes contra a fé pública, a maior ou menor importância do título, papel ou documento falsificado; e) no crime de moeda falsa, a

387 Trecho do julgado: "Admissível, em tema de comércio clandestino de entorpecentes, é a maior severidade na repreensão penal em face da natureza mais nociva ou da maior quantidade de substância tóxica apreendida". Extraído da obra coordenada por Alberto Silva Franco e Rui Stoco. *Código Penal e sua interpretação jurisprudencial*, p. 901.

388 Trecho da ementa: "A quantidade de substância entorpecente apreendida demonstra o imenso potencial ofensivo à sociedade, não havendo como desprezar-se que esta atitude visava tão-somente a obtenção do lucro fácil, mediante procedimento delituoso. Isto, por si só, já justifica a exacerbação da reprimenda". Extraído da obra coordenada por Alberto Silva Franco e Rui Stoco, *ibidem*, p. 902.

quantidade da cédula ou metal contrafeito; f) nos crimes praticados por funcionários públicos, a graduação funcional do servidor; g) no crime de porte ilegal de arma, o calibre e o poder vulnerante desta.

A singela quantidade dos exemplos trazidos, se comparada às infinitas possibilidades de valoração das circunstâncias do crime, demonstra, sem qualquer dúvida, a importância desse elemento de valoração judicial da pena, na medida em que a margem oferecida ao magistrado é bastante extensa, exigindo, como contrapartida, a observância estrita do dever de fundamentar, sobretudo ao relacionar cada uma das circunstâncias eleitas ou relevadas para a censurabilidade da conduta.

5.3.7 Consequências do crime

Derivada do verbo latino consequor, que quer dizer seguir, acompanhar, seguir-se (consequentia), a palavra consequência segue a mesma linha semântica de sua origem, significando resultado ou efeito.

Do ponto de vista penal, por exemplo, as consequências do crime, para Frederico Marques, devem ser compreendidas não só em função do resultado típico da conduta, ou do dano causado ao bem jurídico tutelado, como ainda nos resultados que se projetam mais além, incluindo-se as consequências que derivam do dano.[389]

Mais ou menos no mesmo sentido, Nucci considera consequência o mal causado pelo crime, que transcende o resultado típico.[390] Nesse aspecto, apenas uma ressalva deve-se fazer. Malgrado seja regra que o crime só possa trazer consequências maléficas, não é difícil imaginar situações em que estas, ao revés, devam ser consideradas favoráveis. Tome-se, por exemplo, o caso do ladrão que rouba para dar o dinheiro a uma creche de seu bairro. Como já advertido por Nucci, o motivo, nesse caso, é nobre.[391] Agora, dentro desse mesmo exemplo, se o dinheiro é efetivamente empregado na creche, as consequências têm que ser havidas como favoráveis. O mesmo pode ser verificado no caso

389 *Curso de direito penal*, p. 257.

390 *Individualização da pena*, p. 226.

391 *Ibidem*, p. 223.

da corrupção ativa do agente político, um prefeito, que suborna um deputado federal para criar uma emenda no orçamento e enviar uma verba para a municipalidade representada por aquele. Se a verba é efetivamente encaminhada e empregada para a melhoria das condições da população, não se poderá negar o caráter benéfico das consequências da ação delituosa.

De toda maneira, podem ser consequências do crime tanto aquelas que são derivadas diretamente do resultado típico como aquelas que estão mais além deste, embora guardem com o mesmo uma relação de causalidade. Sobre a necessidade de verificação do nexo causal entre as consequências que estão fora do resultado típico e a ação ilícita, vale recordar o alerta feito por Sousa e Brito:

> A gravidade das consequências do facto (al. A no n. 2 do art. 72°) pode reportar-se ao resultado típico e então equipara-se às circunstâncias de dupla função subsuntiva e graduadora, ou reportar-se a circunstâncias atípicas e equipara-se às circunstâncias meramente indiciadoras da culpa. Mas na última hipótese há que restringi-las às consequências com um nexo de ilicitude ao resultado típico, ou ao acto típico nos crimes de mera actividade, isto é, à lesão ou ao pôr em perigo dos bens jurídicos que a norma incriminadora visa proteger.[392]

Exemplo disso seria o caso de um golpe perpetrado contra o "caixa" (o saldo bancário) de uma determinada empresa. O valor desviado, num primeiro momento, integra o próprio tipo do estelionato. O alto valor do prejuízo já seria motivo suficiente para a exasperação da pena (o valor do dano). Entretanto, o dano foi de tal monta que foi a causa da insolvência da empresa e sua subsequente falência. Este não é o dano — consequência imediata do crime —, mas sua consequência mediata, ou o que Frederico Marques chamou de "circunstâncias extrínsecas que derivam do dano causado".

---

392 *A medida da pena no novo Código Penal*, p. 577.

É preciso, porém, ter cuidado para não se valorar um elemento que integra ontologicamente o resultado típico. Como bem acentua Nucci, certas consequências são intrínsecas à ocorrência do delito, como a viuvez ou a orfandade causada pela prática do homicídio.[393] Nesses casos, não há razão para a exasperação da pena, o que seria, aliás, um bis in idem, na medida em que a consequência que se quer imputar como mais gravosa é da essência da conduta típica. Por outro lado, nem seria lícito apenar mais severamente alguém pela condição social da vítima, pois cada pessoa encerra um universo único e insubstituível, impedindo, dessa maneira, que se possa cogitar de que esta vida vale mais do que aquela.[394] Diferente, porém, voltando ao raciocínio desenvolvido por Nucci, é o caso do agente que assassina a esposa na frente dos filhos menores. Nesse caso, o trauma psicológico, provavelmente causado, é uma consequência que está bem além da conduta praticada. Entretanto, dada a sua relação de causalidade com a conduta típica, é perfeitamente possível e recomendável sua valoração para o efeito da maior censurabilidade da conduta.

Ainda sobre a necessidade de verificação de um nexo causal entre a ação delituosa e a consequência a ser valorada, não é demais ressaltar que não se pode confundir uma consequência social, passível de valoração, com a interpretação social do fato criminoso, ou, em outras palavras, com o clamor público.[395] Tome-se o exemplo de um peculato

---

393 *Individualização da pena*, p. 226.

394 Num outro viés da mesma questão, Beccaria, ao discorrer sobre os "Erros na Medida das Penas", afirmava: "Outros avaliam os delitos mais pela dignidade da pessoa ofendida que por sua importância em relação ao bem público. Se fosse essa a verdadeira medida dos delitos, uma irreverência para com o Ser dos seres deveria punir-se mais severamente do que o assassínio de um monarca, dado que a superioridade da natureza divina compensaria infinitamente a diferença da ofensa" (*Dos delitos e das penas*, p. 53).

395 Sobre esta distinção e a impossibilidade de valorar-se o injusto pela repercussão social do fato, vale conferir a seguinte observação de García Aran: "Com acerto destaca Dolcini, que o fenômeno do alarme social assenta-se na maioria dos casos sobre uma identificação de determinados setores sociais com as vítimas de alguns delitos e não presume grande esforço recordar casos nos quais um desdobramento

praticado por um prefeito que, esvaziando os cofres da municipalidade, impede a realização de serviços básicos como os de educação e saúde. Tal crime prejudica um sem-número de pessoas e tem graves consequências. Esta repercussão social deve, sem sombra de dúvida, ser valorada para efeito da determinação da pena-base. Diferente é o caso de um homicídio que, devido a sua excessiva exposição na mídia, causa enorme indignação na população, ou o chamado clamor público. Não se pode punir uma consequência que não apenas está fora da conduta típica, mas que com ela não possui uma relação de causa e efeito. Sabe-se e pode-se observar que parte da imprensa, chamada de marrom ou sensacionalista, é grandemente responsável por provocar, indistintamente, seja na população das grandes cidades, seja nos mais recônditos rincões do País, a sensação de insegurança própria de quem sofre com certo gênero de criminalidade típico dos centros urbanos. Outra parte da média, que assim não se considera, tampouco é chama-

---

informativo espetacular, a especial ressonância jornalística de um fato ou inclusive uma imprensa sensacionalista, tenham provocado a reclamação de penas severíssimas por parte da população, sem que isso suponha negar a gravidade dos fatos que costumam originar tais reações, mas o que é certo é que tais fenômenos devem ser estudados em profundidade e sem menosprezar o efeito que podem produzir sobre a valoração do fato; em qualquer caso apresenta uma "gravidade", sobre cujo conteúdo não posso estender-me aqui, mas em princípio não me parece conveniente que na valoração do injusto cometido incluam-se dados posteriores à sua realização como é o caso da difusão social do mesmo". Tradução livre do trecho: "Con acierto destaca Dolcini, que el fenómeno de la alarma social se asienta en la mayoría de los casos sobre una identificación de determinados sectores sociales con las víctimas de algunos delitos y no supone gran esfuerzo recordar casos en los que un espectacular despliegue informativo, la especial resonancia periodística de un hecho o incluso una prensa sensacionalista, han empujado a la reclamación de penas severísimas por parte de la población, sin que ello suponga negar la gravedad de los hechos que suelen originar tales reacciones, pero lo que sí es cierto es que tales fenómenos deben estudiarse en profundidad y sin menospreciar el efecto que pueden producir sobre la valoración del hecho; en cualquier caso éste presenta una 'gravedad', sobre cuyo contenido no puedo extenderme aquí, pero en principio no me parece conveniente que en valoración del injusto cometido se incluyan datos posteriores a su realización como es el caso de la difusión social del mismo" (*La prevención general en la determinación de la pena*, p. 516).

da, vive também de "personalizar" certas condutas criminosas, fazendo com que a população identifique de tal maneira determinadas pessoas com certos tipos de crime, que termina passando a ideia de que aquele caso é tão insólito e extraordinário que mereceria uma pena em tal medida. Muitas vezes, o crime é efetivamente praticado de um modo particularmente repulsivo, o que recomendaria o aumento da punição em face das suas circunstâncias, mas não em razão de consequências que ao mesmo não se vinculam.

5.3.8 Comportamento da vítima

Atento à possibilidade de o comportamento da vítima constituir-se em importante fator criminógeno, provocando ou estimulando a conduta criminosa, o legislador de 1984 erigiu-o como elemento que deve integrar a dosimetria da pena.

O estudo da vitimologia ganhou já há algum tempo uma certa autonomia científica, abrangendo diversos aspectos da relação entre o agente que comete a infração penal e aquele que sofre suas consequências. Entretanto, particularmente no que tange a este elemento específico do art. 59 do Código Penal brasileiro, interessa o tipo de vítima que Gerardo Landrove Díaz classifica de infungível ou participante.[396] Enquadram-se nesta classificação todas as vítimas que desempenham um certo papel na gênesis do delito. Assim, como alerta o autor espanhol, são vítimas participantes desde aquelas que se comportam de forma imprevidente (não fechando as vias de acesso a um determinado lugar, deixando à vista um objeto valioso, etc.), até aquelas que desempenham um papel ativo e mais relevante para a ocorrência do crime, provocando um sentimento de vingança por parte do autor do crime.[397]

Na mesma linha, Mirabete lembra que estudos de vitimologia chegam a se referir a certo tipo de "vítima nata", dentre as quais se encaixam aquelas com personalidade insuportável, criadoras de caso, extremamente antipáticas e pessoas excessivamente sarcásticas. O penalista

---

396 *La moderna victimología*, p. 45.

397 *Ibidem*, p. 45.

recorda, também, que "maridos verdugos e mulheres megeras são vítimas potenciais de cônjuges e filhos".[398] Muitos outros exemplos também poderiam ser enquadrados nas hipóteses em que a vítima contribui para a prática criminosa, tais como nos casos em que o ofendido detém o monopólio ou faz parte de um oligopólio de produtos, como ocorre com alguns da área de informática, cujo controle de preços excessivamente elevados provoca a contrafação e estimula a aquisição de falsificações. Ilustrativo também é o exemplo das sonegações fiscais: muitas vezes, empurrado por uma carga tributária que beira o confisco, o empresário ou o contribuinte, de um modo geral, também desestimulado pelas sucessivas notícias de desvio de verba pública ou de malversação, procura meios de escapar da arrecadação, utilizando-se de práticas ilícitas.

Landrove Díaz explica que há, ainda, a chamada vítima alternativa, que é aquela que se coloca deliberadamente na posição de sê-lo, a depender do azar de se tornar vítima ou algoz, como no caso do duelo. E também registra o que se denomina de vítima voluntária, a qual se origina de um pacto previamente assumido entre esta e o autor, tal como ocorre na eutanásia, na mutilação para descumprimento do serviço militar, obtenção do seguro contra acidente, etc.[399]

Contudo abundem as hipóteses em que o comportamento da vítima deva ser considerado provocativo ou estimulante da prática criminosa, é preciso ressaltar que em nenhum momento o legislador autorizou que tal avaliação servisse à exculpação do crime. O comportamento da vítima, de que trata o art. 59 do Código Penal, não a coloca fora do alcance da proteção da lei penal, tampouco serve, como adverte Nucci, à absolvição do agente.[400] Dentro dessa ótica, Ana Sofia Schimidt de Oliveira, em seu específico estudo a respeito do tema, bem pontuou a importância do comportamento da vítima e o cuidado que se deve ter na sua análise:

---

398 *Manual de direito penal*, p. 278.

399 *La moderna victimología*, p. 45.

400 *Individualização da pena*, p. 227.

> [...] desde que a vitimologia rompeu a separação maniqueísta entre vítima inocente e autor culpado [...], o comportamento da vítima passou a constituir importante foco de análise no campo da dogmática penal e não poderia mais ser desconsiderado na avaliação da responsabilidade do autor, sob pena de sobrecarregá-lo com uma culpa que não é só sua. No entanto, investigar o comportamento da vítima para buscar uma co-responsabilidade pode ter também alguns efeitos negativos que, no extremo, causariam uma absurda inversão de papéis.[401]

Além do perigo da inversão de papéis, o cuidado na avaliação do comportamento da vítima deve ter em consideração que sua análise também não autoriza que a mitigação de pena sirva à perpetuação de preconceitos inaceitáveis, como nos crimes de intolerância em relação à opção sexual — homossexual agredido por exteriorizar, tal como um heterossexual, seu afeto pelo(a) companheiro(a) —, religiosa e racial (indivíduo de uma determinada religião ou raça que caminha por um bairro predominantemente povoado por outros de uma religião ou raça distintas) ou clubista (indivíduo que torce para determinado clube de futebol que apenas caminha perto da entrada da torcida de outro clube no dia do jogo).

5.4 As circunstâncias agravantes, as atenuantes e as causas gerais de aumento e diminuição da pena

Na Parte Geral do Código Penal são previstas, ainda, para a fixação da pena, circunstâncias gerais de agravamento e atenuação da pena, ou seja, características que podem permear a prática de qualquer delito e que o legislador entendeu como obrigatoriamente relevantes no momento de determinação da medida da pena.

As agravantes estão previstas no art. 61 e seus incisos I, que contempla a reincidência, e II e suas alíneas, que incidem quando o agente comete o crime: a) por motivo fútil ou torpe; b) para facilitar ou assegurar a

401 *Individualização da pena*, p. 228.

execução, a ocultação, a impunidade ou vantagem de outro crime; c) à traição, de emboscada, ou mediante dissimulação, ou outro recurso que dificultou ou tornou impossível a defesa do ofendido; d) com emprego de veneno, fogo, explosivo, tortura ou outro meio insidioso ou cruel, ou de que podia resultar perigo comum; e) contra ascendente, descendente, irmão ou cônjuge; f) com abuso de autoridade ou prevalecendo-se de relações domésticas, de coabitação ou de hospitalidade; g) com abuso de poder ou violação de dever inerente a cargo, ofício, ministério ou profissão; h) contra criança, velho, enfermo ou mulher grávida; i) quando o ofendido estava sob a imediata proteção da autoridade; j) em ocasião de incêndio, naufrágio, inundação ou qualquer calamidade pública, ou de desgraça particular do ofendido; e l) em estado de embriaguez preordenada.

Outras agravantes específicas para os casos de concurso de pessoas estão previstas no art. 62, sendo consideradas para agravar a pena em relação ao agente que: I — promove, ou organiza a cooperação no crime ou dirige a atividade dos demais agentes; II — coage ou induz outrem à execução material do crime; III — instiga ou determina a cometer o crime alguém sujeito à sua autoridade ou não-punível em virtude de condição ou qualidade pessoal; e IV — executa o crime, ou nele participa, mediante paga ou promessa de recompensa.

Já as circunstâncias atenuantes encontram-se dispostas no art. 65, fazendo diminuir a pena quando o agente: I — é menor de 21 anos, na data do fato, ou maior de 70 anos, na data da sentença; II — desconhece a lei; e III — quando o agente: a) comete o crime por motivo de relevante valor social ou moral; b) procura, por sua espontânea vontade e com eficiência, logo após o crime, evitar-lhe ou minorar-lhe as consequências, ou ter, antes do julgamento, reparado o dano; c) comete o crime sob coação a que podia resistir, ou em cumprimento de ordem de autoridade superior, ou sob a influência de violenta emoção, provocada por ato injusto da vítima; d) confessa espontaneamente, perante a autoridade, a autoria do crime; e e) comete o crime sob a influência de multidão em tumulto, se não o provocou.

O Código Penal ainda prevê que a pena poderá ser atenuada em razão de circunstância relevante, anterior ou posterior ao crime, embora não prevista expressamente em lei (art. 66).

As causas gerais de aumento de pena são apenas aquelas relativas aos concursos de crime: material (art. 69), formal (art. 70) e crime continuado (art. 71), enquanto entre as de diminuição estão a tentativa (art. 14), o arrependimento posterior (art. 16), o erro sobre a ilicitude do fato (art. 21), a inimputabilidade relativa (art. 26, parágrafo único), a incapacidade relativa em razão da embriaguez por caso fortuito ou força maior (art. 28, § 2º), e a participação de menor importância (art. 29, § 1º).

Tendo em vista que, à exceção da atenuante do art. 66, todas as circunstâncias agravantes, atenuantes e as causas gerais de aumento e diminuição de pena encerram verdadeiros "tipos" penais de modificação da pena, a análise de sua incidência feita de modo particular, ou seja, uma a uma, parece, na esteira da lição de Cavaleiro de Ferreira,[402] interessar muito mais à teoria geral do crime do que à da determinação da pena. Por esse motivo e também por razões metodológicas, deixa-se de examinar cada uma dessas circunstâncias, preferindo o estudo concentrar-se nas questões mais panorâmicas da fixação da pena.

5.5 O critério trifásico: suas regras, uma análise crítica e algumas proposições

O art. 68 do Código Penal pôs fim à antiga polêmica a respeito das fases envolvendo a aplicação da pena. Com efeito, a reforma da Parte Geral em 1984 explicitou claramente a opção do legislador pelo critério trifásico do cálculo da pena, ao estabelecer no referido dispositivo: "A pena-base será fixada atendendo-se ao critério do art. 59 deste Código;

402 Sobre essa visão, diz Anabela Rodrigues: "[...] Era também assim que, entre nós, Cavaleiro de Ferreira, para além de Eduardo Correia, já o dissemos, via nas circunstâncias 'elementos acidentais' de um facto criminoso concreto que, tendo o legislador entendido dever tipicizar, 'mormente com as circunstâncias agravantes [...]', enumerando-as como elementos acidentais, ou a eles equiparados, do facto criminoso', 'por isso devem ser estudadas na teoria geral do crime [...]" (*A determinação da medida da pena privativa de liberdade*, p. 138).

em seguida serão consideradas as circunstâncias atenuantes e agravantes; por último, as causas de diminuição e de aumento". Boa parte da atual doutrina fala, ainda, em uma quarta fase, que seria aquela em que se analisa a possibilidade de substituição da pena privativa de liberdade por restritivas de direito ou multa (art. 59, IV).[403] Antes, ainda, dessa última, há também outra fase obrigatória, que é a determinação do regime de cumprimento da pena privativa de liberdade (art. 59, III).

De um modo geral, ou em sua grande maioria,[404] concordam a doutrina e a jurisprudência que tanto a pena-base — fixada na primeira fase em consideração aos elementos do art. 59 do Código Penal — quanto o reconhecimento de agravantes (arts. 61 e 62) e/ou atenuantes (arts. 65 e 66) da segunda fase não podem extrapolar os limites máximos e mínimos estabelecidos abstratamente para cada tipo penal. A razão para tal conclusão residiria no fato de que o legislador, ao não determinar frações em que a pena deveria aumentar ou diminuir, não permitiu ir além dos moldes já previstos para a infração penal.

Diferente é o que se passa com as causas gerais ou especiais de aumento e diminuição de pena. A indicação de fatores aritméticos que devem incidir sobre a pena encontrada nas duas fases anteriores

---

403 Referem-se a uma quarta fase, dentre outros, Shecaira e Corrêa Junior (*Teoria da pena*, p. 277), Paulo José da Costa Júnior (*Curso de direito penal*, p. 167) e Guilherme de Souza Nucci (*Individualização da pena*, p. 182).

404 Diz-se "maioria", porque uma pequena parte da doutrina e da jurisprudência entende que as atenuantes podem fazer descer a pena do mínimo legal previsto. Damásio Evangelista de Jesus traz as seguintes referências da corrente minoritária: "RT 702:329; RSTJ 90:384; Miguel Loebmann, As atenuantes podem sim fazer descer a pena abaixo do mínimo legal, RT 676:390; Agapito Machado, As atenuantes podem fazer descer a pena abaixo do mínimo legal – Inteligência do art. 68 do Código Penal após a redação da Lei n. 7.209/84, RT, 647:388. Essa orientação conta com a adesão do Ministro Vicente Cernicchiaro (REsp 68.120, 6ª Turma do STJ, DJU 09.12.1996, p. 49296). A orientação é ainda minoritária e pode ser considerada nova, tanto que Weber Martins Batista, em 1996, apreciando a primeira decisão que a adotou, dizia: 'parece que não é defendida por ninguém' (op. e loc. cits.)". *O juiz pode, em face das circunstâncias atenuantes genéricas, fixar a pena aquém do mínimo legal abstrato?*, p. 3.

demonstra que a moldura penal deve sujeitar-se a outros limites, que não aqueles originalmente previstos para o tipo.

De qualquer forma, contudo o critério trifásico seja hoje de observância obrigatória e inconteste, sendo uníssonas nesse sentido a doutrina e todas as Cortes do País,[405] nem por isso as antigas divergências deixam de lançar luzes sobre um debate mais amplo acerca de qual a melhor maneira de regular a aplicação da pena.

Protagonizaram a antiga polêmica Roberto Lyra e Nélson Hungria. O primeiro, defendendo o critério bifásico, e o segundo, o trifásico.

Para Roberto Lyra, defensor do critério bifásico, a pena-base era formada pela apreciação simultânea das circunstâncias judiciais (previstas no antigo 42, atual 59 do Código Penal) e das legais, quais sejam as agravantes e atenuantes. Sobre esta incidiriam, se o caso fosse, as causas de aumento e diminuição previstas da Parte Geral e Especial.[406] Defendiam esse sistema, entre outros, José Frederico Marques[407] e Basileu Garcia.[408]

Nélson Hungria, em sentido oposto, defendia que o art. 42 (atual 59) só incluía as circunstâncias judiciais, devendo a aplicação da pena ser feita em três etapas:

> primeiro, atendendo às circunstâncias judiciais, do art. 42, fixará o juiz a pena-base, "tendo-se em vista, necessàriamente, a pena in abstracto"; em seguida, tendo em vista as circunstâncias legais (tanto as agravantes como as atenuantes), aumentará ou diminui-

---

405 Confira-se, para fins ilustrativos o trecho da ementa do seguinte julgado do Supremo Tribunal Federal: "A teor da jurisprudência sedimentada do Supremo Tribunal Federal, o método trifásico foi introduzido pela reforma do Código Penal levada a efeito com a Lei n. 7.209/84. O art. 68 tomou nova redação, impondo-se a fixação da pena-base mediante o atendimento das circunstâncias judiciais de que cuida o art. 59, para, a seguir, serem consideradas as atenuantes e agravantes e, numa terceira etapa, as causas de diminuição e aumento da pena (HC 69.421-SP, 2ª Turma, Rel. Min. Marco Aurélio, j. 30.06.1992, DJ 28.08.1992, RTJ 143-01, p. 212).

406 *Comentários ao Código Penal*, p. 195.

407 *Curso de direito penal*, p. 259.

408 *Instituições de direito penal*, p. 490.

> rá a pena fixada in concreto, ou pena-base; por último, ocorrendo causa de aumento ou diminuição da pena (art. 50), o juiz as aplicará com base na pena obtida na segunda operação.[409]

Embora antes da nova Parte Geral do Código Penal (1984) a posição de Nélson Hungria estivesse mais isolada, como já dito, foi esta a posição adotada na Reforma. Nos dias atuais, a doutrina defende-a não apenas pela evidente preferência legal, mas porque, teoricamente, a sua adoção exige maior fundamentação da sentença, a qual se deverá ocupar de explicitar cada passo da dosimetria. Para Shecaira e Corrêa Junior, de fato, esta alternativa permite um maior controle sobre o raciocínio elaborado pelo magistrado para o alcance do resultado final.[410] Assim também o diz Guilherme de Souza Nucci, para quem esse método parece ser o mais adequado, na medida em que permite ao condenado o exato conhecimento do processo pelo qual passa o juiz até concretizar a pena.[411] Da mesma maneira pensam Mirabete[412] e Damásio de Jesus.[413]

Com efeito, o critério trifásico tem a vantagem, aparente, de exigir maior clareza do magistrado no momento da fixação. O cumprimento de cada uma das etapas, separadamente, confere a sensação de segurança de que cada acréscimo ou mitigação da pena poderá ser sempre observado pelo leitor da sentença e, mais do que isso, cada uma das circunstâncias, judiciais e legais, poderão ser discutidas individualmente perante as instâncias recursais.

---

409 Cf. Frederico Marques. *Curso de direito penal*, p. 258.

410 *Teoria da pena*, p. 275.

411 *Individualização da pena*, p. 183.

412 Sustenta Mirabete que "o processo adotado pela lei é o mais adequado, pois impede a apreciação simultânea de muitas circunstâncias de espécies diversas e, além disso, possibilita às partes melhor verificação a respeito da obediência aos princípios de aplicação da pena" (*Individualização da pena*, p. 294).

413 Para este autor, "se o Direito Penal moderno tem por princípio fundamental a individualização da pena, e se é obrigatória sua motivação pormenorizada na sentença, entendemos que a tríplice operação atende ao interesse de o réu saber por que o juiz fixou determinada quantidade". *Direito penal: parte geral*, p. 578.

Contudo, a clareza de cada operação de adição ou subtração de pena não seria menos exigível num critério bifásico. A obrigação de fundamentar a sentença (art. 93, IX, da Constituição Federal) impediria que, mesmo numa fixação feita em duas fases, o magistrado pudesse furtar-se de explicar o porquê de ter aumentado ou diminuído a pena em função dessa ou daquela circunstância agravante ou atenuante, ou ainda que explicasse sua compensação ou neutralização por uma circunstância judicial. Apreciação simultânea não significa que o cálculo também o seja. Isto é, mesmo no critério bifásico, não poderia o juiz, por exemplo, dizer que, tendo em vista a culpabilidade acentuada do réu, que realizou o roubo em uma agência bancária, munido de armas de grande calibre (art. 59), bem como pelo fato de ser reincidente (art. 61, I), a pena-base do art. 157, § 2º, I, do Código Penal foi elevada em três anos, perfazendo um total de sete anos de reclusão. Seria necessário dizer, tanto como no critério trifásico, o quanto foi aumentado em razão desta ou daquela circunstância. Esse era o entendimento dos partidários do critério bifásico, como revela o seguinte trecho da manifestação de Sironi Vasconcelos:

> Ainda que não estejamos de acôrdo com aquêles que sustentam que a pena-base deve ser fixada, considerando o juiz, ùnicamente, as circunstâncias judiciais, achamos, entretanto, que, destacadas como são as circunstâncias judiciais das legais, umas e outras devem ser consideradas separadamente, para evitar qualquer falha na operação mental, do que pode resultar ficarem algumas circunstâncias esquecidas ou considerar-se a mesma duas vêzes. Assim externou-se Raul Barbosa, ao declarar-se pela segunda corrente: "Não quer isto dizer, entretanto, que, ao fixar-se a pena fundamental, o juiz aprecie em conjunto os elementos indicados no artigo e as agravantes e atenuantes. Dois cálculos devem ser feitos consecutivamente, interferindo, em cada um, as circunstâncias judiciais e as circunstâncias legais, para que se encontre a pena definitiva, ou a pena-base quando concorrerem majorantes e minorantes". Roberto Lyra, o mais entusiástico da corrente que

> se orienta pela fixação da pena-base, atendendo-se tanto às circunstâncias judiciais como às legais, deixa compreender que, no cálculo a efetuar, deve o juiz computá-las separadamente.[414]

A grande desvantagem do critério trifásico é o engessamento que este provoca no juiz, uma vez que, em determinadas situações, não raras, muitas ou todas as circunstâncias judiciais do art. 59 do Código Penal são favoráveis ao sentenciado, o que o leva a aplicar a pena, na primeira fase, no mínimo legal, mas que, em virtude de uma agravante a ser apreciada na segunda fase, vê-se obrigado a aumentar a pena, ainda que tal circunstância legal seja indiscutivelmente de menor relevância para a individualização da pena. Tome-se o exemplo de alguém que, tendo sido toda a infância e adolescência rejeitado, humilhado e agredido pelo pai, quando chega na idade adulta, não mais suportando aquela situação, sem que estivesse sob a influência imediata de violenta emoção, recorda o seu passado e resolve agredi-lo fisicamente, causando-lhe lesões gravíssimas. Ora, ainda que se tivesse em vista estes fatos, ou seja, o comportamento da vítima e a inegável redução de sua culpabilidade, somados ainda à boa conduta social, a primariedade e bons antecedentes, pelo critério trifásico, a pena fixada na primeira fase, no mínimo legal, seria inexoravelmente aumentada na segunda fase, dada a presença da circunstância agravante de o crime ter sido praticado contra ascendente (art. 61, II, e).

Daí a razão para responder sim às seguintes perguntas de Frederico Marques:

> Note-se, ao demais, que o artigo 42 manda que o juiz tenha em consideração circunstâncias objetivas e subjetivas, a gravidade do crime e a personalidade do delinquente, para escolher e fixar a pena-base. Não é muito mais aconselhável que êle tenha uma visão completa e panorâmica desses elementos, do que se basear em aspectos fragmentários que só se completarão depois de um segundo exame? O diagnóstico e prognóstico sôbre a

414 Cf. Apud Roberto Lyra. *Comentários ao Código Penal*, p. 200-201.

> personalidade do delinquente não ficará muito mais perfeito se resultar do exame conjunto das circunstâncias legais e judiciais de caráter subjetivo?[415]

O mesmo raciocínio vale para as causas gerais e especiais de aumento e diminuição de pena. Exemplifica-se: imagine-se um réu, menor de 21 anos, primário, de bons antecedentes que, vivendo uma situação econômica bastante precária, juntamente de um outro rapaz, em idêntica situação, tivesse praticado um roubo, ameaçando a vítima com os dedos por debaixo da camisa. Pelo sistema atual, malgrado todas as circunstâncias judiciais pudessem lhes ser favoráveis, acrescidas, ainda, da circunstância legal de atenuação da pena pela menoridade relativa (art. 65, I), o que levaria a aplicação da pena-base em seu mínimo legal, ou seja, em quatro anos, ainda sim, por força da causa especial de aumento de pena — o concurso de pessoas no crime de roubo, art. 157, § 2º, II, do Código Penal —, a pena-base deveria ser aumentada na razão de um terço, perfazendo cinco anos e quatro meses de reclusão. Num caso assim, não parece desarrazoado dizer que, dadas todas as circunstâncias do fato delituoso e das condições pessoais dos agentes, a questão de o crime ter sido praticado em concurso de pessoas perde significativa importância.

Hassemer também adverte que a escolha de um direito pretensiosamente exato pode provocar situações de irremediável injustiça, citando, inclusive, um exemplo curioso:

> A decisão pela precisão, ao contrário, pode ser um estorvo: ela pode ser "excessivamente precisa" e por isso pode excluir casos que certamente não deveria excluir, por exemplo, tornar a subtração de uma máquina fotográfica dentro do automóvel em um furto qualificado, mas a subtração do automóvel junto com a máquina fotográfica em um furto simples.[416]

---

415 *Curso de direito penal*, p. 259.

416 *Introdução aos fundamentos do direito penal*, p. 338. No sentido do exemplo dado por Hassemer, confira-se a ementa do seguinte julgado: "O deslocamento do vidro

Mas o que fazer, então?

A única alternativa para evitar que o sistema apresente graves distorções como essas seria a realização de duas alterações legislativas. Primeiro, adotar o sistema bifásico, exigindo-se, como já o faria o próprio mandamento constitucional, que o juiz, não obstante a possibilidade de compensar umas por outras, explicitasse cada acréscimo e redução de pena provocados pelas circunstâncias judiciais e legais. A segunda alteração estaria em recomendar uma inversão da ordem do sistema: as causas gerais e especiais de aumento e diminuição de pena seriam consideradas antes das circunstâncias judiciais (art. 59) e das legais (agravantes e atenuantes). Assim, as causas de aumento (gerais e especiais) serviriam para elevar o máximo abstrato da pena e as causas (gerais e especiais) de diminuição para abaixar o mínimo abstrato.[417] Esse aumento do arbítrio judicial, ao conferir maior possibilidade de atender às finalidades da pena, tanto para o efeito de prevenção geral como, sobretudo, para prevenção especial, permitiria, salvo melhor juízo, uma individualização mais consentânea com a particularidade do fato criminoso e das características pessoais do sentenciado.

---

traseiro de um automóvel pelo agente, objetivando subtrair o rádio de seu interior, caracteriza a qualificadora do inc. I do § 4º do art. 155 do CP, porque o obstáculo rompido é exterior à coisa" (TACrim-SP — AC — Rel. Hélio de Freitas — JUTACrim 87/363). Em outro julgado, porém, compreendendo o absurdo do possível resultado, o Tribunal deixa de reconhecer a qualificadora, asseverando o seguinte: "Arreda-se a qualificadora pelo rompimento de obstáculo (rompimento do quebra-vento) em caso de furto de objetos subtraídos do interior do veículo: seria paradoxal dispensar tratamento mais rigoroso a tal agente, do que o dispensado àquele que subtrai o próprio veículo, de maior valor e não recuperado" (TACrim-SP — AC — Rel. Celso Limongi — JUTACrim 86/374). Ambos os julgados foram extraídos da obra coordenada por Alberto Silva Franco e Rui Stoco. *Código Penal e sua interpretação jurisprudencial*, p. 1931.

417 Sobre o fim do mínimo legal discorrer-se-á mais adiante.

VI

OUTRAS REFLEXÕES PARA ALTERAÇÃO DO MODELO DE FIXAÇÃO DA PENA (*DE LEGE FERENDA*)

6.1 Desmembrar o processo? Uma necessidade.

Embora seja uma obviedade, as dificuldades práticas apontam não ser demasiado ressaltar que, para uma individualização da pena minimamente adequada, é preciso que se investigue não apenas as características do fato criminoso, mas também, e principalmente, todos os elementos vinculados à pessoa do réu que o legislador reputou relevantes para este mister: a conduta social, a personalidade e, também, eventualmente, as circunstâncias e as consequências do crime. Nesse sentido, Henny Goulart adverte que, "se o magistrado não tiver oportunidade ou possibilidade de conhecer devidamente o acusado, impossível lhe será determinar, com justiça, a medida específica da sanção, que deve ser condicionada às conveniências da sociedade, mas, sobretudo, às características pessoais do delinquente".[418]

Sabe-se, porém, que a falta de dados relativos à pessoa do sentenciado é um problema crônico da justiça criminal, pois, como lembra Anabela Rodrigues, "das malhas do processo, em regra, apenas vem à luz uma quantidade insuficiente de informações a respeito do curriculum vitae do interessado, condições físicas, psíquicas e caracteriológicas, modelos de pensamento e de acção, relações sociais, familiares, profissionais,

418 *Penologia II*, p. 63.

grau de assimilação e reação a estímulos externos".[419]

Tal escassez de dados, como registra Frisch, torna-se, nos casos da pequena e média criminalidade, ainda mais aguda.[420]

Não é menos sabido que uma série de razões tem levado ao empobrecimento de uma tal empresa.

Já em 1975, Henny Goulart disse que a estrutura administrativa e o crescente volume de causas não permitiam aos juízes a oportunidade de conhecer melhor o réu, pois, afora o interrogatório e as informações testemunhais, não havia maiores condições de levar adiante uma pesquisa profunda e honesta de circunstâncias relevantes para a individualização da pena.[421] Se era assim antes, trinta anos depois a situação só se agravou. Os maltratados orçamentos do Poder Judiciário não permitiram que se investisse a contento em recursos humanos — sobretudo para o aumento do número de juízes — que pudessem fazer frente à vertiginosa escalada da demanda processual.

Por outro lado, como já aludido em alguns dos tópicos deste estudo, a ainda tímida discricionariedade do magistrado na dosimetria da pena reforça a cultura predominante no sentido de desprezar ou minimizar a importância da coleta de dados informativos que auxiliem na sua determinação. De fato, os magistrados sabem que, em certos crimes, especialmente aqueles mais graves, ainda que se fizesse uma minuciosa busca de dados a respeito da pessoa e da vida do réu, tal pesquisa seria de pouca valia, pois, em caso de condenação, a lei os obrigaria, quase que invariavelmente, a determinar o cárcere como o destino final do acusado. Isso faz com que os juízes não dêem muita atenção à colheita desta prova específica, seja no interrogatório, na oitiva de testemunhas, ou na busca de outras fontes que informem a respeito do acusado.

O interrogatório, aliás, é um momento fundamental na investigação dos elementos interessantes à dosimetria da pena. Frederico Marques chegou, inclusive, a criticar a inexistência do princípio da identidade

---

419 *A determinação da medida da pena privativa de liberdade*, p. 28.

420 *Ibidem*, p. 28.

421 *Penologia II*, p. 64.

física do juiz no processo penal. Após qualificar este diploma de um instrumento obsoleto, assim expôs este particular anacronismo no que diz respeito à aplicação da pena:

> Dá-se, assim, a um juiz que não presidiu a produção das provas, que não estêve em contacto com o réu, e que do caso vai ter conhecimento tão-só através de elementos mumificados nos autos, poderes discricionários, na graduação da pena, que exigem um conhecimento mais direto e imediato dos fatos sôbre os quais vai sentenciar.[422]

É bem verdade que, com o advento da Lei 10.792/2003, o interrogatório judicial do acusado ganhou nova dimensão. Além de permitir que as partes façam reperguntas (art. 188 do Código de Processo Penal), o que contribui, sobremaneira, para uma melhor investigação não apenas da pessoa do réu, mas também do fato imputado, incluíram-se no roteiro de indagações a serem feitas pelos magistrados outras questões pertinentes a uma futura dosimetria da pena, tais como as oportunidades sociais do acusado, além de outros dados familiares e sociais (art. 187 da mesma lei adjetiva penal). Entretanto, por ser ainda muito recente e também em razão dos fatores já mencionados, a exemplo do volume de processos que só piorou desde a observação de Goulart, não se pôde sentir, e talvez não se sinta tão cedo, uma mudança cultural na condução do processo neste aspecto em particular.

Como corolário dessa cultura judicial, as próprias partes, sobretudo os réus e os seus defensores, também têm consciência de que o processo penal, nesses casos, projeta-se em duas perspectivas absolutamente opostas: ou se ganha tudo, absolvendo-se o réu, ou se perde tudo, na medida em que a condenação será sempre sinônimo de privação da liberdade. Dessa maneira, a própria postura defensiva não passa, na quase totalidade dos

---

422 *Curso de direito penal*, p. 265. "A deficiência apontada por Frederico Marques foi corrigida pela recente reforma de parte do processo penal, uma vez que a Lei 11.719/08 introduziu o aludido princípio no § 2º do novo art. 399 do Código de Processo Penal".

casos, pela busca e/ou demonstração de elementos que possam ajudar na mitigação da pena. Algumas vezes, até, há um verdadeiro conflito lógico ou estratégico em sustentar, ao mesmo tempo, as razões para a absolvição — em seu sentido lato — e os motivos para uma redução da pena em caso de condenação, como bem observa Hassemer:

> O fato de se produzir ao mesmo tempo o caso de determinação da pena e de punibilidade, programa a predisposição do Tribunal, e leva o réu e o seu defensor a um difícil conflito. O culpado tem o direito de permanecer em silêncio durante todo o processo penal. Não raro, surge para ele a situação em que o silêncio seja razoável para o caso de punibilidade, no entanto, para o caso de determinação da pena seria razoável que ele se manifestasse.
>
> Quanto ao ato que ele, por exemplo, cometeu e que lhe foi imputado, mas que ele reparou (ainda que parcialmente), deverá ocultar também este último, se ele quiser manter para si o primeiro. Mas nesse caso ele não só conta com que o Tribunal, ao manter a prova da punibilidade, atinja uma decisão de determinação da pena em seu prejuízo, como também — o que é muito frequente — que ele não tem chance de participar de modo ativo na produção do caso de determinação da sua pena, de manifestar amplamente seus problemas, de modo que o Tribunal possa encontrar uma decisão que, pelo menos, venha ao encontro destes problemas. (§) O defensor, que deve apoiar e aconselhar o acusado também quanto a esta reação processual, até aqui tem o mesmo problema. Além disso, em seu discurso final — condicionado ao fato de que basta ao tribunal a prova da punibilidade —, ele se coloca diante da dificuldade de ter que empregar também argumentos e indicações para uma possível medida de pena, embora ele tenha direcionado toda a sua estratégia e seu poder de convicção de maneira que não

> permitisse passar de modo algum por uma decisão de determinação da pena.[423]

Além dessas dificuldades, muitos sustentam que uma investigação pormenorizada a respeito da pessoa do acusado exige que esta seja feita por meio dos rigores de um exame criminológico e que sua realização, antes do momento de reconhecimento da sua responsabilidade pelo fato criminal, importaria inequívoca violação do princípio da presunção da inocência, o que só seria contornado com a divisão do processo.

Essa é a posição de Zaffaroni e Pierangeli:

> A determinação da medida que, dentro do máximo permitido pelo grau de culpabilidade, requer a prevenção de acordo com os antecedentes, a conduta social e a personalidade do agente (na sua segunda função individualizadora). Cabe advertir que, neste aspecto, é de se insistir na necessidade de um estudo ou informe criminológico de um processado. Cremos que, se efetivamente se quisesse implantar esse informe, se faria mister dividir o processo, ou juízo, em duas partes — como sucede, algumas vezes, nos Estados Unidos —; na primeira se estabelecendo a autoria e a classificação legal do fato, e, numa segunda etapa, procede-se à individualização da pena. De outra maneira, pretender realizar um informe criminológico de um processado é penetrar no âmbito de privacidade e intimidade de uma pessoa, que a lei presume inocente, e que de modo algum autorizam os mais elementares princípios do Estado de direito.[424]

Antes destes, já em 1954, Marc Ancel, grande ícone da Nova Defesa Social, cujo postulado era o de que não se devia punir a culpa do criminoso, mas defender a coletividade das ações delituosas, já pregava a ideia da divisão do processo, lembrando que, tal como na Inglaterra,

---

423 *Introdução aos fundamentos do direito penal*, p. 154.

424 *Manual de direito penal brasileiro*, p. 830.

após a declaração da culpa, não mais haveria razão para as objeções de se realizar um exame da personalidade.[425]

À vista, portanto, de todas as vicissitudes que circundam a investigação dos elementos concernentes à dosimetria da pena, a divisão do processo penal em duas partes seria bastante recomendável.[426] Uma primeira tratando tão-somente da verificação da responsabilidade penal do acusado pelo fato imputado, e uma outra que cuidasse apenas de colher os dados necessários a uma melhor individualização da pena. Com isso, além de proporcionar uma economia processual, deixando de investir tempo na busca de dados que seriam irrelevantes no caso

---

425 Cf. Goulart. *Penologia II*, p. 51.

426 A respeito dessa recomendação, Anabela Rodrigues faz a seguinte anotação: "Com diversa intensidade, toda a mais qualificada doutrina penalista de língua alemã é unânime em considerar a necessidade de um desdobramento institucional em duas fases distintas do julgamento: uma dedicada à averiguação da questão da culpa e outra à determinação da pena (em sentido estrito e em sentido lato). A título meramente exemplificativo, vide ZIPF, *Kriminalpolitik*, 149 s.; HASSEMER, *einführung in die Grundlagen*, p. 94 s.; KAISER, *Lehrbuch*, p. 257 s.; BRUNS, *Strafzumessungsrecht*, p. 182 s.; ROXIN, *Probleme der Strafprozeâreform*, p. 52 s.; SCHÖCH, *Strafprozess und Reform*, p. 59 s. Aliás, como bem salienta a doutrina, a opção por um sistema de Schuldinterlokut pode significar a sua introdução gradual — por exemplo, reservado às situações em que estejam em causa penas detentivas de longa duração ou não suscetíveis de substituição (assim, KAISER, cit., p. 257) —, ou mais elástica, no sentido de nos casos mais simples existir um núcleo essencial de regras processualmente vinculantes, (por exemplo, proibição de conhecimento dos antecedentes criminais antes da decisão sobre o an da responsabilidade), enquanto nos casos mais complexos, a investigação sobre a personalidade do agente ganharia todo o relevo: assim, ZIPF, *Gutachten*, C, 1982, p. C84 s., que propõe uma tipologia de crimes e autores; SESSAR, ZSTW, 92, 1980, p. 717, e MÜLLER DIETZ, *Annasles Universitatis Saraviensis*, 104, p. 70-71. Em Itália, debruça-se 'com interesse' sobre o modelo bifásico ROMANO, *Teoria e prassi*, p. 181; veja-se também CONSO, defendendo a necessidade de recurso ao sistema bifásico, em certos casos, por iniciativa do juiz ou das partes, *Atti del pre-congresso di iracusa*, p. 82 s. Posteriormente, no Congresso Internacional de Direito Penal, a adopção do processo bifásico é recomendada pelo menos para a criminalidade mais grave (cfr. RintDP, 1970, p. 10 s.)" (*A determinação da medida da pena privativa de liberdade*, p. 42-43).

de uma absolvição, bem como evitar que o julgamento do fato fique impregnado por impressões de caráter pessoal, mormente os antecedentes do acusado,[427] cuja apreciação prévia pode, muitas vezes, induzir o magistrado, ainda que inconscientemente, a concluir equivocadamente pela responsabilidade do réu,[428] a divisão do processo permite maior liberdade, tanto no exercício do contraditório durante a "fase de conhecimento" quanto durante a "liquidação da sentença", proporcionando amplas e verdadeiras possibilidades de o sentenciado contribuir para uma mais justa adequação da sua punição.

Nesse caso, para a obtenção do mesmo efeito benéfico da divisão processual perante graus de jurisdição superiores, seria necessário que o processo de determinação da medida da pena fosse autuado em apartado, encaminhando-se, quando e conforme o caso, para outras instâncias, na medida da necessidade de sua revisão, sempre após o exame das questões relativas à responsabilidade penal.

---

427 Sobre a impossibilidade de se conhecer os antecedentes antes do juízo da responsabilidade penal, é conveniente trazer à tona uma outra aparente dificuldade: como decidir a respeito da liberdade provisória e da decretação da prisão preventiva sem tal conhecimento. Esse obstáculo é perfeitamente superável, ou, ainda, sequer existe quando se faz uma leitura constitucional da prisão antes da sentença condenatória definitiva. Evidentemente, não se discute a sua possibilidade e sua utilidade. Contudo, se a prisão antes do final do processo, de acordo com a Constituição Federal, só pode ter lugar por motivos que dizem respeito à defesa do processo e de suas finalidades, pouco ou em nada devem importar os antecedentes do acusado.

428 Nesse sentido, confira-se a observação de Hassemer sobre a consideração dos antecedentes antes da formação da culpa: "Estas informações são irrelevantes quando não se chega à decisão sobre a determinação da pena. Elas são perigosas quando o juiz não pode realizar a distinção entre o caso de determinação da pena e da punibilidade, ou seja, quando ele valora (inconscientemente) as informações que reuniu quanto ao caso de determinação da pena (por exemplo, as respectivas condenações anteriores), na produção do caso de punibilidade (por exemplo, o acusado ficou com a carteira de outrem, e isso ele também já fez antes, não por descuido, mas por interesse próprio)". (*Introdução aos fundamentos do direito penal*, p. 153).

6.2 Da supressão do mínimo legal

A inexistência do mínimo legal de pena previsto para crimes não é questão desconhecida no direito comparado, como, em sua época, registrou Roberto Lyra:

> A medida livre, apesar dos limites prefixados, representa uma exceção. A norma mais geral é a cominação da pena, para cada crime, no máximo e no mínimo. Alguns códigos, porém, não indicam, nos casos particulares, o limite mínimo, como, por exemplo, o Código holandês, que, traçando, na Parte Geral, o sistema penal, marca para cada pena um máximo e um mínimo, e, na Parte Especial, não enuncia o mínimo, fixando sòmente o máximo. Êste método corresponde ao do direito inglês (tìpicamente: o Código indiano) e é adotado no Código Penal norueguês e no Sião (limitadamente para os delitos leves).[429]

Como já referido, o Código Penal brasileiro de 1969, que não chegou a viger, trazia também algumas figuras para as quais só se cominava o máximo abstrato. Igualmente, para alguns delitos leves, tais como "homicídio por negligência" e "ofensas corporais simples", o atual Código Penal português, de 1982, também traz somente o limite máximo das penas, no caso, respectivamente, até três e dois anos de prisão.[430]

De qualquer forma, a presente proposição, de lege ferenda, para a supressão do mínimo legal apoia-se em alguns fatores principais, cuja mera enumeração no presente parágrafo terá a finalidade de pontuar as premissas em virtude das quais se chegará à conclusão que nomeou o presente subcapítulo. A primeira razão teórica reside no fato de que o princípio da legalidade diz respeito ao conhecimento prévio do limite da intervenção estatal.

---

429 *Comentários ao Código Penal*, p. 174.

430 Homicídio por negligência – Art. 136º – 1. Quem, por negligência, causar a morte de outrem será punido com prisão até 2 anos. 2. Quando se tratar de negligência grosseira poderá a pena elevar-se até 3 anos de prisão. Ofensas corporais simples – Art. 142º – 1. Quem causar uma ofensa no corpo ou na saúde de outrem será punido com prisão até 2 anos ou com multa até 180 dias.

A segunda razão está em afirmar que a finalidade principal da pena é a promoção da ressocialização do condenado. Como terceiro motivo teórico para a sustentação da proposição, tem-se que a culpabilidade não é a medida da pena senão apenas o seu limite. Por fim, um outro motivo também aponta para a solução aqui proposta, qual seja a incapacidade do legislador de estabelecer molduras rígidas que atendam sempre à necessidade de adaptação do sistema penal a graves problemas de ordem prática que são enfrentados não tão raramente pelos juízes e para os quais a lei não oferece solução adequada.

6.2.1 Supressão do mínimo que não compromete o princípio da legalidade

No que concerne ao princípio da legalidade, a proibição constitucional de haver uma pena que não esteja previamente cominada somente aponta para uma vedação de caráter limitador. Limitar é estremar, restringir, impedir que se vá além. Nesse sentido, a segurança jurídica está, pois, em garantir que a intervenção do Estado não se transforme numa incógnita para o cidadão. Em outras palavras, se o princípio é um instrumento de proteção do cidadão, não há nada que infirme a exigível certeza do alcance da lei o fato de saber apenas que um certo crime é punido até o limite de uma determinada pena. Para Sousa e Brito, "se o limite máximo da culpa não pode ser em caso algum ultrapassado, já 'em casos extremos' o princípio da legalidade não impede que o seu limite mínimo não seja respeitado".[431] Também em raciocínio que não se opõe a essa tese, ao tratar do princípio da legalidade, Hassemer afirma que "as limitações do princípio da certeza só se podem fazer em favor do acusado".[432]

6.2.2 Ressocialização como finalidade principal da pena

Sobre a questão de ser a ressocialização a finalidade principal da pena,

---

431 Cf. Anabela Rodrigues. *A determinação da medida da pena privativa de liberdade*, p. 516.

432 *Introdução aos fundamentos do direito penal*, p. 336-337.

deve-se retomar aqui um pouco do que se analisou no Capítulo 4.

Viu-se que um direito pautado pela retribuição ou que nesta venha a esgotar-se, além de sucesso improvável e de alcance incomensurável — dado que as grandezas que relacionar, violação do bem jurídico e pena, são de naturezas diversas[433] —, não atende à deontologia do

---

433 Sobre a imprecisão do conceito de retribuição e também a relatividade da eficácia da prevenção geral positiva, vale transcrever o seguinte comentário de Roxin: "Se, com efeito, deve-se determinar a pena conforme o grau de culpabilidade, é porque deste modo se consegue a finalidade político-social de restabelecer a paz jurídica perturbada e de fortalecer a consciência jurídica da comunidade impondo ao autor do delito uma sanção que tenha 'merecido', vale dizer, uma sanção que corresponda à gravidade do seu crime. (§) Mas o que é 'merecido' não é algo escrito com precisão no firmamento de um conceito metafísico de culpabilidade, o qual inclusive com a ajuda de um telescópio seria difícil de interpretar; senão o resultado de um processo psicossociológico valorativo mutável, de uma valoração da comunidade que desde um princípio não se pode determinar em relação à magnitude penal de um modo exato, senão que somente possui realidade empírica no âmbito de uma certa margem de liberdade". Tradução livre do trecho: "Si, en efecto, la pena debe determinarse según el grado de culpabilidad, es porque de este modo se consigue la finalidad político-social de restablecer la paz jurídica perturbada y de fortalecer la conciencia jurídica de la comunidad imponiendo al autor del delito una sanción que ha 'merecido', es decir, una sanción que corresponda a la gravedad de su delito. (§) Pero lo que es 'merecido' no es algo escrito con precisión en el firmamento de un concepto metafísico de la culpabilidad, que incluso con ayuda de un telescopio sería difícil de leer; sino el resultado de un proceso psicosociológico valorativo mudable, de una valoración de la comunidad que desde un principio no puede determinarse en relación con la magnitud penal de un modo exato, sino que sólo posee realidad empírica en el ámbito de un cierto margen de libertad". (*Culpabilidad y prevención en derecho penal*, p. 96-97). A respeito do mesmo problema, segue a lição de Hassemer: "A proporcionalidade da consequência jurídico-penal continua sendo um problema aberto — mas não, por exemplo, porque se renunciaria à reprovação da culpabilidade, mas porque (ainda) não existe uma teoria da pena e da medida que possa colocar em uma relação mensurável a gravidade da ação e a intensidade da sanção. Tal teoria deveria fazer declarações úteis sobre a intensidade da lesão do bem jurídico, sobre a hierarquia gradual dos bens jurídicos (vida-saúde-patrimônio, etc.), sobre os graus normativos das etapas de participação interna no acontecimento exterior (dolo-culpa), sobre a suscetibilidade e a sensibilidade à pena dos indivíduos condenados. E ela deveria considerar corrigíveis estas declarações porque justamente estes conteúdos estão sujeitos a uma contínua modificação histórica (mas dificilmente

direito, pois este não é um fim em si mesmo, mas um programa destinado à consecução de finalidades. Por outro lado, a eficácia de uma prevenção geral negativa, ou seja, pela intimidação, também é de difícil aferição. Como já mencionado, segundo Zaffaroni e Pierangeli, que a pena eventualmente cumpra uma função de prevenção geral é um efeito tangencial da individualização legislativa, mas não o objetivo principal da fixação da pena.

Por outro lado, a prevenção geral positiva, cuja finalidade é reafirmar o direito e de manter a confiança dos jurisdicionados na sua validade, pode ser atingida, ao menos do ponto de vista teórico, com a efetiva aplicação de qualquer pena, seja ela de 30 anos, 5 anos, 1 ano, 1 mês de prisão ou com os mesmos períodos de tempo de pena restritiva de direito, pois, como adverte Beccaria, a certeza do castigo, ainda que moderado, causa mais impressão que o temor de outro mais rigoroso, aliado à esperança de impunidade.[434]

Já a prevenção especial negativa, obtida pela neutralização do indivíduo, afastando-o do convívio social, aprisionando-o, ressalvada a hipótese de fuga, é sempre conseguida. Quanto mais tempo encarcerado, ressalvada prática de ilícitos dentro do ambiente prisional, mais se obtém a prevenção especial negativa. Mas a questão estaria em saber até que ponto é legítimo, e consentâneo com o princípio da humanidade, o Estado encarcerar alguém por longo período com a finalidade única ou precípua de neutralizá-lo. E, mais do que isso, ainda que cônscios da proibição constitucional de perpetuar a estada de alguém no cárcere, os operadores do direito não negam que qualquer período demasiadamente longo de isolamento social pode afetar de forma irreversível o indivíduo, tornando-o ainda mais perigoso no momento em que este regressar ao convívio não-institucional.

Restaria, assim, a prevenção especial positiva, a qual tem na ressocialização a sua principal identidade. Por ressocialização tem-se,

---

mensurável). A reprovação da culpabilidade mesma não contribui nenhum pouco para o desenvolvimento de tal teoria, e não garante a proporcionalidade das consequências jurídico-penais" (*Introdução aos fundamentos do direito penal*, p. 321).

434 *Dos delitos e das penas*, p. 92.

grosso modo, como o processo de estimulação do indivíduo para que este tenha ou volte a ter como valor o respeito às regras mínimas de convívio social (as regras penais). Como já referido no Capítulo 4, este objetivo pode ser alcançado de várias formas, as quais podem ou não vir acompanhadas da privação da liberdade. Dentro desse contexto, afora a prevenção especial negativa, cujos reflexos indesejados e sua legitimidade contestável não a recomendam enquanto finalidade, a prevenção especial positiva, embora muitas vezes possa vir a ser frustrada também, é o único objetivo da pena que se pode traduzir materialmente, ou seja, ser verificado, por meio da não reincidência.

Além dessas razões, a prevenção especial positiva é considerada pela própria legislação brasileira como a finalidade essencial da pena, haja vista o teor do art. 5º, n. 6,[435] do Pacto de San José da Costa Rica, introduzido no ordenamento jurídico nacional pelo Decreto 678, de 06.11.1992, com supedâneo no Decreto Legislativo 27/1992.

Outrossim, como também discutido por ocasião da análise da prevenção geral (parte final do item 4.2.1), esta se dirige abstratamente à sociedade e em defesa desta, daí por que se deve concebê-la como tarefa da individualização legislativa, enquanto que na fixação judicial da pena e durante a sua execução o critério norteador deve ser o da prevenção especial (ressocialização), tomando-se a concretude do caso para a aplicação concreta da pena.

6.2.3 Culpabilidade não como medida, mas como limite da pena

A respeito de não ser a culpabilidade a medida da pena, senão apenas o seu limite — permitindo a fixação da pena em níveis abaixo do que originalmente lhe corresponderia —, boa parte da doutrina contemporânea de direito penal está de acordo. Roxin, partidário dessa ideia central da chamada "teoria da margem de liberdade", ao comentar o § 59, inciso 2º, do Projeto Alternativo da então República Federal da Alemanha, do qual inclusive foi um dos autores, dá o exato sentido

---

435 Art. 6. As penas privativas de liberdade devem ter por finalidade essencial a reforma e a readaptação social dos condenados.

dessa ideia, quando diz:

> Esta disposição assinala novamente de forma bastante clara que, de acordo com a concepção do Projeto Alternativo, a culpabilidade não deve servir como fundamento a uma retribuição, mas sempre somente como limite superior da pena. Expressa-se que o juiz, ao estabelecer a pena, não deve nunca ultrapassar o grau de culpabilidade, mas certamente pode ficar abaixo dele. [...] A culpabilidade, então, não exige nunca uma pena de determinada magnitude [...].[436]

Essa também é a posição de Hassemer, para quem, uma vez aceito o dado da "culpabilidade" de um homem, só se pode empregá-la como limitação das consequências jurídicas.[437]

Nesse diapasão, segue o entendimento de Sousa e Brito, assim referido por Anabela Rodrigues:

> A violação daquele limite máximo é impedida em homenagem ao princípio da culpa; quanto ao limite mínimo faz radicar a sua posição no "princípio da legalidade" que "revela que nem toda a culpa tem que ser punida. Se pode haver culpa sem pena, também pode haver culpa com menos pena que a adequada à culpa" [...].[438]

Aliás, o próprio sistema jurídico-penal brasileiro concebe a culpabilidade como limite da pena e não como a sua medida, haja vista que coloca à disposição do juiz mecanismos que permitem que a punição fique aquém do que a culpabilidade indicaria. Exemplo disso são as substituições das penas privativas de liberdade por restritivas de direito e a suspensão condicional da pena, previstas, respectivamente, nos arts. 44 e 77 do Código Penal.

---

436 *A culpabilidade como critério limitativo da pena*, p. 14.

437 *Introdução aos fundamentos do direito penal*, p. 308.

438 *A determinação da medida da pena privativa de liberdade*, p. 516.

Também nesse sentido, ao tratar da fixação da pena-base, mesmo o art. 59 do Código Penal traz elementos relativos à culpabilidade e à prevenção de tal forma que estes últimos possam servir para diminuir a pena que seria merecida se só se levasse em consideração aqueles primeiros. Esse é o entendimento de Zaffaroni e Pierangeli:

> Parece-nos suficientemente claro que a fórmula legal quer dizer é que os elementos anteriores devem ser considerados para a determinação do grau de reprovação do injusto, que pode ser corrigido a menor por considerações preventivas, isto é, pelos elementos de juízo necessários para o grau de culpabilidade (reprovação), que dariam por resultado um máximo razoável, mais uma correção que poderá diminuir a medida indicada pela culpabilidade, sempre que não seja necessário empregar toda a sua magnitude para obter a prevenção.[439]

Por outro lado, seria injustificável punir alguém além da medida de sua culpabilidade, somente para atender, por exemplo, critérios de prevenção geral. A pedagogia da aplicação da pena — ou "o complemento da função preventiva geral por meio da confirmação da seriedade da ameaça abstrata feita pela lei", como se refere Mir Puig[440] — somente se legitima enquanto reflexo e não como finalidade, pois, se assim não fosse, a utilização do indivíduo como mero instrumento social violaria o princípio da legalidade e da dignidade humana — punindo-o não pelo que fez, mas pelo que poderia representar a sua pena — e inverteria a razão de ser do Estado, o qual existe para o indivíduo e não o contrário.[441]

---

439 *Manual de direito penal brasileiro*, p. 829.

440 *Introducción a las bases del derecho penal*, p. 65.

441 Esse é o entendimento que predomina atualmente na Alemanha, como registra Roxin: "Pois de acordo com a concepção atualmente dominante na Alemanha, que pode estimar-se correta, lesiona a dignidade humana que alguém possa ser privado

6.2.4 Incapacidade da lei de atender, com um mínimo legal de pena rígido, todas as hipóteses possíveis para a justa adequação da pena ao fato e ao agente, tendo em vista a preponderância da prevenção especial positiva (ressocialização)

Sousa e Brito pergunta: "E quando a medida da pena pela culpa for incompatível com as exigências da prevenção especial, por mesmo o limite mínimo daquela medida ter um efeito necessariamente dessocializante?" E responde: "Particularmente importantes são aqueles casos de delinquentes recuperáveis em que o limite mínimo da pena adequada à culpa ainda é tão elevado que nem a liberdade condicional poderá impedir prisão por mais de cinco anos".[442]

---

de sua liberdade por mais tempo do correspondente a uma responsabilidade, que em todo o caso está submetida ao 'in dubio pro reo', somente porque deste modo pode afastar outros do cometimento de fatos puníveis". Tradução livre do trecho: "Pues de acuerdo con la concepción actualmente dominante em Alemania, que puede estimarse correcta, lesiona la dignidad humana que alguien pueda ser privado de su libertad por más tiempo del correspondiente a una responsabilidad, que en todo caso está sometida al 'in dubio pro reo', sólo porque de este modo puede apartarse a otros de la comisión de hechos punibles". (*Culpabilidad y prevención en derecho penal*, p. 47). Também nessa direção, confira-se o comentário de Mir Puig: "Mas na medição da pena o juiz deve submeter-se a outra limitação: a pena não pode ultrapassar a culpabilidade do autor. Somente dentro do limite da culpabilidade cabe impor a pena exigida pela prevenção geral na cominação típica. Do contrário cair-se-ia na objeção kantiana que a doutrina alemã dominante e o próprio Roxin fazem à prevenção geral: o autor seria utilizado como meio para os demais". Tradução livre do trecho: "Pero en la medición de la pena el juez debe someterse a otra limitación: la pena no puede sobrepasar la culpabilidad del autor. Sólo dentro del límite de la culpabilidad cabe imponer la pena exigida por la prevención general en la conminación típica. De lo contrario se caería en la objeción kantiana que la doctrina dominante alemana y el propio Roxin hacen a la prevención general: el autor utilizado como medio para los demás". (*Introducción a las bases del derecho penal*, p. 65).

442 *A medida da pena no novo Código Penal*, p. 584. No caso brasileiro, sabe-se que, quando as penas ultrapassam quatro anos, o cumprimento da pena em instituições prisionais é obrigatória.

Para Montesquieu, toda pena que não derive da necessidade absoluta é tirânica.[443] Evidentemente que a ideia de necessidade comporta um sem-número de interpretações. Aqui, tem-se por necessária a pena que, não estando jamais além do limite da culpabilidade (censurabilidade pela conduta), vise a atender as finalidades previamente concebidas pelo legislador.

Com efeito, a existência de um mínimo legal de pena rígido e indeclinável permite que, não tão raramente, a pena aplicada no piso estabelecido pelo legislador não apenas deixe de atender à sua finalidade precípua — ressocialização —, como também atue de forma significativa para impedir a consecução desse objetivo.

Como referido acima, há casos em que, mesmo tendo cometido um crime grave, em razão das características pessoais do sentenciado, seu comportamento antes, durante e depois do fato, seu histórico de vida, suas relações familiares, sociais, profissionais e suas condições psicológicas, indicam que a pena calcada no mínimo legal atenderia somente a um primitivo sentimento de vingança, uma vez que a conjunção das condições descritas aponta para a suficiência da determinação da medida da pena em grau que lhe é inferior. Pense-se numa hipótese em que o indivíduo pratica o roubo com emprego de arma de fogo (art. 157, § 2º, I, do Código Penal) comprovadamente para a satisfação de necessidades elementares de sua família, mas que não são urgentes a ponto de caracterizar o chamado estado de necessidade (art. 24 do Código Penal).[444] A punição no mínimo legal, de cinco anos e quatro meses de reclusão, seguramente conduziria o agente ao cárcere. Não parece que seria adequado exigir-lhe um cumprimento mínimo de pena na prisão, se há possibilidade de promoção social do agente e sua família, propiciando-lhe o exercício de um emprego ou preparando-lhe para que reúna melhores condições de concorrer a uma vaga no mercado de trabalho (com cursos profissionalizantes, reciclagem profissional, etc.).

---

443 Cf. Beccaria. *Dos delitos e das penas*, p. 42.

444 Art. 24. Considera-se em estado de necessidade quem pratica o fato para salvar de perigo atual, que não provocou por sua vontade, nem podia de outro modo evitar, direito próprio ou alheio, cujo sacrifício, nas circunstâncias, não era razoável exigir-se.

Em outros casos, muitas vezes estão presentes todos os elementos para a perfeita caracterização de um tipo penal grave e a responsabilização do agente, mas que, em função dos motivos determinantes, das circunstâncias, das consequências e/ou do comportamento da vítima, a culpabilidade reste tão drasticamente reduzida que a punição no mínimo legal não representa sequer a justa correlação entre o fato e a pena.

Pode-se, nesse contexto, recordar o mesmo exemplo dado no item 5.5: um réu, menor de 21 anos, primário, de bons antecedentes que, vivendo uma situação econômica bastante precária, juntamente de um outro rapaz (art. 157, § 2º, II), em idêntica situação, tivesse praticado um roubo, ameaçando a vítima com os dedos por debaixo da camisa, ou utilizando um outro modus operandi mambembe. A ação foi suficiente, no exemplo dado, para intimidar a vítima e subtrair-lhe seus pertences, caracterizando o crime de roubo. Foi praticada em concurso de agentes, o que conduziria à incidência da causa especial de aumento de pena prevista no § 2º do art. 157 da lei substantiva penal. A pena mínima, no caso, seria de cinco anos e quatro meses de reclusão. Aqui, também, o cumprimento de um mínimo de pena privativa de liberdade poderia ser considerada inadequada à baixa culpabilidade e à gravidade concreta do ilícito, sendo, pois, mais pernicioso, em termos de prevenção especial, do que a imposição de uma pena menor que permitisse a aplicação de outros mecanismos de reintegração social.

Poder-se-ia cogitar, ainda, de alguns casos em que o excesso doloso no exercício da legítima defesa e outros de pequena traficância de entorpecentes não indicassem, também como justa e adequada à ressocialização, a aplicação no mínimo legal.

Estes foram apenas alguns exemplos. Ainda que não se concorde que alguns deles venham a ilustrar a posição aqui defendida, não se pode negar que muitas outras situações são possíveis de se imaginar para concluir que o mínimo legal, muitas vezes, não se apresenta como a justa correspondência entre o fato praticado, as condições pessoais do agente e a pena.

Tanto assim que parte da doutrina penal contemporânea vem reclamando a ampliação do arbítrio judicial. Para Hassemer,

> deve-se permitir ao legislador colocar nas mãos mais sensíveis do juiz criminal, por algum tempo, uma nova Política criminal, que possa elaborar e desenvolver continuamente as possibilidades de não imposição de pena em um maior número de casos — caso o legislador cumpra o seu dever de seguir atentamente o desenvolvimento da jurisprudência criminal neste âmbito, de eventualmente corrigi-la e de fixá-la então legalmente, quando o tempo é oportuno.[445]

Luigi Ferrajoli, no tocante ao limite mínimo, depois de recordar as indicações de Hobbes, Pufendorf e Bentham no sentido de que a vantagem do delito não deve superar a desvantagem da pena — o que impediria o cumprimento da sua função dissuasiva e transformá-la-ia em tributo —, explica que, em relação às penas privativas de liberdade, a aferição dos seus efeitos é demasiadamente difícil, o que recomenda não haja um piso a ser observado pelo juiz. Nesse sentido, diz o autor italiano:

> Mais difícil é medir o custo das penas privativas de liberdade: mesmo uma pena breve pode causar, ainda que seja somente pelo seu caráter desonroso, uma aflição superior à vantagem proporcionada inclusive pelos delitos não leves. Por esta razão, a meu juízo, pelo menos para as penas privativas de liberdade, não se justifica a estipulação de um mínimo legal: em outras palavras, seria oportuno confiar ao poder equitativo do juiz a eleição da pena abaixo do máximo estabelecido pela lei, sem vinculá-lo a um limite mínimo ou vinculando-o a um limite mínimo bastante baixo.[446]

---

445 *Introdução aos fundamentos do direito penal*, p. 325-326.

446 *Direito e razão: teoria do garantismo penal*, p. 321.

6.2.5 Objeções à supressão do mínimo legal de pena

Mariângela Gama de Magalhães Gomes diz que a previsão de um mínimo legal guarda relação com o desvalor do fato ofensivo ao bem jurídico.[447] Afirma, ainda, com apoio em Padovani, que o mínimo legal cumpre a função de ratificar, em absoluto, a colocação hierárquica do bem tutelado. E conclui, dentro dessa ótica, que o mínimo abstrato constitui garantia do bem tutelado, ou a medida da sanção necessária e proporcionada à sua proteção.[448]

Ora, em primeiro lugar, o máximo da pena também guarda relação com o desvalor da ação ofensiva ao bem jurídico. Da mesma maneira, o máximo abstrato da pena também indica uma certa hierarquia e proporcionalidade entre os bens penalmente tutelados, ou seja, ao contrário do que sustenta a referida autora, fosse por esses motivos, a existência do mínimo não seria menos dispensável.

Com relação ao mínimo legal constituir-se em garantia do bem tutelado ou na medida necessária à sua proteção, não há indicação de um único elemento lógico que apóie essa afirmação. Isso porque, de um lado, nenhuma medida penal, maior ou menor, é capaz de exercer efetiva proteção dos bens jurídicos. De outro lado, se a questão é discutir a medida da eficácia dessa proteção, tampouco existe um critério ou método que possa apontar uma relação direta e aferível entre a quantidade mínima de pena necessária e a proteção de bens jurídicos.

Outra objeção, um tanto quanto mais delicada, mas ainda insuficiente para inviabilizar a supressão do mínimo, seria suscitar a ilegitimidade das margens excessivamente amplas.

De fato, com a supressão do mínimo legal, especialmente nas condutas mais gravemente punidas, a margem de discricionariedade do magistrado poderia ser considerada demasiadamente ampla, opondo-se-lhe argumentos sobre a indevida delegação de uma escolha que deveria pertencer ao legislador, além de uma certa confusão valorativa mediante

447 *O princípio da proporcionalidade no direito penal*, p. 161.

448 *Ibidem*, p. 161.

a punição semelhante para crimes diferentes. Adverte, nesse sentido, Mariângela Gomes, para quem, ainda, uma ampla margem entre os limites máximo e mínimo gera frequente desrespeito aos princípios da igualdade e da segurança jurídica, na medida em que a amplitude de penas a serem aplicadas em concreto pode ocasionar grandes diferenças, por parte dos órgãos julgadores, no momento de impor a sanção.[449]

Quanto à segurança jurídica, como já debatido nesse estudo, esta é conseguida sobretudo pela certeza do limite da intervenção estatal, ou seja, o máximo abstrato.

Mas quais seriam as margens atentatórias à segurança jurídica?

Fossem as penas máximas em torno de 50, 60 anos de prisão, a ausência de um mínimo legal deixaria a pena quase que absolutamente indeterminada, não havendo dúvida do comprometimento da segurança jurídica. Todavia, num ordenamento jurídico como o brasileiro, em que os máximos das penas para os crimes graves estão em 30, 25, 20 anos de reclusão, a inexistência do mínimo legal, contudo deixe, efetivamente, as margens consideravelmente amplas, não chega a comprometer, a priori, a segurança jurídica do sistema, pois a existência do máximo de pena num tal nível não deixa a fixação da pena à beira da indeterminação. Ainda que o fizesse, isso seria tributável muito mais excessivo e descabido rigor das penas do que propriamente à ausência do mínimo legal.

De qualquer maneira, diz-se, a priori, que a concepção de um sistema que prescinda do mínimo legal deve aparelhar-se em termos de controle, possibilitando que o próprio Poder Judiciário, a partir de critérios oferecidos pelo legislador, tenha condições de rever ainda mais as decisões judiciais que estejam ou muito próximas ou muito afastadas do máximo. Nesse sentido, e a título de sugestão, sempre que uma pena máxima cominada em abstrato fosse igual ou maior do que dez anos de reclusão, qualquer decisão judicial que fixasse a pena no primeiro décimo — no caso da pena máxima ser de dez anos, até um ano — ou nos três últimos décimos do máximo — no caso da pena máxima de

449 *O princípio da proporcionalidade no direito penal*, p. 165.

dez anos, entre sete e dez anos —, seria passível de revisão não apenas em grau de apelação — com julgamento por uma câmara ou turma de um tribunal local —, mas também, em caso de confirmação deste, por um colegiado ainda maior do mesmo tribunal (câmaras ou turmas reunidas) e/ou para o Superior Tribunal de Justiça. Assim, com um maior número de juízes e revisões seria mais raro que um excesso de arbítrio pudesse prevalecer.

Por outro lado, a instituição de mecanismos de controle, como este acima referido, teria também como finalidade evitar uma outra ressalva à supressão do mínimo, consistente na possibilidade de identificação desta com a ideia de impunidade. Como bem acentuado por Duek Marques, na medida em que a pena traz consigo uma demanda primitiva por vingança, imanente ao inconsciente coletivo, sua função está também em restabelecer ou manter o equilíbrio emocional da sociedade.[450] Seguindo esse raciocínio, a possibilidade da punição sem um limite mínimo, aplicada indiscriminadamente, poderia conduzir a uma ruptura da legitimação do direito vigente, provocada por sucessivas revoltas contra uma impunidade generalizada. Daí o porquê da necessidade de que o fim do mínimo legal — ou o fim de sua rigidez — venha acompanhado de instâncias especiais de revisão, não só para garantir que as penas (ou formas de cumprimento) significativamente mais brandas sejam aplicadas de forma parcimoniosa, mas também para que as sucessivas confirmações de uma punição aplicada nesses moldes façam arrefecer, pelos seus racionais e debatidos argumentos, o que Duek Marques identificou como "sentimentos ancestrais de represália e castigo".[451]

Ainda assim, poder-se-ia levantar a objeção da falta de parâmetro para a fixação de qualquer pena, na medida em que desapareceria a pena mínima, tradicionalmente utilizada como referência. Sob esse aspecto, vale observar, primeiro, que a pena mínima tem exercido frequentemente um papel perverso, irmanando no mesmo patamar condutas

450 *Fundamentos da pena*, p. 109.

451 Duek Marques. *Fundamentos da pena*, p. 109.

e autores completamente diferentes. Esse fato tem sido severamente criticado por muitos autores, tais como Guilherme de Souza Nucci[452] e Miguel Reale Júnior.[453] Ocorre que, além de a referida política da pena mínima ser fruto, como sustentam os referidos juristas, do desprezo ou menosprezo dos juízes quanto à verificação dos elementos de individualização judicial, muitas vezes a indevida equiparação de fatos e autores de crime tão díspares é resultado da falta de alternativa que o magistrado tem. Não raro, pune-se alguém, num caso ordinário, com a pena mínima porque o autor não merecia de fato pena maior, enquanto em outro, dadas as características ou circunstâncias extraordinariamente favoráveis ao sentenciado, o juiz acabou aplicando-lhe a pena mínima, porque não havia outra solução possível.

No que concerne, porém, à perda do parâmetro que exerce a pena mínima, não há dúvida que, num primeiro momento, a sua supressão provocará decisões disparatadas e desiguais. Mas, além do parâmetro histórico que a própria existência pretérita de determinados patamares mínimos poderia fornecer ao magistrado, com alguns mecanismos de controle, as sucessivas correções guindariam a jurisprudência a um papel mais importante na materialização punitiva dos critérios oferecidos pelo legislador, o que, a médio e longo prazo, deve trazer resultados muito mais justos e benéficos para o difícil exercício de determinação da medida da pena.

Como solução alternativa, na hipótese de se entender por invencíveis os óbices à supressão do mínimo legal, como o fato de tornar "as

---

452 Este autor, com fundamento em sua minuciosa pesquisa junto à Vara de Execução Penal de São Paulo, faz a seguinte afirmação: "Nos últimos anos, verifica-se a tendência de muitos magistrados, de primeiro grau ou de instância superior, na adoção da denominada política de pena mínima. Assim procedendo, são ignorados ou mesmo menosprezados os riquíssimos elementos e critérios fornecidos pela lei penal para a escolha, entre o mínimo e o máximo cominados para cada infração penal, da pena ideal e concreta a cada réu" (*Individualização da pena*, p. 336).

453 Segundo este autor, apud Nucci, é "imprescindível que o magistrado liberte-se do fetichismo da pena mínima, para ajustar o quantum da sanção e sua modalidade, no que entende ser necessário e suficiente a satisfazer a medida da justa reprovação que merece o réu, de acordo com seus antecedentes, conduta social, personalidade, bem como tendo em vista os motivos, circunstância e consequências do seu ato" (*Individualização da pena*, p. 338).

margens de pena excessivamente amplas" e "a falta de parâmetro", poder-se-ia manter a existência dos mínimos de pena, retirando-lhes, porém, a rigidez dos limites por si traçados. Vale dizer, a pena mínima poderia continuar a existir, desde que servisse como referência e não mais como barreira para eventuais e excepcionais mitigações que se fizessem necessárias à melhor adequação da punição para o alcance das suas finalidades.

6.2.6 Proposta complementar ou alternativa da supressão do mínimo legal: uma corruptela da "teoria de valor de emprego" para sustentar a supressão do regime obrigatório de cumprimento de pena e da proibição de substituição ou suspensão condicional da pena quando esta é fixada em quantidade superior aos patamares previstos pela lei

Segundo a "teoria de valor de emprego", surgida para interpretar o Código Penal alemão, fundada por Heinrich Henkel, reelaborada dogmaticamente por Horn e fundamentada criminologicamente por Schöch, a solução acerca da antinomia das finalidades da pena seria facilmente solucionada, adotando tanto os fins retributivos quanto os preventivos, desde que, ao fazê-lo, as finalidades fossem empregadas em momentos distintos. Assim, para a determinação judicial da magnitude da pena (quantidade), o magistrado deveria abstrair qualquer critério preventivo, fixando-a somente com base na culpabilidade, enquanto a determinação da pena em sentido mais amplo, ou seja, na decisão sobre possível substituição da pena privativa de liberdade por multa, sobre a suspensão condicional da pena e a liberdade condicional, sobre a admoestação com reserva de pena e a dispensa de pena, deve ser fixada exclusivamente com base apenas em critérios preventivos.[454]

454 Cf. Roxin. *Culpabilidad y prevención en derecho penal*, p. 118.

Uma das objeções feitas por Roxin a essa teoria foi a seguinte:

> Por exemplo, se o marco da culpabilidade oscila entre doze e quinze meses, o partidário da teoria do valor de emprego, ao não poder pensar em prevenção especial na hora de determinar a magnitude da pena, elegerá, em virtude da retribuição justa da culpabilidade, provavelmente o grau médio do marco. Com isso impede-se — se se prescinde do caso excepcional previsto no § 56, parágrafo 2º — o próprio o caminho da suspensão condicional da pena, ainda quando esteja claramente indicada do ponto de vista preventivo especial.[455]

Dessa forma, com a adoção dessa teoria, o magistrado fica igualmente atado se, em função da culpabilidade, fixou a pena num tanto que não comporte substituição ou suspensão da pena privativa de liberdade, ainda que fosse recomendável em termos de prevenção especial positiva, ou seja, para o fim de ressocializar o condenado.

Assim, a corruptela que se propõe da teoria do valor de emprego, como complemento à supressão do mínimo legal, ou ainda que como alternativa à sua eliminação, mas em função das mesmas razões que conduziram à sua proposição, caso se entenda que a prevenção especial positiva (ressocialização) só deva ser considerada num momento posterior e mais lato da fixação da pena, é a de que sejam abolidos os limites de pena para efeito de estabelecer o regimento de cumprimento da pena privativa de liberdade (art. 33, § 2º, do Código Penal brasileiro),[456] sua

---

455 Tradução livre do trecho: "Por ejemplo si el marco de la culpabilidad oscila entre doce y quince meses, el partidario de la tería del valor de empleo, al no poder pensar en la prevención especial a la hora de determinar la magnitud de la pena, elegirá, en virtud de la retribución justa de la culpabilidad, probablemente el grado medio del marco. Con ello se bloquea — si se prescinde del caso excepcional previsto en el § 56, párr. 2º — eo ipso el camino de la suspensión condicional de la pena, aun cuando esté claramente indicada desde el punto de vista preventivo especial". *Ibidem*, p. 143.

456 "Art. 33. [...] § 2º As penas privativas de liberdade deverão ser executadas em forma progressiva, segundo o mérito do condenado, observados os seguintes critérios e

conversão para restritivas de direito (art. 44)[457] ou para a sua suspensão condicional (art. 77).[458]

Em apoio a soluções como a que aqui se propõe, invoca-se o registro feito por Henny Goulart, lembrando que, em meados do século passado, os congressos das Nações Unidas realizados em 1953 no Rio de Janeiro, em 1954 em Rangoon (na antiga Birmânia, atual Myanmar) e 1955 em Genebra "haviam concluído que o critério de seleção para ingresso nos estabelecimentos abertos devia ser o da apuração das condições de adaptabilidade dos criminosos a este tipo de presídio, e não a categoria da ofensa ou a extensão da pena".[459]

Mais recentemente, para a mesma direção, aponta a análise de Dora Cavalcanti Cordani e Helena Romanach a respeito de uma pesquisa realizada no Estado de São Paulo pelo Instituto de Defesa do Direito de Defesa. Depois de constatar que 78% dos condenados por roubo são primários e que 52,9% possuem entre 18 e 24 anos de idade, as autoras defendem a possibilidade de aplicação de penas alternativas à

---

ressalvadas as hipóteses de transferência a regime mais gravoso: a) o condenado a pena superior a 8 (oito) anos deverá começar a cumpri-la em regime fechado; b) o condenado não reincidente, cuja pena seja superior a 4 (quatro) anos e não exceda a 8 (oito), poderá, desde o princípio, cumpri-la em regime semi-aberto; c) o condenado não reincidente, cuja pena seja igual ou inferior a 4 (quatro) anos, poderá, desde o início, cumpri-la em regime aberto."

457 "Art. 44. As penas restritivas de direitos são autônomas e substituem as privativas de liberdade, quando: I — aplicada pena privativa de liberdade não superior a quatro anos e o crime não for cometido com violência ou grave ameaça à pessoa ou, qualquer que seja a pena aplicada, se o crime for culposo; II — o réu não for reincidente em crime doloso; III — a culpabilidade, os antecedentes, a conduta social e a personalidade do condenado, bem como os motivos e as circunstâncias indicarem que essa substituição seja suficiente."

458 "Art. 77. A execução da pena privativa de liberdade, não superior a 2 (dois) anos, poderá ser suspensa, por 2 (dois) a 4 (quatro) anos, desde que: I — o condenado não seja reincidente em crime doloso; II — a culpabilidade, os antecedentes, a conduta social, a personalidade do agente, bem como os motivos e as circunstâncias autorizem a concessão do benefício; III — não seja indicada ou cabível a substituição no art. 44 deste Código."

459 *Penologia I*, p. 76.

prisão para condenados por esse crime, desde que se encontrem em situações específicas.

Para dar suporte à sua proposta, as autoras trazem como paradigma um programa alternativo à prisão, realizado com jovens nos Estados Unidos, cuja essência e resultados foram assim sintetizados:

Trata-se de programa em andamento na cidade de Nova Iorque, dirigido a jovens entre 15 e 20 anos que cometeram crimes classificados como fellonies. Denominado CEP (Court Employment Project), e desenvolvido por uma entidade sem fins lucrativos denominada Cases (Center for Alternative Sentencing and Employment Services), o programa seleciona jovens nessa faixa etária que estejam na iminência de ser encarcerados por período significativo de tempo, inserindo-os em programa multidisciplinar de reinserção social. (§) O trabalho de seleção dos jovens que serão atendidos é desenvolvido por representantes da Cases que atuam junto às Supremas Cortes dos bairros do Bronx, Brooklyn, Manhatan e Queens, alcançando 400 novos jovens por ano. Segundo dados disponibilizados em relatório de agosto do ano passado, dentre os selecionados, 52% respondem a acusações de delitos violentos, tais como roubos e posse de arma de fogo, 33% respondem por posse ou venda de drogas ou substâncias controladas e 15% por infração patrimonial não violenta. (§) O perfil do infrator elegível é curioso: não deve ter histórico de abuso severo de drogas, mas é preferível que seja de alguma forma reincidente ou ao menos que tenha estado preso anteriormente. A ideia central do projeto é a de que uma intervenção eficaz, cedo o suficiente para que o acusado não seja visto pelo Judiciário ou por todos os demais operadores do direito como um caso perdido, pode efetivamente convencê-lo a retomar uma vida de obediência às leis, ainda que para tanto tenha que ser auxiliado por período equivalente ao de uma sentença penal. (§) Assim, trabalhando mais com as habilidades dos atendidos do que com suas deficiências, o programa provê suporte educacional, aulas de alfabetização, cursos de computação e multimídia e apoio profissional, tudo com foco na necessidade de fortalecer a auto-estima do infrator. (§) O mais interessante e estimulante é que o mesmo relatório de julho/agosto do ano passado traz dados extremamente animadores acerca de um levantamento preliminar realizado pela instituição com o fim de demonstrar, ou quando menos testar, a eficiência do programa: após 2 anos, 80% dos atendidos que completaram o programa não reincidiram.[460]

Tomando, assim, a direção das conclusões apresentadas pelos congressos das Nações Unidas referidos por Goulart, assim como a análise formulada pelas autoras acima mencionadas, mas com a ideia de conferir a essas ideias uma maior abrangência, o que aqui se propõe, também de lege ferenda, é a possibilidade de, em razão de circunstâncias particularmente recomendáveis, assim consideradas a partir das finalidades de prevenção especial, poder, por exemplo, aplicar uma pena de dez anos em regime aberto, ou substituir a pena privativa de liberdade de oito anos por uma pena restritiva de direitos que obrigasse o condenado a prestar serviços à comunidade por igual tempo.

A possibilidade de uma tal individualização judicial também na escolha da forma de cumprimento ou da qualidade da pena, evitaria o efeito degradante e contrário à socialização do cárcere, mantendo, contudo, uma certa vigilância, controle e o compromisso com o respeito às regras sociais, não deixando, por outro lado, de preservar a noção de que a pena continua a ter um sabor amargo para quem pratica o crime (poder de dissuasão).

---

460 Dora Cavalcanti Cordani e Helena Romanach. *Proposta de aplicação de penas alternativas para condenados por roubo*, p. 68-69.

VII

CONCLUSÕES

A tarefa de extrair conclusões a respeito do tema escolhido neste estudo é particularmente delicada, especialmente considerando as limitações da pesquisa realizada, gerada, talvez, pelo assumido descompromisso com o ineditismo, o qual vem, aliás, senão totalmente, ao menos em parte, abonar eventuais faltas deste jaez nos estudos de mestrado.

Ainda assim, não parece razoável que qualquer estudo possa furtar-se, sob o manto de uma falsa e pretensiosa modéstia, a se expor mais frontalmente às críticas pelo fato de chegar a determinadas conclusões.

Por essas razões, segue abaixo a tentativa de formulação de algumas delas.

Primeiro, depois de um apanhado das espécies de pena e sua evolução histórica, é possível sustentar, à luz dos princípios conquistados ao longo das evoluções sociais e do próprio direito penal, que a maior parte delas não cabe num Estado Democrático de Direito.

Também pode-se afirmar que qualquer regramento legal que disponha a respeito da fixação judicial da pena traz consigo conceitos de alta carga de subjetividade, razão pela qual é determinante e altamente recomendável que o legislador não apenas forneça critérios para a dosimetria, mas também esclareça desde logo quais as finalidades que deverão ser buscadas com a pena, uma vez que, sem uma prévia indicação legislativa dos objetivos a serem alcançados pela punição, a interpretação dos elementos considerados relevantes para a sua individualização fica à deriva ou à sorte de avaliações personalíssimas dos magistrados, o que contribui enormemente para o aparecimento das iniquidades.

Dentre as finalidades atribuíveis à pena, é possível dizer que não se pode privilegiar em demasia a prevenção geral a ponto de fazer prevalecer apenas o seu caráter negativo, ou seja, intimidativo e aterrorizante. Além de deslegitimar a intervenção estatal, uma tal concepção da finalidade da pena gera, muitas vezes, o efeito contrário, fazendo com que a impunidade seja ainda mais frequente. Pode-se afirmar, outrossim, que a prevenção geral positiva, que visa reforçar a confiança na validade e vigência do ordenamento, é uma tarefa que pertence muito mais à individualização legislativa do que a judiciária, devendo, durante o exercício desta última, a prevenção geral ser concebida como um reflexo e não como um fim a ser atingido. No que diz respeito à prevenção especial de cariz negativo, neutralizando o indivíduo por meio do seu encarceramento, não se deve buscá-la com vistas a eternizar ou prolongar excessivamente a segregação social do sentenciado, devendo ser evitada o quanto possível, não só pela duvidosa legitimidade dos castigos imoderados, mas também pelos efeitos degradantes que terminam por causar.

Assim, na tarefa de determinação judicial da pena, o confronto de finalidades deve ser resolvido dando-se prevalência aos critérios de prevenção especial positiva, que busca a ressocialização, readaptação ou reintegração do condenado — finalidade essa considerada pelo direito brasileiro como a principal, em razão da incorporação das normas contidas no Pacto de San José da Costa Rica —, propiciando-lhe condições para que, sem prejuízo da sua individualidade, venha a comportar-se de acordo com as regras mínimas de convívio social (as regras penais).

Também é possível afirmar que, no tocante ao direito brasileiro, não obstante o art. 59 da nova Parte Geral do Código Penal contenha elementos suficientes para uma individualização judicial da pena, a adoção do sistema trifásico previsto no art. 68 do mesmo diploma, o mínimo legal rígido, o regime obrigatório de cumprimento, substituição e suspensão das penas para determinadas quantidades de pena fixadas, terminam por reduzir drasticamente as possibilidades de uma adequação mais justa e consentânea com os fins de prevenção especial.

Por fim, com apoio na ideia de que a culpabilidade é apenas um fator de limitação da intervenção estatal, é possível concluir que a supressão ou, ao menos, a flexibilização dos limites mínimos, além de não encontrar objeções nos princípios aplicáveis ao direito penal, oferecem maiores e melhores mecanismos aos magistrados para que alcancem as finalidades da pena nas infinitas hipóteses concretas, as quais, como já dito, o legislador não terá jamais condições de contemplar previamente.

Entretanto, para que uma mudança dessa natureza tenha lugar, são necessárias algumas adaptações não só da lei penal, mas, inclusive, da legislação adjetiva, no sentido de ampliar os instrumentos de controle e a revisão das decisões pelo próprio Poder Judiciário, estimulando a jurisprudência a assumir um papel mais incisivo e decisivo em matéria de determinação da pena.

VIII

REFERÊNCIAS BIBLIOGRÁFICAS

ABREU, Ricardo Luiz de. *A personalidade do agente como circunstância judicial*. Boletim do Instituto Brasileiro de Ciências Criminais, São Paulo, n. 104, p. 14-15, 2001.

ALIGHIERI, Dante. *A divina comédia: inferno*. Tradução e notas de Italo Eugenio Mauro. São Paulo: Editora 34, 1998.

ALMEIDA, Lauro de. *Código Penal alemão: direito comparado*. São Paulo: Universidade de São Paulo, 1974.

ANTUNES, Ruy da Costa. *Problemática da pena*. Dissertação (Professor Catedrático de Direito Penal) – Faculdade de Direito da Universidade do Recife, Recife, 1958.

ARROYO ZAPATERO, Luis. *Derecho penal económico y Constitución*. Revista Penal, año 1, n. 1, p. 1-15, enero 1998. Publicación semestral de Editorial Praxis S.A., en colaboración con las Universidades de Huelva, Salamanca y Castilla-La Mancha.

BANDEIRA DE MELLO, Celso Antônio. *Curso de direito administrativo*. 8. ed. São Paulo: Malheiros, 1996.

BASTOS, Celso Ribeiro. *Curso de direito constitucional*. 14. ed. São Paulo: Saraiva, 1992.

BENETI, Sidnei Agostinho. *Execução penal*. São Paulo: Saraiva, 1996.

BONESANA, Cesare (Marchesi de Beccaria). *Dos delitos e das penas*. Tradução de Lucia Giudicini e Alessandro Berti Contessa. São Paulo: Martins Fontes, 1997.

______. Tradução de Paulo M. Oliveira. 4. ed. São Paulo: Atena, [s.d.]. v. 22. (Coleção Biblioteca Clássica.)

BOSCHI, José Antonio Paganella. *Das penas e seus critérios de aplicação.* Porto Alegre: Livraria do Advogado, 2000.

BOUZON, Emanuel. *O Código de Hamurabi: introdução, tradução do texto cuneiforme e comentários.* 9. ed. Petrópolis: Vozes, 2001.

BRUNO, Aníbal. *Direito penal: parte geral.* 3. ed. Rio de Janeiro: Forense, 1978. t. 1: Introdução, norma penal, fato punível.

CAMPILONGO, Celso Fernandes. *Direito e democracia.* 2. ed. São Paulo: Max Limonad, 2000.

CARRARA, Francesco. *Programa do curso de direito criminal: parte geral.* Tradução de José Luiz V. de A. Franceschini e J. R. Prestes Barra. São Paulo: Saraiva, 1957. v. 2.

CARRAZA, Roque Antonio. *Curso de direito constitucional tributário.* 5. ed. São Paulo: Malheiros, 1993.

CARVALHO, Salo de. *Penas e garantias.* 2. ed. Rio de Janeiro: Lumen Juris, 2003.

CASTRIANNI, Marco Aurélio de Mello. *Direito e moral: o princípio da moralidade como condição de validade das normas penais. Dissertação (Mestre em Direito)* – Pontifícia Universidade Católica de São Paulo, São Paulo. [s.d.].

CHALITA, Mansour. *O Alcorão ao alcance de todos.* Rio de Janeiro: Associação Cultural Internacional Gibran e Ingraf, [s.d.].

CINTRA, Antônio Carlos de Araújo; GRINOVER, Ada Pellegrini; DINAMARCO, Cândido Rangel. *Teoria geral do processo.* 12. ed. São Paulo: Malheiros, 1996.

CORDANI, Dora Cavalcanti; ROMANACH, Helena. *Proposta de aplicação de penas alternativas para condenados por roubo. Decisões judiciais nos crimes de roubo em São Paulo: a lei, o direito e a ideologia.* São Paulo: IBCCrim, 2005.

COSTA JUNIOR, Paulo José da. *Curso de direito penal: parte geral.* São Paulo: Saraiva, 1992. v. 1: De noções preliminares a prescrição.

CRIMINAL *justice through the ages: from divine judgement to modern German legislation.* Volume IVb of the publications of the

Mediaeval Crime Museum. Translated by John Fosberry. Rothenburg ob der Tauber: Mittelalterliches Kriminalmuseum, 1993.

CRUZ SANTOS, Cláudia. *O crime de colarinho branco, a (des)igualdade e o problema dos modelos de controlo.* In: PODVAL, Roberto (Org.). *Temas de direito penal econômico.* São Paulo: RT, 2000.

DELMANTO, Roberto. *Regime disciplinar diferenciado ou pena cruel?* Boletim do Instituto Brasileiro de Ciências Criminais, São Paulo, v. 11, n. 134, p. 5, jan. 2004.

DIAS JÚNIOR, Dirceu Aguiar Cintra. *A suspensão dos direitos políticos em face dos princípios da individualização da pena e da proporcionalidade.* Revista Brasileira de Ciências Criminais, São Paulo: RT, n. 15, p. 89-96, jul.-set. 1996.

FARIA, Bento de. *Annotações theorico-praticas ao Código Penal do Brazil: de acordo com a doutrina, a legislação e a jurisprudência, nacionaes e estrangeiras.* 2. ed. Rio de Janeiro: Francisco Alves & Cia, 1913. v. 1.

FERRAJOLI, Luigi. *Direito e razão: teoria do garantismo penal.* Tradução de Ana Paula Zomer, Fauzi Hassan Choukr, Juarez Tavares e Luiz Flávio Gomes. São Paulo: RT, 2002.

FERRAZ JÚNIOR, Tércio Sampaio. *Introdução ao estudo do direito: técnica, decisão, dominação.* São Paulo: Atlas, 1988.

FIGUEIREDO DIAS, Jorge de. *Algunas consideraciones sobre la evolución del derecho penal portugués en materia de determinación de la pena.* Separata de Estudios de Derecho Penal y Criminología, Madrid: Facultad de Derecho de la Universidad Nacional de Educación a Distancia, p. 281-296, 1989.

FONTANA, Milton. *Aplicação da pena: a culpabilidade como pressuposto da reprovação e a valoração das circunstâncias vinculadas ao autor (e não ao fato criminoso).* Revista do Ministério Público, Porto Alegre, n. 44, p. 165-182, jan.-mar. 2001.

FOUCAULT, Michel. *Vigiar e punir: nascimento da prisão.* Tradução de Raquel Ramalhete. 11. ed. Petrópolis: Vozes, 1994.

FRAGOSO, Heleno Cláudio Fragoso; SEQUEIRA, Lídia. *A cominação das penas no novo Código Penal.* Revista de Direito Penal, São

Paulo: RT, n. 17/18, p. 17-18, jan.-jun. 1975.

FRANCO, Alberto Silva; STOCO, Rui (Coord.). *Código de Processo Penal e sua interpretação jurisprudencial.* São Paulo: RT, 2005. v. 2.

______. *Código Penal e sua interpretação jurisprudencial.* 5. ed. São Paulo: RT, 1995.

______. 6. ed. São Paulo: RT, 1997. v. 1, t. I: Parte geral.

FREIRE, Christiane Russomano. *A violência do sistema penitenciário brasileiro contemporâneo: o caso do RDD (Regime Disciplinar Diferenciado).* São Paulo: IBCCRIM, 2005

FUNDAMENTOS *de la legislación de la URSS y de las Republicas Federadas Soviéticas.* Tradução F. Pita. Moscou: Progresso, 1975.

GARCIA, Basileu. *Instituições de direito penal.* 2. ed. São Paulo: Max Limonad, 1954. v. 1, t. I e II.

GARCIA ARÁN, Mercedes. *La prevención general en la determinación de la pena. Anuário de Derecho Penal y Ciencias Penales,* Madrid: Instituto Nacional de Estudios Jurídicos, t. XXV, fascículo I, jan.-abr. 1981.

GARRAUD, R. *Compendio de direito criminal.* Tradução de A. T. de Menezes. Lisboa: Livraria Clássica, 1915. v. 1.

GIORDANI, Mário Curtis. *Direito penal romano.* 3. ed. Rio de Janeiro: Lumen Juris, 1997.

GOMES, Mariângela Gama de Magalhães. *O princípio da proporcionalidade no direito penal.* São Paulo: RT, 2003.

GOULART, Henny. *Penologia I: origem e função.* São Paulo: Brasileira de Direito, [s.d.].

______. *Penologia II.* São Paulo: May Love, 1975.

GUIMARÃES, Luiz Chemin. *Inovações sobre a aplicação da pena.* Revista Jurídica do Ministério Público, Belo Horizonte: JUS, n. 9, p. 151-155, 1990.

HASSEMER, Winfried. *Introdução aos fundamentos do direito penal.* Tradução de Paulo Rodrigo Alflen da Silva. Porto Alegre: Fabris, 2005.

HOBBES, Thomas. *Leviatã ou matéria, forma e poder de um estado eclesiástico e civil.* Tradução de João Paulo Monteiro e Maria Beatriz

Nizza da Silva. São Paulo: Nova Cultural, 1997.

HUNGRIA, Nélson. *Comentários ao Código Penal*. 3. ed. Rio de Janeiro: Forense, 1955. v. 1, t. 1.

JAKOBS, Günther. *Derecho penal: parte general: fundamentos y teoría de la imputación*. Tradução de Joaquin Cuello Contreras y Jose Luis Serrano Gonzalez de Murillo. 2. ed. Madrid: Marcial Pons, 1997.

JESUS, Damásio Evangelista de. *Direito penal: parte geral*. 21. ed. São Paulo: Saraiva, 1998. v. 1.

______. *O juiz pode, em face das circunstâncias atenuantes genéricas, fixar a pena aquém do mínimo legal abstrato? Boletim do Instituto Brasileiro de Ciências Criminais, São Paulo, n. 73, p. 3-4, dez. 1998.*

KELSEN, Hans. *Teoria pura do direito*. Tradução de João Baptista Machado. São Paulo: Martins Fontes, 2000.

LANDROVE DIÁZ, Gerardo. *La moderna victimología*. Valencia: Tirant lo Blanch, 1998.

LASCURAÍN SANCHES, Juan Antonio. *La proporcionalidad de la norma penal. Revista Ibero-Americana de Ciências Penais*, Porto Alegre: Publicação do Centro de Estudos Iberoamericano de Ciências Penais, ano 1, n. 0, maio-ago. 2000.

LOPES, José Reinaldo de Lima. *O direito na história: lições introdutórias*. São Paulo: Max Limonad, 2000.

LOPEZ-REY, Manuel. *Criminología: teoría, delincuencia juvenil, prevención, predicción y tratamiento*. Madrid: Aguilar, 1975.

LYRA, Roberto. *Comentários ao Código Penal: Decreto-lei n. 2.848, de 7 de dezembro de 1940: arts 28 a 74. 2.* ed. Rio de Janeiro: Forense, 1955. v. 2.

MACEDO SOARES, Oscar de. *Código Penal da República dos Estados Unidos do Brasil*. 7. ed. Rio de Janeiro: Garnier, 1910.

MARQUES, José Frederico. *Curso de direito penal*. São Paulo: Saraiva, 1956. v. 3.

MARQUES, Oswaldo Henrique Duek. *Fundamentos da pena*. São Paulo: Juarez de Oliveira, 2000.

MASSUD, Leonardo. *O crime do colarinho branco, numa perspectiva criminológica*. Revista dos Tribunais, São Paulo: RT, ano 94, v. 833, p. 437-457, mar. 2005.

MINHOTO, Laurindo Dias. *Privatização de presídios e criminalidade: a gestão da violência no capitalismo global.* São Paulo: Max Limonad, 2000.

MIRABETE, Julio Fabbrini. *Manual de direito penal: parte geral: arts. 1º a 120 do CP: conforme Lei n. 7.209, de 11.07.84.* 6. ed. São Paulo: Atlas, 1992. v. 1.

MIRANDA RODRIGUES, Anabela. *A determinação da medida da pena privativa de liberdade (os critérios da culpa e da prevenção).* Dissertação (Doutoramento em Ciências Jurídico-criminais) – Faculdade de Direito da Universidade de Coimbra, Coimbra: Coimbra, 1995.

MIR PUIG, Santiago. *Introducción a las bases del derecho penal: concepto y método.* 2. ed. Reimpresión. Buenos Aires: Editor Julio César Faira, 2003.

MORAES, Maurício Zanoide de. *Interesse e legitimação para recorrer no processo penal brasileiro: análise doutrinária e jurisprudencial de suas estruturas.* São Paulo: RT, 2000.

NUCCI, Guilherme de Souza. *Individualização da pena.* São Paulo: RT, 2005.

PASELLA, Roberto. *Discrezionalitá del giudice ed incidenza frazionaria delle circostanze sulla pena base.* Archivio Penale. Rivista bimestrale, Roma, v. 31, Fasc. 1-2-3-4, p. 417-456, Gen-Apr. 1975.

PASSARELLI, Eliana. *Dos crimes contra as relações de consumo: Lei Federal n. 8.078/90 (CDC).* São Paulo: Saraiva, 2002.

PEIXOTO, Afrânio. *Criminologia.* 4. ed. rev. e atual. por H. Veiga de Carvalho. São Paulo: Saraiva, 1953.

PIERANGELI, José Henrique. *Códigos Penais do Brasil: evolução histórica.* Bauru: Jalovi, 1980.

PIOVESAN, Flávia. *Direitos humanos e o direito constitucional internacional.* 5. ed. São Paulo: Max Limonad, 2002.

PITA, F. *Fundamentos de la legislación de la URSS y de las Republicas Federadas Soviéticas.*Tradução F. Pita. Moscú: Editorial Progreso, 1975.

PRADO, Luiz Regis. *Curso de direito penal: parte geral: arts. 1º a 120.* 2. ed. São Paulo: RT, 2001. v. 1.

______. *A posição jurídica do recluso na execução da pena privativa de liberdade: seu fundamento e âmbito.* São Paulo: IBCCrim, 1999.

ROXIN, Claus. *A culpabilidade como critério limitativo da pena.* Revista de Direito Penal, São Paulo: RT, n. 9/10, p. 7-20, jan.-jun. 1973.

______. *Culpabilidad y prevención en derecho penal.* Tradução, introdução e notas de Francisco Muñoz Conde. Madrid: Reus, 1981.

RULLI NETO, Antonio. *Leis de Manu.* São Paulo: Fiuza, 2002.

SHECAIRA, Sérgio Salomão; CORRÊA JUNIOR, Alceu. *Teoria da pena: finalidades, direito positivo, jurisprudência e outros estudos de ciência criminal.* São Paulo: RT, 2002.

SILVA, José Afonso da. *Curso de direito constitucional positivo.* 16. ed. rev. e atual. nos termos da Reforma Constitucional (até a Emenda Constitucional n. 20, de 15.12.1998). São Paulo: Malheiros, 1999.

SILVA SÁNCHEZ, Jesús-María. *¿Política criminal del legislador, del juez, de la administración penitenciária? Sobre el sistema de sanciones del Código Penal español.* In: MESSUTI, Ana; SAMPEDRO ARRUBLA, Julio Andrés (Compiladores). *La administración de justicia: en los albores del tercer milenio.* Buenos Aires: Editorial Universidad, 2001.

SOUSA e BRITO, José de. *A medida da pena no novo Código Penal.* Boletim da Faculdade de Direito. Coimbra: Universidade de Coimbra, número especial, Estudos em homenagem ao Professor Doutor Eduardo Correia III, p. 555-587, 1984.

SOUSA SANTOS, Boaventura de. *Uma concepção multicultural de direitos humanos.* Revista Lua Nova, v. 39, 1997.

SUANNES, Adauto Alonso S. *Maus antecedentes e elevação da pena.* Revista Brasileira de Ciências Criminais, São Paulo: RT, n. 34, p. 285-301, abr.-jun. 2001.

TAVARES, Juarez. *Critérios de seleção de crimes e cominação de penas.* Revista Brasileira de Ciências Criminais, São Paulo: RT, fascículo especial de lançamento, p. 75-87, 1992.

TOLEDO, Francisco de Assis. *Princípios básicos de direito penal: de acordo com a Lei n. 7.209,* de 11.07.1984 e com a Constituição Federal de 1988. 5. ed. São Paulo: Saraiva, 1994.

VELO, Joe Tennyson. *Criminologia analítica: conceitos de psicologia analítica para uma hipótese etiológica em criminologia.* São Paulo: IBCCrim, 1998.

VIANNA, Túlio Lima. *Pena-fixação: roteiro didático.* Revista Síntese de Direito Penal e Processual Penal, Porto Alegre: Síntese, n. 19, p. 54-61, abr.-maio 2003.

WELZEL, Hans. *Derecho penal alemán: parte general.* Tradução de Juan Busto Ramírez e Sergio Yáñez Pérez. 11. ed. 4. ed. castellana. Santiago del Chile: Editorial Jurídica de Chile, 1997.

ZAFFARONI, Eugenio Raúl; PIERANGELI, José Henrique. *Justicia penal y discriminación.* In: MESSUTI, Ana; SAMPEDRO ARRUBLA, Julio Andrés (Compiladores). *La administración de justicia: en los albores del tercer milenio.* Buenos Aires: Editorial Universidad, 2001.

______. *Manual de direito penal brasileiro: parte geral.* 3. ed. São Paulo: RT, 2001.

ZILLI, Marcos Alexandre Coelho. *Individualização da pena. Da liberdade, da discricionariedade, do automatismo e de outras coisas.* Revista Brasileira de Ciências Criminais, São Paulo: RT, n. 22, p. 269-275, abr.-jun. 1998.

Dicionários

AVOLIO, Jelssa Ciardi; FAURY, Mára Lucia. *Michaelis: minidicionário francês-português, português-francês.* São Paulo: Melhoramentos, 1998.

COLLINS GEM. *Portughese: italiano-portoghese, portoghese-italiano.* Italia: Mondadori, 1999.

———. *Portugués: español-portugués, português-espanhol.* 1. ed. Reimpressão. São Paulo: Disal, 1998. 2000.

CUNHA, Antônio Geraldo da. *Dicionário etimológico nova fronteira da língua portuguesa.* 2. ed. Rio de Janeiro: Nova Fronteira, 1986.

FERREIRA, Aurélio Buarque de Holanda. *Novo Aurélio século XXI: o dicionário da língua portuguesa.* 3. ed. Rio de Janeiro: Nova Fronteira, 1999.

LAMB, N.J. Collins Gem Dictionary: *English-Portuguese, Portuguese-English.* London: Collins, 1964. Latest reprint, 1978.

MICHAELIS – *Dicionário prático inglês-português.* 25. ed. São Paulo: Melhoramentos, 2003.

PEREIRA, Helena B. C.; SIGNER, Rena. *Michaelis: pequeno dicionário espanhol-português, português-espanhol.* São Paulo: Melhoramentos, 1996.

QUEIROZ, Pereira de. *Dicionário latim-português.* São Paulo: LEP S.A., 1960.

Este livro foi impresso pela
gráfica Parma na primavera de 2009.